ISKA
PAPAKIND

ISKA

Papakind

Roman

© 2012 AAVAA Verlag

Alle Rechte vorbehalten

1. Auflage 2012

Umschlaggestaltung: ISKA

Printed in Germany

ISBN 978-3-8459-0193-0

AAVAA Verlag
www.aavaa-verlag.com

1

„Franziska! Alexander! Kommt essen!" Die Stimme der Mutter schallte durch den Garten. Das Mädchen legte das Buch, in dem sie gerade gelesen hatte, neben sich auf die Bank. Vielleicht konnte sie nach dem Abendessen noch etwas weiter lesen. Aus der anderen Ecke des Gartens kam der Junge gerannt, der mit seinen Autos im Sand gespielt hatte.

„Ja Mami, wir kommen!", rief er seiner Mutter zu. Die Kinder spülten sich noch rasch die Hände unter dem Gartenschlauch ab und saßen Minuten später bei den Eltern am Küchentisch.

„Mann, habe ich einen Hunger!", stöhnte Alexander, während er genüsslich in eine dicke Leberwurstschnitte biss. Franziska saß still daneben.

„Ich mag kein Wurstbrot", druckste sie herum.

„Hier, mein Mädchen, nimm den letzten Butterkäse", versuchte ihr Vater, sie zum Essen zu überreden und erntete damit einen kritischen Seitenblick von seiner Frau.

„Aber ich möchte noch Marmelade auf den Käse!" Der Vater nickte ihr lächelnd zu und Franziska war froh, ihren Papa wieder einmal überlistet und sich damit durchgesetzt zu haben, auch am Abend Süßes zu essen.

„Brr, wie kann man das essen?" Alexander mochte keine Marmelade und schon gar keinen Käse.

„Kinder, es reicht mit der Diskussion", sprach der Vater ein eher ruhiges Machtwort. „Denkt lieber an morgen. Ich hoffe doch, dass die Zeugnisse gut ausfallen."

„Jeder ist gut nach seinen Möglichkeiten", griff die Mutter in die Debatte ein. „Wir freuen uns über euch beide!"

Später am Abend lagen die Kinder in Ihren Betten, die nur durch einen Vorhang getrennt waren, so dass sie sich bequem unterhalten konnten. Franziska hatte ihr Buch mit ins Bett genommen und wollte eigentlich noch lesen, als Alexander zu reden anfing.

„Du, Franzi, ich bin vielleicht froh, dass jetzt Ferien kommen. Diese blöde Schule! Ich glaube, ich werde nie so gut wie du!"

„Aber Alex, das ist doch nicht so schlimm!", versuchte Franziska ihren Bruder zu trösten. Von ihr aus hätten die Ferien noch nicht kommen müssen. Ihr machte die Schule Spaß. Wissbegierig sog sie alles Neue in sich auf und das Lernen fiel ihr viel leichter als ihrem kleinen Bruder.

„Ja, aber alle denken immer, weil ich dein Bruder bin, muss ich auch so klug sein."

„Aber du bist doch auch klug, nur eben anders als ich", machte Franzi ihrem Bruder liebevoll klar. „Ich kann vielleicht besser schreiben und schneller rechnen, aber du kannst viel bessere Buden bauen und mein Fahrrad kannst du auch besser reparieren!"

„Du hast recht", stimmte Alex seiner Schwester erleichtert zu. Und außerdem half ihm Franzi ja auch immer bei den Hausaufgaben. Und sowieso war ihm das jetzt doch egal, morgen noch das dumme Zeugnis abholen und dann: Ferien!

Am nächsten Morgen brachen die Geschwister gemeinsam zur Schule auf. Wer sie von hinten sah, dachte zwangsläufig, es wäre der große Bruder mit seiner kleinen Schwester. Der braunhaarige Alex überragte seine zierliche blonde Schwester fast um einen ganzen Kopf. Franzi trug ihre blonden Locken neuerdings immer offen, nachdem sie sich erfolgreich gegen die von der Mutter bevorzugten Zöpfe gewehrt hatte. Sie war fast 13, nicht drei Jahre!

An der letzten Hausecke vor der Schule trennten sie sich. Nun ging jeder für sich auf seine Freunde, die schon in Grüppchen zusammenstanden, zu.

„Hallo, Verena!", begrüßte Franzi ihre beste Freundin. Sie hatte nicht gleich von Anfang an eine richtige Freundin gehabt. Erst als Verena in die Klasse kam, freundeten sie sich an und waren schon bald unzertrennlich, obwohl sie einige Kilometer voneinander entfernt wohnten. Doch zum Glück hatte der Opa dann seiner Enkelin ein Fahrrad geschenkt, und die Entfernung war nicht mehr so schlimm.

„Ich kann noch gar nicht glauben, dass unsere Klasse heute zum letzten mal so zusammen ist." Was Franziska bis jetzt in ihren Gedanken verdrängt hatte, machte sich nun, angesichts der fröhlich plappernden Mitschüler, deutlich bemerkbar.

„Glaub mir, so schlimm ist das gar nicht", antwortete Verena. „Ich dachte das auch erst, als wir umgezogen sind, aber dann waren doch alle ganz nett und außerdem haben wir uns ja dadurch getroffen." Das war sicher richtig, doch in Franziska machte sich eine Angst davor breit, was in der neuen Schule passieren würde.

Die Klingel rief die Kinder ins Klassenzimmer. Offiziell war noch eine Stunde Unterricht, ehe die Zeugnisse ausgegeben wurden. Doch an lernen dachte heute keiner mehr. Als die Lehrerin fragte, ob sie noch was gemeinsam lesen wollten, schallte es wie ein Chor durch den Klassenraum: „Der brave Schüler Ottokar". Obwohl alle das Buch kannten, konnten sie nicht genug davon bekommen. Es war wie ein guter Film, den man immer wieder ansehen kann.

„Also gut", lächelte Frau Breitling und begann zu lesen:

„Über die Schönheit unserer Namen ... Für Knaben ist es schon schwerer, solch einen klingenden Namen zu finden, worunter es sehr seltene gibt. Zum Beispiel bekam der Sohn einer Mutter, welche manchmal in unserer Heimatzeitung dichtet, den seltenen Namen Rainer-Maria Senf. Warum er einen Mädchennamen angehängt kriegte, weiß ich nicht. Vielleicht ist bei der Geburt etwas verpatzt worden. Es wird sich später in der Schule herausstellen, auf welche Toilette er geht, und man muß das testen."

Die Klasse bog sich vor Lachen. Auch Franziska mochte das Buch und lachte über den herrlichen Wortwitz. Doch bei den nächsten Kapiteln hörte sie schon nicht mehr richtig zu. Sie dachte über die Veränderungen nach, die sie nicht aufhalten konnte, und die doch kommen würden. Ihre alte Schule wurde geschlossen. Die Kinder wurden ab dem nächsten Schuljahr in andere Schulen aufgeteilt. Selbst auf Geschwister hatte das Amt keine Rücksicht genommen. Nach den Ferien musste Alexander in eine andere Schule als Franziska gehen, genau wie viele ihrer Mitschüler. Franzi schüttelte sich innerlich, sie hasste Veränderungen, und sie hasste Trennungen.

Das laute Lachen der Mitschüler riss Franzi aus den Gedanken. Und nun klingelte es auch schon zur Pause, die letzte hier, doch keiner außer ihr schien das zu bemerken.

„Na Kinder, dann wollen wir mal!" Frau Breitling stand am Lehrertisch, vor sich den Stapel mit den Zeugnissen. „Ihr habt alle fleißig gelernt in diesem Schuljahr. Und so muss keiner Angst haben, alle sind in die 7. Klasse versetzt." Von einigen war ein deutliches Aufatmen zu vernehmen.

Frau Breitling nahm nacheinander die Zeugnisse vom Tisch und rief die Kinder nach vorne. Für jeden hatte sie noch ein nettes Wort, eine freundliche Geste. Sie hatte diese muntere Schar in den vergangenen zwei Jahren richtig lieb gewonnen und die Jungs und Mädchen mochten sie auch.

Nun lag nur noch ein Zeugnis auf dem Tisch. „Und das beste Zeugnis bekommt auch dieses Jahr wieder unsere Franziska Zandler. Daran könnt ihr sehen, auch kleine Leute können ganz schön viel Grips haben!" Die anderen klatschten und Frau

Breitling beugte sich zu Franzi herunter und übereichte ihr noch ein Buch als Anerkennung.

Franziska ging zu ihrem Platz und setzte sich neben Verena, während Frau Breitling vorne tief durchatmete.

„Nun müssen wir uns voneinander verabschieden. Ich wünsche euch alles Gute in der neuen Schule! Ihr werdet das schon schaffen! Aber erst einmal sind Ferien, draußen lacht die Sonne. Ihr könnt heute noch ins Schwimmbad gehen. Viele von euch werden mit den Eltern verreisen oder ins Ferienlager fahren. Habt viel Spaß in den Ferien und kommt gut erholt zurück. Und noch was, zeigt ruhig, dass ihr was gelernt habt und blamiert mich nicht!"

Ein leises Kichern ging durch die Reihen, ehe die Kinder aufstanden, um sich nach und nach von ihrer Klassenlehrerin zu verabschieden und nach draußen zu gehen.

„Kommst du mit ins Bad?", wollte Verena von Franziska wissen.

„Nein, ich werde nachher noch der Mutti beim Packen helfen, wir fahren ja morgen zu den Großeltern nach Halle. Ich bleibe noch zwei Wochen dort."

„Das ist schade, wenn du wieder kommst, bin ich bei meinen Großeltern. Aber wir können uns ja Briefe schreiben."

Die Freundinnen verabschiedeten sich mit einer langen Umarmung und gingen in verschiedene Richtungen heimwärts.

Auf dem Heimweg trafen Franziska und Alexander wieder zusammen. „Und", fragte Franzi ihren Bruder, „wie sieht dein Zeugnis aus?" „Na ja, es geht so. Aber wenigstens sagt im nächsten Schuljahr kein Lehrer mehr zu mir, ich soll mir an dir ein Beispiel nehmen. Die kennen dich dann nämlich gar nicht!" Alexanders Erleichterung war nachvollziehbar und linderte ihren eigenen Schmerz ein wenig.

Zu Hause liefen die Geschwister gleich in die Küche, wo ihre Mutter schon bei den Vorbereitungen für das Mittagessen war.

„Na, zeigt mal her!", forderte sie die Kinder auf.

„Hier Mutti, ich bin wieder Klassenbeste! Und ein Buch habe ich auch noch bekommen!" Voller Freude hielt Franzi ihr Zeugnis in die Höhe.

„Ich hatte nichts anderes erwartet, leg es zum Unterschreiben in die Stube." Franziska schluckte heftig, als sie sah, wie die Mutti ihren Bruder in den Arm nahm. „Und du, mein Süßer, zeig doch mal, wie es geworden ist. Na super, ich bin stolz auf dich!"

Mit ihrem Zeugnis lief Franziska aus der Wohnung. Sie musste erst mal hier weg. Nebenan wohnte ihre Oma Klara, die Mutter ihres Vaters. Ohne zu klopfen stürmte sie in die gute Stube der Großmutter. „Oma, ich bin wieder die Beste! Aber Mutti hat sich gar nicht richtig gefreut. Den Alex hat sie gedrückt, mich gar nicht." Die Enttäuschung stand ihr ins Gesicht geschrieben.

„Ach Franzi, du weißt doch, der Kronsohn geht ihr über alles, nimm es nicht so schwer. Warte nur, bis dein Vati kommt, der freut sich bestimmt ganz doll, und ich auch! Hier, meine Große, kauf dir was Schönes!" „Danke, Oma!" Franziska umarmte ihre Oma. Die 10 Mark waren schon gut, aber Omas liebe Worte waren mehr wert.

Beim Mittagessen hatte sich Franzi wieder beruhigt. Es war ja nichts Neues, die Zuneigung war in der Familie gleichmäßig verteilt, Mutti liebte besonderes ihren Sohn und Franziska war eben das Papakind.

Am Nachmittag half sie der Mutter beim Sachen packen. Franzi sollte ja zwei Wochen in Halle bleiben, da wollte alles gut durchdacht sein. Ihr wäre ja lieber gewesen, wenn Alex auch mit bei den Großeltern geblieben wäre, aber so viel Platz gab es dort nicht. Es gab eigentlich schon genug Platz, aber er war eben blöd verteilt. Wieso brauchten aber auch zwei Leute, die verheiratet waren, gleich zwei Schlafzimmer? So musste Alexander am Abend wieder mit den Eltern zurück fahren.

Franzis Tasche war gerade fertig gepackt, als der Vati von der Arbeit kam. „Na, mein Mädchen, wie viel Einsen gab es?" Franzi flog auf ihren Vati zu. „Jede Menge, Vati. Nur in Sport eine Zwei!" Franz Zandler fing seine Tochter auf und hob sie bis unter die Decke, ehe er ihr einen Kuss gab. Franzi klammerte sich an ihm fest und genoss dieses wohlige Gefühl, von ihrem Vati so geliebt zu werden. Oma hatte recht.

2

„Kinder, los jetzt, raus aus den Federn, sonst fährt
der Bus ohne uns!" „Ach, das sollen nun Ferien
sein, nicht mal ausschlafen kann man", kommen-
tierte Alexander ziemlich mürrisch die Aufforderung seiner Mutter. Doch wenig später saßen beide
Kinder fix und fertig angezogen mit den Eltern am
Frühstückstisch.

Es war nicht weit bis zum Busbahnhof und als die
vier dort ankamen, fuhr der Bus gerade an der Haltestelle vor. An diesem frühen Samstagmorgen war
der Bus nicht voll und so konnten sich alle ein
schönes Plätzchen suchen. Franzi und Alex saßen
hintereinander, damit jeder einen Fensterplatz hatte. Der groß gewachsene Junge beugte sich von hinten über die Lehne und begann ein Gespräch mit
seiner Schwester.

„Verstehst du, warum immer nur einer von uns in
Halle bleiben kann?" „Ach Alex, du weißt doch,
wie es bei Oma und Opa zugeht. Ich muss mal danach fragen, warum das so ist", versprach Franziska ihrem Bruder.

Gleichmäßig summend fuhr der Bus übers Land
bis er nach fast zwei Stunden in Halle am Busbahnhof hielt. Der Vater nahm die Taschen und die

Mutter die Kinder an die Hand, schließlich waren sie die Großstadt nicht gewöhnt. Vor allem Franziska war der Verkehr und ganz besonders die Straßenbahnen nicht geheuer. Es kostete sie jedes Mal große Überwindung, überhaupt einzusteigen. Auch heute dauerte ihr die Fahrt bis zum Stadtrand viel zu lange. Und es war mit dem Aussteigen nicht vorbei. Von der Haltestelle bis zu den Großeltern war noch ein Fußweg zurück zu legen, der unter einer Eisenbahnbrücke hindurch führte. Während alle ganz normal unter der Brücke entlang liefen, versicherte sich Franzi jedes mal erst lange, ob kein Zug kam, um dann blitzschnell loszurennen. Erst hinter der Brücke drehte sie sich völlig außer Atem um. Geschafft!

„Franzi hat Schiss!", rief Alexander schadenfroh hinter seiner Schwester hinterher. Er kannte ihre Ängste und ärgerte sie ganz gerne damit. Er hatte keine Angst vor Zügen oder Straßenbahnen und er war drei Jahre jünger. Was Mädchen manchmal so hatten!

Als sie um die nächste Ecke bogen, sahen sie schon den Opa Paul am Zaun stehen. Die Kinder liefen auf ihn zu. Bestimmt hatte er Schokolade zur Begrüßung mit raus gebracht.

„Na ihr zwei Racker, da habe ich was für euch!"
Die Kinder streckten dem Opa die Hände entgegen
und wie erwartet bekam jeder eine kleine Tafel
Milchschokolade.

„Franz, Gudrun, schön euch zu sehen!", begrüßte
der Opa die Eltern und im nächsten Moment kam
auch die Oma Hilde aus dem Haus. Sie schloss ihre
Tochter in die Arme. „Wie geht's, alles in Ordnung? Kommt rein!" Eine Antwort wartete sie gar
nicht ab und bugsierte die ganze Familie samt Ge-
päck in den Flur. „Mit dem Essen dauert es noch.
Alexander und Franziska, ihr könnt noch im Garten
spielen. In der großen Zinkwanne ist auch Wasser
und das ist schon warm. Wer will, kann später darin baden."

Aber erst einmal setzten die Kinder kleine Holz-
schiffe aus der Spielzeugkiste in die Zinkwanne
und schoben sie hin und her. Mitten in das Spiel
drängte sich plötzlich ein Geräusch, das Franziska
sofort aufschreckte. „Ein Zug!" Wie in Panik stürzte
sie aus dem Garten, der an die Gleisanlagen grenzte, nach vorne zum Haus. Sie riss die Tür auf, rannte in den Flur und verkroch sich in der hintersten
Ecke. Erst als das Fahrgeräusch des Zuges nicht
mehr zu hören war, kam sie wieder vor.

Franziska setzte sich auf die Bank und beobachtete die Hühner in ihrem Auslauf. Das sind nur dumme Hühner, dachte sie, aber die haben keine Angst. Ich bin ein kluges Mädchen und renne vor einem Zug weg, der nur hier vorbei fährt. Sie verstand sich selbst nicht.

Nach dem Mittagessen verbrachte die Familie den Nachmittag im Garten. Nur ab und zu störte das Geräusch eines herannahenden Zuges die Idylle, wenn Franziska wieder kopflos davonlief. Der Opa nahm sie in den Arm und machte ihr Mut. „Du musst keine Angst haben, es passiert nichts. Ich beschütze dich, mein kleines Goldlöckchen!"

Sie saßen alle noch gemeinsam bei Kaffee und Kuchen bis sich Franzis Eltern und Alexander verabschieden mussten, um den Bus nicht zu verpassen. Es war doch ein langer Weg nach Hause.

„Hier, nehmte euch noch frische Eier mit!" Die Oma drückte ihrer Tochter einen Karton in die Hand. „Und wenn ihr Franzi abholt, gibt es neue." Die Hühner legten gerade recht gut.

Ein bisschen tat es dem Mädchen leid, nicht mit nach Hause zu können, doch andererseits freute sie sich auch auf die Zeit mit den Großeltern. Besonders der Opa würde sie wieder richtig verwöhnen.

Am Abend brachte die Oma ihre Enkelin ins Bett in ihrem Schlafzimmer. Sie schlief in der Zeit, wenn ein Enkelkind bei ihnen war, immer auf dem Sofa.

„Oma", fing Franziska an zu fragen, „warum kannst du nicht mit dem Opa in einem Schlafzimmer schlafen, wie meine Eltern?" Die Oma drehte ihr Gesicht etwas zur Seite. „Ach Kind, das ist besser so. Und außerdem schnarcht der Opa ziemlich laut." Franzi hatte den Opa noch nie schnarchen hören, aber sie schlief ja auch fest in der Nacht. Die Oma würde es schon wissen.

Der Sonntag war warm und sonnig, wie schon die Tage vorher. Am frühen Nachmittag sagte der Opa zu Franziska: „Die Oma geht nachher zur Nachbarin, das ist nichts für uns. Wollen wir an die Saale fahren und Eis essen?"

„Au ja!", jubelte Franzi. Doch im nächsten Moment blickte sie ängstlich. „Opa, müssen wir unbedingt mit der Bahn fahren?" Diese Angst vor Schienenfahrzeugen war größer als ihre Freude auf ein Eis.

„Nein, aber nur weil du es bist!", stimmte der Opa ihrem unausgesprochenen Vorschlag zu. Dann will ich das gute Stück mal aus der Garage holen."

Der Opa war jetzt Rentner, aber früher hatte er eine gut gehende Schlosserei gehabt. Aus dieser

Zeit stammte das Auto, ein betagter F8 Kombi mit Holzaufbau. Oft fuhr er nicht mehr damit, aber wenn er seiner Enkelin damit eine Freude machen konnte, dann war das Grund genug für eine Ausnahme.

Er öffnete das Garagentor. Der Anlasser ratterte und in einer Wolke aus Auspuffgasen rumpelte das Vehikel auf die Straße.

„Na, dann wollen wir mal. Sag noch schnell Oma auf Wiedersehen und dann steig ein!"

Ach, das war ein Gefühl, herrlich so neben dem Opa durch die Straßen in Richtung Saale zu fahren. Franzi hatte die Seitenscheibe heruntergekurbelt und ließ sich den Fahrtwind um die Nase wehen. Ihr blonden Locken flatterten und glänzten mit der Sonne um die Wette.

Am Saaleufer angelangt, parkte der Opa vor einem Lokal, wo Tische mit bunten Schirmen auf der Terrasse standen. Sie setzten sich und bestellten Eis für Franzi und Kaffee für den Opa. Franzis Blick ging zum anderen Ufer, wo sich die *Burg Giebichenstein* stolz über dem Fluss erhob. Sie mochte diesen Blick. Man müsste es malen, es ist so schön, dachte sie bei sich.

„Guten Tag Paul!" Eine Stimme riss Franziska aus ihren Gedanken. „Kann ich mich zu euch setzen?"

„Helene! Ja, setz dich doch." Der Opa schien erstaunt zu sein, aber er kannte die Frau, das merkte Franzi gleich.

Aus den Augenwinkeln beobachtete Franziska die fremde Frau. Sie war bestimmt mal sehr hübsch gewesen. Sie hatte ganz weißes Haar mit schönen Locken. Aber ihre Haut sah blass aus, ihre Wangen waren eingefallen und sie atmete schwer.

„Ist sie das?", stellte die Frau dem Opa eine Frage. Der Opa nickte und Franzi blickte verwundert, denn offensichtlich war sie damit gemeint.

„Sie sieht ihr ähnlich", sprach die Frau weiter. Der Opa drehte sich weg und wischte sich über die Augen.

Franziska hatte inzwischen ihren Eisbecher leer gegessen.

„Franzi, möchtest du nicht ein bisschen am Ufer die Enten füttern gehen?"

„Ja Opa, das mache ich." Franzi verstand, dass er mit der Frau lieber alleine sprechen wollte, dabei hätte sie doch auch gerne erfahren, wer das war und was das alles bedeutete. Sie hörte nur noch, wie der Opa die Frau wieder ansprach.

„Entschuldige Helene, aber geht es dir nicht gut? Du siehst müde aus."

„Nein, es geht mir wirklich nicht gut", antwortete die Frau. „Ich habe nicht mehr lange zu leben. Ich habe Krebs im Endstadium, da ist nichts mehr zu machen. Ich wollte nur noch ein paar Sonnenstrahlen erhaschen, ehe es für immer um mich kalt und dunkel wird. Und ich bin so froh, dass ich euch getroffen habe, dass ich die Kleine noch einmal sehen konnte."

Sie trank ihre Tasse Kaffee aus und erhob sich.

„Machs gut, Paul. Und pass gut auf sie auf!"

Helene drehte sich noch einmal um, als sie zum Ufer ging. Dort strich sie der erstaunten Franziska übers Haar, die ihr verwundert nachschaute.

Als Franzi zum Opa zurück kam, sah sie, dass er geweint hatte.

„Opa, was hast du? Was ist mit der Frau?"

Paul schaute seine Enkeltochter an. „Das war eine alte Freundin und nun ist sie krank und stirbt bald."

„Oh, das ist traurig." Franzi streichelte dem Opa tröstend über den Arm.

Sie hätte ihn gerne noch gefragt, wem sie ähnlich sehen sollte, aber sie wollte nicht, dass er noch trauriger wurde, also ließ sie es lieber.

Die nächsten Tage waren ausgefüllt mit fröhlichem Spiel mit ihrer Freundin Gabi, ein Mädchen aus der Nachbarschaft. Gabi war ein Einzelkind und hatte so viele Spielsachen, dass man jede Stunde etwas anderes hätte nehmen können. An den Wochenenden war sie immer mit den Eltern unterwegs zu Ausflügen, aber in der Woche war sie froh, eine Spielgefährtin zu haben.

Am Freitag erreichte die sommerliche Hitze ihren Rekord und am Mittag zogen dunkle Wolken auf, die sich schon bald in einem heftigen Gewitter entluden. Die beiden Mädchen saßen in Gabis Zimmer, dicht aneinander gekuschelt und zuckten bei jedem Blitz und jedem Donner zusammen. Der Regen fiel so dicht, dass man die Hand vor Augen nicht sehen konnte. Auf den Straßen ergossen sich wahre Sturzbäche. Und dann war mit einem mal Schluss. Doch erst jetzt nahmen die Menschen das ganze Ausmaß des Unwetters wahr. Das Wasser war in die Keller eingedrungen, die Gärten waren verwüstet und Straßen unpassierbar. Ein Nachbarsjunge brachte die Nachricht zu Gabi:

„Die Bahnbrücke steht unter Wasser. Los, wir wollen hin gehen. Ehe die Feuerwehr das alles weggepumpt hat, können wir noch prima drin schwimmen." Die Kinder der Siedlung kannten dieses Phänomen.

„Klar, ich komme mit", stimmte Gabi dem Plan zu und blickte fragend zu Franzi.

„Ich muss erst fragen, ob ich darf", warf Franzi ein.

„Ich komme mit, und wenn ich frage, darfst du bestimmt."

Das war es nun nicht, was Franziska gewollt hatte, aber Gabi war schon auf dem Weg.

So zogen sie bald darauf los. Eine ganze Kinderschar bewegte sich in Richtung Bahnbrücke, wo schon reges Treiben herrschte. Da diese Brücke nur eine Nebenstraße war, kam die Feuerwehr erfahrungsgemäß nicht so schnell. Und auch Franzi fand sich schon bald in dem lustigen Treiben wieder.

Bis ihr plötzlich fast das Herz stehen blieb. Das Rattern, das Pfeifen, ein Zug! Nur, wohin jetzt so schnell laufen? Und die anderen Kinder würden sie bestimmt auslachen. Mit 12 noch vor einem Zug weglaufen! Sie drückte sich ganz eng an die Mauer. Ein Vibrieren ging durch das ganze Bauwerk. Sie hielt die Luft an, und dann, dann war es auch schon vorbei. Franzi atmete tief durch. Und in ihr kam eine große Freude auf: Ich habe es geschafft, die Angst endlich überwunden!

Am Abend schrieb sie schließlich den versprochenen Brief an ihre Freundin Verena: „Liebe Reni, ich bin heute zum ersten Mal nicht vor der Eisenbahn weggelaufen und wenn wir uns wieder sehen, muss ich dir ganz genau erzählen, was ich hier erlebt habe… Liebe Grüße! Deine Franzi"

„Opa, morgen fahre ich doch wieder nach Hause", begann Franzi vorsichtig. Sie wollte den Opa um etwas bitten.

„Na, frag schon, was hast du auf dem Herzen?" Ihr Opa hatte das Mädchen längst durchschaut.

„Können wir noch mal runter zur Saale fahren? Ich möchte so gerne die Burg oben auf dem Felsen malen." Franziska bekam zu Hause seit einigen Jahren einmal in der Woche zusätzlichen Zeichenunterricht. Sie war nicht untalentiert und es machte ihr großen Spaß. „Meinen Zeichenblock und die Stifte habe ich mit."

„Wie kann ich denn da noch nein sagen?", erwiderte der Opa lächelnd.

Franzi wollte eigentlich die Gelegenheit nutzen, um den Opa noch mal auf die fremde Frau anzusprechen. Doch als sie bemerkte, dass die Oma heute auch mitkommen würde, wusste sie, dass daraus nichts werden würde.

Am Saaleufer machte Franziska es sich auf einem großen Stein gemütlich und begann ihre Skizzen. Schon bald entstand vor ihr auf dem Papier ein Abbild dessen, was sie oben auf dem Felsen über der Saale sah. Zu Hause wollte sie das Bild in Linoleum schneiden. So konnte man von einem Motiv viele Drucke fertigen. Diese Ansicht war einfach zu schön für nur ein Bild!

Zum Abschluss kehrten sie noch einmal in das Terrassenlokal ein und Franzi verdrückte einen großen Eisbecher mit Sahne. Es war doch gar nicht so schlecht, mit Oma und Opa allein etwas zu unternehmen!

„Franzi! Wir kommen!!!" Alexanders Ruf ertönte so lautstark, dass man es gar nicht überhören konnte. Kurz darauf kamen auch die Eltern um die Ecke und Franziska lief ihnen entgegen.

„Na sag mal, bist du gewachsen?" Der Vater schaute seine Tochter erstaunt an. Franzi sah gesund aus, hatte offensichtlich sogar zugenommen und bekam so langsam frauliche Formen, die sich unter ihrem dünnen Sommerkleid deutlich abzeichneten.

„Weißt du was", fing Alex an, auf seine Schwester einzureden „ich bin direkt froh, wenn du wieder da bist. Ich durfte nicht mal alleine ins Schwimmbad gehen!" Franzi lachte. Das war ja schön, wenn sie wenigstens von einem vermisst wurde.

Als die Familie sich später auf den Weg zum Bus machte, staunte der Vater zum zweiten Mal über seine Tochter. Er wollte sie gerade an die Hand nehmen und ihr helfen, in die verhasste Straßenbahn zu steigen, als Franziska ganz alleine einstieg.

Ja, Franziska war gewachsen, äußerlich und innerlich.

3

„Gudrun, dein Vater hat mich heute im Büro angerufen." Franz wusste, dass es kein leichtes Gespräch mit seiner Frau werden würde. „Helene ist
gestorben."

„Dann sind wir sie jetzt los", konstatierte Gudrun.

„Ein bisschen Mitleid stünde dir gut", entgegnete
ihr Mann.

„Mitleid? Nein, sie hat mir zu viel genommen."

„Aber sie hat dir doch auch viel gegeben", widersprach Franz.

„Egal, ich will nicht mehr drüber reden, tot ist
tot."

In diesem Moment trat Franziska in die Stube.

„Wer ist tot?", wollte sie wissen.

„Ach, kennst du nicht, eine entfernte Bekannte."
So, wie es die Mutter sagte, blieb ihr die nächste
Frage im Halse stecken. Doch ihr Gefühl sagte ihr,
dass es nur diese fremde Frau, diese Helene sein
konnte. Aber was hatten ihre Eltern damit zu tun?
Oder irrte sie sich? War es doch nicht Helene gewesen, über die Vati und Mutti gesprochen hatten?

Viel Zeit zum Nachdenken blieb nicht.

„Hast du alle Sachen fertig?", wollte die Mutter
nun wissen. Der Sommer ging dem Ende zu.

Nachdem die Kinder aus dem Ferienlager zurück gekehrt waren, sollte es nun die letzten 10 Ferientage mit den Eltern ins Erzgebirge gehen und direkt nach der Rückkehr war am nächsten Tag wieder Schule. Es mussten also alle Sachen für die Reise und für die Schule fertig sein. Das wollte Franzi auch der Mutti sagen, als sie ins Zimmer kam.

„Ja, alles fertig, ich habe auch Alex noch geholfen, er hat auch alles komplett."

„Gut, dann wascht euch und ab ins Bett, morgen geht es sehr früh raus, bis nach Seiffen ist ein langer Weg."

Am nächsten Morgen brachte ein großer Reisebus die Urlauber in das Städtchen im Erzgebirge. Das gemütliche Ferienheim kannten sie schon vom vorigen Jahr und der Vater hatte bereits geplant, wann sie wohin wandern wollten. Obwohl es nicht mehr so warm war, hielt sich das Wetter doch ganz gut und die Pläne wurden nicht von Regengüssen durchkreuzt.

Franziska genoss das Zusammensein mit ihren Eltern und dem Bruder und alles, was ihr gerade noch als wichtige Frage erschienen war, trat in den Hintergrund. Und auch über das, was in der Schule alles auf sie zukommen würde, wollte sie sich jetzt noch keine Gedanken machen.

Viel zu schnell war dann die schöne Zeit vorbei, am späten Abend kam die Familie wieder zu Hause an und am nächsten Morgen begann auch schon das neue Schuljahr.

Zum ersten Mal liefen die Geschwister nur noch eine kurze Strecke gemeinsam, dann trennten sich ihre Wege.

„Verena!" „Franziska!" Die Freundinnen fielen sich in die Arme. Nur einmal hatten sie sich während der Ferien gesehen. Besuche bei den Großeltern, Ferienlager, Urlaub mit den Eltern, und das immer zu verschiedenen Zeiten, da blieb kein Raum für Treffen. Doch jetzt standen sie endlich wieder gemeinsam vor der Schule, dem Gebäude, das nun für die nächsten Jahre ihr Domizil werden würde.

„Kennst du schon welche von den neuen Mitschülern?", fragte Franzi ihre Freundin.

„Ja, ich bin ja schon zwei Wochen wieder in der Stadt und habe mal rumgefragt. Es gibt da ein paar nette Mädchen, mit einer habe ich mich schon etwas angefreundet."

Die Worte hinterließen bei Franzi ein ungutes Gefühl in der Herzgegend. Doch fürs Erste ließ sie sich nichts anmerken. Jetzt mussten sie erst mal sehen, wo denn nun der Klassenraum sein würde. Es war ja alles neu für sie. Die Klassen stellten sich auf dem Hof auf und der Direktor versuchte, das Gemurmel mit seiner kräftigen Stimme zu durchdringen und die neuen Mitschüler zu begrüßen.

„Oh je, sind das aber viele!" Franziska erschrak über die ungewohnte Menge an Kindern, die sich in den Klassenraum drängten. Es war nicht leicht für die neuen Schüler, allesamt Mädchen, sich noch einen Platz an einem der Tische zu sichern.

Von der Tür aus beobachtete Herr Kollberg das Treiben, ehe er sie hinter sich ins Schloss zog.

„So, ich glaube, nun sollte mal langsam Ruhe einkehren!", ermahnte er seine Schüler.

„Guten Morgen erst einmal! Für alle, die mich noch nicht kennen, ich bin Herr Kollberg, euer Klassenlehrer. Ich weiß, dass es jetzt nicht leicht sein wird, ihr müsst euch erst kennen lernen. Aber ich bin sicher, in ein paar Wochen sieht das schon ganz anders aus. Am besten wird sein, ihr stellt euch alle mal einander vor."

Der Erste stand auf. „Ich bin Lutz und ich bin hier der Klassensprecher." In einer anderen Ecke des Raumes sprang der Nächste hoch: „Und ich bin Karli, und ich bin hier der Klassenkasper!" Alles lachte.

„So, nun haben wir die Wichtigsten schon beieinander", bremste Herr Kollberg die beginnende Unruhe. Nach und nach stellten sich nun alle Schüler einander vor. Eine der letzten war Franziska.

„Ich bin Franzi", sagte sie leise. „Und was bist du noch?" warf Herr Kollberg die Frage ein. Er hatte wohl von ihrer alten Schule die Information bekommen, dass sie dort im Schülerrat war.

„Ja, sie ist klein, das sieht man doch!", war Karlis Stimme zu vernehmen. Wieder lachten alle und Franzi wurde rot.

„Setz dich, hör nicht auf ihn. Wir haben noch mehr Zeit zum Kennenlernen", rettete Herr Kollberg die Situation und Franzi war froh, dass es bald darauf zur Pause klingelte.

Der Rest des Tages war angefüllt mit normalen Unterrichtsstunden. Es gab viele neue Lehrer, aber auch ein paar aus der alten Schule waren mit übernommen worden. So mussten sich auch die anderen Schüler an Neues gewöhnen und Franziska fühlte sich nicht ganz so allein.

Zu Hause traf sie mit ihrem Bruder zusammen und tauschte mit ihm die Erfahrungen aus. Doch Alexander schien den Schulwechsel viel leichter zu verkraften als sie selber. Er zählte gleich ein paar Freunde auf, mit denen er schon mal gemeinsam im Kindergarten gewesen war und die er nun wieder getroffen hatte. Sie beneidete Alex um sein frohes, lockeres Wesen.

Am nächsten Tag wollte sich Franziska am Nachmittag endlich wieder mit Verena treffen. Sie wollte ihr doch noch so viel erzählen, worüber sie sich seit dem Besuch in Halle den Kopf zerbrach. Aber Verena hatte keine Zeit. Es verging noch ein Tag und noch einer. Einmal musste Verena der Mutter helfen, einmal mit ihrer Schwester üben, einmal ihren Bruder abholen, sie hatte nie Zeit.

Vielleicht will Verena nur nicht den weiten Weg zu mir machen, überlegte Franziska. So stieg sie in der nächsten Woche einfach auf ihr Fahrrad und fuhr zu ihrer Freundin. Doch noch ehe sie ankam, verschlug es ihr schon die Sprache. Da saß doch ihre Reni mit dem anderen Mädchen aus ihrer Klasse Arm in Arm auf der Treppe vor dem Haus. Sie schwatzen und kicherten und schienen Franzi gar nicht zu bemerken. Franziska spürte den Kloß in ihrem Hals und drehte das Fahrrad um. Nein, hier wollte sie nicht bleiben! Verena hatte eine neue Freundin und hatte sie angelogen. Die Enttäuschung saß tief und schmerzte.

Am nächsten Morgen wartete Franziska an der Hausecke vor der Schule bis Maria vorbei kam.

Maria war ein Nachbarsmädchen. Irgendwie wollte keiner mit ihr wirklich befreundet sein. Sie hatte ein paar Pfunde zu viel, konnte bei keinem Spiel richtig mithalten und immer musste man auf sie warten. Doch heute war das genau passend. Verena sah schon in die Richtung, aus der Franzi kommen musste, als sie Hand in Hand mit Maria auf den Schulhof kam. Franzi winkte Verena nur von Weitem zu und lief mit Maria in den Klassenraum. Es war eine bittere Genugtuung, doch ohne diese kleine Rache wäre Franziska mit dem Verrat der Freundin nicht klar gekommen.

Deshalb willigte sie auch am Nachmittag ein, als Maria sie fragte, ob sie mit zu Regina kommen wollte. Regina war eher eine Einzelgängerin. Ab und zu erkaufte sie sich ein wenig Zuwendung, wenn sie Schokolade mit in die Schule brachte, die ihre Oma aus dem Westen Deutschlands geschickt hatte. Diesmal hatte die Westoma ihr einen Kassettenrecorder geschenkt. Damit war sie die Einzige in der Klasse, die so was hatte und bei Franzi regte sich die Neugier. Außer Franzi und Maria war auch noch Heidi mit zu Regina gekommen. Die Mädchen waren allein in der Wohnung und tanzten ausgelassen durch das Zimmer. Lautstark sangen sie mit: *„Schöne Maid, hast du heut für mich Zeit...“*

In dem Moment hörten sie Geräusche im Flur. Blitzschnell drückte Regina die Stopp-Taste, doch es war schon zu spät. Das „...*hojahojaho*..." blieb den Mädchen im Halse stecken, als der Mann in der Tür stand. Er füllte den Rahmen in voller Höhe aus, während Regina förmlich in sich zusammen sank.

„Darf ich erfahren, was das ist!", dröhnte seine Stimme durch den Raum. „Ich habe dir verboten, andere Gören mit her zu bringen! Und dann noch das Gedudel! Gib die Kiste her!"

„Nein!", bettelte Regina, „den habe ich von meiner Oma."

„Ist mir egal! Wenn die Alte dir was schenkt, wollen deine Geschwister auch was davon haben!" Er riss dem Mädchen den Recorder aus der Hand und stellte ihn hinter sich ab.

Die drei Freundinnen hatten wie gebannt auf die Szene gestarrt. In Franzi kroch Angst hoch.

„So, mein Fräulein, dann wollen wir mal miteinander reden." Er sagte das ganz ruhig, doch Franziska spürte, dass diese Ruhe nichts Gutes zu bedeuten hatte.

„Und ihr geht besser und ich will euch hier nicht wieder sehen!", richtete er das Wort an die Mädchen. Und zu Regina gewandt: „In deinem Interesse!"

Mit diesen Worten öffnete er seinen Gürtel und zog ihn aus den Schlaufen der Hose. Der Mann schloss hinter Heidi, Maria und Franzi die Zimmertür. Im Flur hörten sie noch, wie Regina wimmerte. „Bitte nicht, nicht mit dem Gürtel."

Doch im nächsten Augenblick folgte schon ein grauenhaftes Klaschen und das laute Weinen von Regina.

Die Mädchen stürzten ins Treppenhaus und rannten, bis sie auf der Straße waren. Außer Atem setzten sie sich auf den Bordstein.

„Wie kann er nur sein Kind so verhauen?" fand Franzi langsam wieder Worte.

„Na, weil sie nicht sein Kind ist", klärte Heidi die anderen auf. „Der Kerl ist ihr Stiefvater."

„Aber ihre Mutti muss doch was sagen, sie ist doch ihr Kind?", stellte sich Franzi die Frage.

„Vielleicht weiß sie es ja gar nicht", mutmaßte Maria.

In dem Moment waren alle drei froh, liebevolle Eltern zu haben.

Am Abend lag Franziska im Bett und dachte über das Erlebte nach. Waren alle Stiefväter so? Im Märchen gab es meistens böse Stiefmütter. Die waren auch nicht nett. Sie kannte sonst keinen mit einem Stiefvater oder einer Stiefmutter. Im Nebenraum hörte sie das tiefe gleichmäßige Atmen ihres schlafenden kleinen Bruders. Sie lächelte bei dem Gedanken an den lebhaften Jungen, der schon oft etwas angestellt hatte. Hatte der ein Glück, nicht bei Reginas Stiefvater zu leben.

Und sie überlegte, wie man dem Mädchen helfen konnte. In ihrer alten Schule war Franziska im Schülerrat gewesen. Aber damals hatte sie ja noch nichts von Reginas Sorgen gewusst. Jetzt müsste sie wieder gewählt werden, dann könnte sie zum Lehrer gehen, ohne als Petze angesehen zu werden. Frau Breitling hätte gewusst, was zu tun war. Und Herr Kollberg würde es auch wissen.

Schon bald darauf sollten die Schüler bestimmen, wer von ihrer Klasse sie im Schülerrat vertreten sollte. Eine Liste mit Namen wurde aufgestellt, auch Franzi war dabei, und die Diskussion begann. Obwohl sie neu war, hatte Franzi schon bald einige Befürworter auf ihrer Seite. Herr Kollberg ließ die Kinder abstimmen.

„Also, wie ich sehe, sind die meisten für Franziska Zandler", fasste er das Ergebnis zusammen. Da erhob sich Karli.

„Nee, ich würde die Neue nicht wählen. Wir wissen doch noch gar nicht, wie die beschaffen ist!" Selbst Herr Kollberg musste lachen.

„Na ja, Karl, so unrecht hast du nicht. Aber sieh mal, ein Teil von eurer Klasse kennt die Franziska schon viele Jahre und die haben alle für sie gestimmt. Sie hat das ja schon vorher an ihrer alten Schule gemacht und da sollten wir ihr hier doch auch eine Chance geben. Die meisten deiner Mitschüler sehen das genauso."

Karl sah seinen Lehrer an und nickte. „Na gut, dann versuchen wir es mit ihr." Diesmal lachte keiner.

Nun kam so viel Interessantes auf Franziska zu, das ihre Freizeit in Anspruch nahm. Sie ging noch immer zum Zeichenunterricht. Einmal in der Woche war Schwimmen. Zusätzlich zum Unterricht hatte sie noch einen extra Deutschkurs, wo sie kleine Geschichten und Gedichte schrieben und rezitieren übten. Damit wollten sie irgendwann bei Veranstaltungen auftreten. Und dann noch die Arbeit im Schülerrat, da trat die zerbrochene Freundschaft zu Verena immer mehr in den Hintergrund. Nur ab und zu wurde sie traurig bei dem Gedanken. Sie wusste nicht, dass es Verena genauso erging.

Inzwischen war Franziska 13 geworden. „Jetzt bist du ein richtiger Teenager, wie das heutzutage heißt", hatte der Vati zu ihr gesagt und ihr den ersten BH geschenkt. Seit dem Sommer hatte sie deutlich an Oberweite zugelegt. Sie war zwar immer noch recht klein, aber langsam wurde aus dem Kind ein junges Mädchen.

Wenn ihr Bruder sie einmal nackt sah, ärgerte er sie oft: „Franzi hat Busen!"

Franziska war sauer, aber was sollte sie auch von einem zehnjährigen erwarten! „Und Alex ist ein Blödmann", gab sie Sticheleien zurück.

Es verging kaum ein Tag, an dem sie nicht stritten. Das gute Geschwisterverhältnis war fürs Erste vorbei. Aber das Schlimmste für Franzi war, dass bei jedem Streit die Mutter für Alex Partei ergriff, selbst wenn sie gar nicht wusste, wie der Streit entstanden war. Und beim Vati konnte sich Franzi nicht ausheulen, weil der gerade über die Woche auf einer entfernten Baustelle als Bauleiter arbeitete und nur am Wochenende heim kam. Dann aber wollte ihn Franzi nicht mit dieser Kinderkacke nerven. Sie kam schon alleine klar. Im schlimmsten Fall war da ja noch Oma Klara, die sich gerne ihrer Enkelin annahm. Dann saß sie bei der Oma in der Stube und erzählte von ihren Erlebnissen oder die

Oma berichtete was von früher. Manchmal sahen sie auch Bilder an, von Oma und Vati von früher und je älter Franzi wurde, um so mehr entdeckte sie kleine Ähnlichkeiten zu sich. Es gab Momente, da wollte Franziska schon die Oma fragen, ob sie was von dieser Helene wusste, aber sie traute sich dann doch nicht, es schien ein Tabu in der Familie zu sein.

„Du, Oma, ich muss dir was erzählen", begann Franzi eines Tages zu berichten. Am Abend zuvor hatten sie mit dem Deutschkurs einen Auftritt vor Frauen zum Frauentag gehabt. Ihre Rezitationen kamen sehr gut an. Und bei Einem kam Franziska besonders gut an.

„Oma, er heißt Heiner und ist eine Klasse über mir. Wir haben immer zusammen geübt. Und gestern hat er mir erst den Stuhl weg gezogen, so dass ich mich daneben gesetzt habe, und dann hat er mir beim Aufstehen geholfen", fasste Franzi den Abend kurz zusammen. Wie sehr ihr Herz geklopft hatte, als der Junge sie festgehalten hatte, verschwieg sie lieber. Aber die Oma merkte trotzdem, dass da etwas anders war, als wenn die Enkelin sonst von Schulkameraden erzählte. Und mit ein bisschen

Wehmut dachte sie, nun wird das kleine Mädchen schon langsam erwachsen.

Von nun an verbrachte Franziska viel Zeit mit Heiner. Sie waren gemeinsam beim Deutschkurs, gingen zusammen zum Schwimmen, Heiner wartete vor dem Klubhaus, wenn Franzi Zeichenunterricht hatte und selbst auf dem Schulhof sprachen sie immer öfter zusammen, allen albernen Sprüchen der Mitschüler zum Trotz. Seit dem schien sich aber das Band zwischen Franzi und Verena immer mehr zu lösen. Hatten sie sich zwischenzeitlich auch wieder zusammengerauft, den Heiner mochte Verena gar nicht und je öfter sie das deutlich sagte, um so mehr stellte sich Franzi auf Heiners Seite und gegen Verena.

Das Schuljahr ging dem Ende zu, als die Klasse zu einem Ausflug mit dem Bus aufbrechen wollte. Franziska, Maria und Heidi, die alle irgendwie in der Nähe wohnten, saßen zusammen auf einer Bank beim Busbahnhof. Sie waren etwas zu früh da und beobachteten die Busse, die zu den Haltestellen fuhren. Ein Bus fuhr eben los. In dem Moment rannte eine Frau darauf zu. Der Fahrer versuchte noch zu bremsen, doch es war zu spät. Der Bus hatte die Frau überrollt. Sie lag nun unter dem Bus zwischen den Rädern. Blut floss aus einer großen Wunde, die Frau war ohne Besinnung.

Die Mädchen sahen mit aufgerissenen Augen minutenlang auf die Szenerie und wollten kaum glauben, was sie gerade mit angesehen hatten. Mit Notsignal bogen Polizei, Notarzt und Krankenwagen auf dem Platz ein. Dann war es unnatürlich ruhig. Plötzlich durchdrang ein markerschütternder Schrei die lähmende Stille. Franzis Stimme klang so verzerrt und schrill, dass sich sofort alle Augen ihr zuwendeten. Maria und Heidi sahen ihre Mitschülerin erschrocken an. Sie war totenblass, fühlte sich eiskalt an und begann trotz der sommerlichen Wärme fürchterlich zu zittern. Die beiden versuchten, auf Franzi einzureden, doch die registrierte sie gar nicht. Seit dem Schrei hatte sie keinen Ton mehr von sich gegeben.

Eine Menschentraube hatte sich auf dem Platz gebildet und stand um den Unfallort herum. Nur die Mädchen hockten hilflos auf der Bank. Mit einem Mal sprang Franzi auf und noch ehe jemand zufassen konnte, war sie schon vor der Bank zusammengebrochen.

„Hilfe!", riefen Heidi und Maria wie aus einem Mund.

Im Krankenwagen hatten sie begonnen, die schwer verletzte Frau zu behandeln. Doch einer der Sanitäter war auf die Mädchen aufmerksam geworden, er kam hinzu und sah sich die am Boden liegende Franzi an. „Sie hat einen Schock", vermutete er. „Ich glaube, es wird besser sein, wir nehmen sie mit ins Krankenhaus." Er legte ihr vorsichtig die Beine hoch und langsam kam das Mädchen wieder zu sich. Über Funk wurde noch ein Krankenwagen angefordert und Franzi ins Krankenhaus transportiert.

„Frau Zandler, Ihre Tochter liegt hier bei uns auf der Station, es wäre schön, wenn Sie bald kommen könnten." Der Stationsarzt hatte Gudrun im Büro der Stadtverwaltung, wo sie stundenweise arbeitete, angerufen.

„Um Himmels Willen, was ist passiert?" Der Schreck fuhr ihr gewaltig in die Glieder.

„Das würde ich gerne mit Ihnen persönlich besprechen."

„Ist gut, ich komme und ich informiere auch meinen Mann", entgegnete Gudrun.

„Hallo Franz", rief sie sofort ihren Mann an. „Kannst du gleich mal her kommen? Franziska ist im Krankenhaus. Am Telefon wollten sie mir nichts sagen. Ich mache mich gleich auf den Weg."

Franz war genau so erschrocken wie seine Frau. „Natürlich komme ich, aber eine halbe Stunde brauche ich doch. Wir treffen uns dann im Krankenhaus."

Zehn Minuten später stand Gudrun im Schwesternzimmer. „Sie können ruhig zu ihrer Tochter gehen", wies ihr eine freundliche Krankenschwester den Weg. „Der Arzt wird nachher mit Ihnen sprechen, wenn Ihr Mann da ist."

„Aber was hat Franziska denn?" Gudrun wollte nicht ganz unvorbereitet zu dem Kind kommen.

„Soweit ich weiß, ist es ein schwerer Schock, aber mehr kann Ihnen wirklich nur der Arzt sagen." Damit musste Gudrun fürs erste zufrieden sein.

Als sie ins Zimmer kam, lag Franzi blass und klein in den weißen Laken. Sie starrte ins Leere und schien sie gar nicht zu bemerken.

„Franziska, Liebes, was ist passiert?" Die Mutter strich ihrer Tochter übers Haar. „Egal was es war, es wird alles wieder gut, ganz bestimmt." Sie musste ihr etwas Tröstendes sagen. Doch von ihrer Tochter kam keine Antwort. So setzte sie sich auf die Bettkante und hielt Franzis Hand. Ewig lang schien ihr die Zeit, bis endlich die Tür aufging und Franz hereinkam.

„Franzi, mein Engel, was ist denn passiert?", fragte nun auch er seine Tochter. Kaum merklich drehte Franzi den Kopf. „Vati, Mutti, ich kann nichts dafür." Eine Träne lief ihr über die Wange. In dem Moment trat der Arzt ins Zimmer.

„Oh, das ist aber ein gutes Zeichen, wir reden ja wieder, junge Dame! Ich möchte mal kurz mit deinen Eltern sprechen, dann kommen sie gleich wieder zu dir."

Die drei verließen das Krankenzimmer. „Ihre Tochter hat einen schweren Schock", begann der Arzt zu erklären.

„Ja, aber wieso und von was? Sie wollte heute mit der Klasse einen Ausflug machen. Was ist denn nur passiert, so reden Sie doch!", drängte die Mutter den Arzt.

„Ach so, deshalb waren die Mädchen also auf dem Busbahnhof." Der Arzt nickte verstehend. „Und dort wurden sie unfreiwillig Zeugen eines schweren Verkehrsunfalls, eine Frau wurde von einem Bus überfahren und ist leider inzwischen verstorben. Kennen Sie die Frau?" Er nannte den Namen, doch sowohl für Gudrun wie auch für Franz war es eine völlig Unbekannte. Sie schüttelten die Köpfe.

„Dann verstehe ich nicht, wieso Ihre Tochter plötzlich in solch einen Schockzustand gefallen ist. Sie war ohnmächtig, nicht mehr ansprechbar und bis Sie kamen, hat sie nicht geredet. Hat sie vielleicht schon einmal solch einen Unfall erlebt, an den sie sich jetzt erinnert?" Irgend etwas musste doch der Auslöser gewesen sein, vermutete er.

„Nein, gar nicht!", antwortete die Mutter überzeugt.

„Dann kann ich es auch nicht erklären", entgegnete der Arzt. „Wir werden Franziska zur Sicherheit eine Nacht hier behalten. Morgen früh kann sie nach Hause, wenn es ihr gut geht."

Die Eltern nickten und der Arzt verabschiedete sich. Franz sah seine Frau an. „Nein, dass kann doch nicht sein, dass sie daran eine Erinnerung hat."

Gudrun lehnte sich bei ihrem Mann an die Brust. „Wir werden die Schatten der Vergangenheit nicht los."

Franz hielt seine Frau fest. „Glaub nicht so was, alles wird wieder gut!"

4

„Willkommen in der 8. Klasse! Ich hoffe, ihr hattet alle schöne Ferien." Herr Kollberg begrüßte seine Schüler mit freundlichen Worten zum neuen Schuljahr.

Franziska und Verena saßen wieder einträchtig nebeneinander. In den Ferien hatten sie zwei Wochen jeden Tag gemeinsam im Schwimmbad verbracht oder waren mit den Rädern unterwegs gewesen. Verena hatte tapfer ertragen, dass sich Heiner gelegentlich zu ihnen gesellte, denn sie hoffte, dass sich das ‚Problem Heiner' alleine klären würde, wenn Heiner nun zur Oberschule gehen würde. Zumindest in der Schule hatte sie dann Ruhe vor ihm und Franzi wieder für sich alleine.

Verena hatte versucht, aus Franzi raus zu kriegen, was an dem Morgen passiert war, als sie zum Ausflug fahren wollten. Sie war ja so erschrocken gewesen, als der Bus an ihrer Haltestelle ankam und Franzi nicht da war. Und dann hieß es, sie liegt im Krankenhaus! Aber die Freundin konnte sich selbst kaum erinnern und erklären konnte sie sich ihren Zusammenbruch so wenig, wie früher ihre Angst vor Zügen und Straßenbahnen. Doch ein paar Tage später war es ihr wieder gut gegangen und nun war das Ereignis für sie abgehakt.

Ihre Gedanken gingen in die Zukunft. In diesem Jahr würde entschieden, wer aus der Klasse zur Oberschule wechseln durfte. Das war natürlich Franzis großes Ziel, schon allein deshalb, weil Heiner jetzt dort war. Zwar hatte sie im Ferienlager einen anderen Jungen kennen gelernt, an den sie manchmal dachte, aber der war jetzt noch weiter weg als Heiner.

Franzi war auch wieder bei den Großeltern gewesen. Doch der Opa hatte diesmal für sie gar keine Zeit gehabt. Die ganze Woche über hatte er in der Gartenanlage geholfen, einen neuen Zaun zu setzen. Seine Erfahrungen als Schlosser kamen dabei gut an. Das Seltsame war nur, dass er ja dort gar keinen Garten hatte. Ihre Freundin Gabi konnte es auch nicht erklären, aber sie verriet ihr, was sie von den Eltern gehört hatte. „Der Paul ist schon ein alter Schwerenöter!", hatte die Mutter zum Vater gesagt. Nur was das war, wusste das Mädchen auch nicht.

„Weißt du, was ein Schwerenöter ist?" schrieb Franzi auf einen Zettel und schob ihn Verena zu. Verena las die Frage und grinste. Dann schrieb sie groß „JA" drunter und schob den Zettel wieder zurück. „Und was ist es denn nun?" tuschelte Franzi der Freundin zu. Da stand Herr Kollberg neben ihnen. „Es reicht, Franziska und Verena, ihr könnt in der Pause weiter schwatzen, jetzt ist Unterricht!" Die Freundinnen guckten schuldbewusst und Franzi ließ blitzschnell den Zettel in der Hosentasche verschwinden.

Als es zur Pause klingelte, zog Franziska die Freundin in eine Ecke. „Und was denn nun?" Sie wollte das jetzt wissen. Verena grinste schon wieder. „Du hast wohl gar keine Ahnung! Das ist ein Kerl, der gleich mehrere Freundinnen hat."

Franzi guckte ungläubig. „Das kann nicht sein. Mein Opa ist doch mit Oma verheiratet, der hat nicht mehrere Freundinnen!"

„Na dann glaubst du es eben nicht! Frag doch wen anders!" Verena war beleidigt. Da war sie einmal schlauer als die kluge Franzi und dann glaubte die ihr nicht!

Im Herbst feierte Franziska ihren 14. Geburtstag. Das war so ein bisschen wie erwachsen werden. Kurz vorher hatte sie ihren ersten Personalausweis bekommen. Nun war sie ganz offiziell ein eigenständiger Mensch, nicht mehr das bei Vater und

Mutter eingetragene Kind. Die Geldböse aus echtem Leder, die ihr der Vati geschenkt hatte und in die auch der Ausweis hineinpasste, trug sie von nun an immer bei sich. Von Heiner hatte sie einen Pralinenkasten bekommen. Auch da fühlte sie sich ganz als Frau, das war doch was anderes als Milchschokolade mit Sandmannbild drauf!

Da sie sich nun in der Schule ja nicht mehr sahen, trafen Franzi und Heiner sich oft am Nachmittag, entweder zum Schwimmen oder beim Zeichenkurs, manchmal aber auch in dem kleinen Wäldchen am Rande der Stadt. Sie liefen dann Hand in Hand hinunter zum Teich und fütterten die Enten.

Eines Tages gingen sie einen schmalen, wenig benutzten Pfad, als Heiner plötzlich stehen blieb und Franzi festhielt. Im ersten Moment glaubte sie, er wolle ihr etwas zeigen. Hier gab es mitunter Milane zu sehen, die auf den nahen Feldern auf Mäusejagd gingen. Doch Heiner zog sie mit festem Griff ganz nah an sich heran. Franzi wusste später selbst nicht mehr, ob sie versuchte, sich gegen das zu wehren, was er vorhatte, doch wahrscheinlich war sie viel zu überrascht, als er seine Lippen auf ihre drückte. Sie spürte seine nasse Zunge und presste ihren Mund fest zusammen. Da hatte es schon ab und zu Zärtlichkeiten gegeben, ein Küsschen auf die Wange oder Streicheln, aber das, was er da jetzt mit ihr tat, das wollte sie nicht, noch nicht. Franziska riss sich los und lief den Berg hoch so schnell sie konnte.

„Franzi! Warte doch!", rief Heiner ihr hinterher. Aber um nichts in der Welt hätte sie jetzt gewartet. Sie rannte, bis sie auf der belebten Hauptstraße angekommen war. Als sie die Bushaltestelle erreichte, kam ein Linienbus, sie sprang hinein, ohne zu wissen, in welche Richtung er eigentlich fuhr. Ihr war jede Richtung recht, wenn es nur von hier weg war.

Am nächsten Morgen in der Schule berichtete sie Verena, was passiert war.

„Da siehst du es", bekräftigte die Freundin ihre Meinung, „der Kerl ist ein Schwein! Du wirst ihn doch jetzt nicht wieder treffen?" Verena sah Franzi fragend an.

„Ich weiß nicht", druckste Franzi rum. Eigentlich fehlte er ihr ja jetzt schon. Aber ein bisschen musste er schmoren, damit er wusste, dass er sie nicht ohne ihren Willen zu etwas zwingen durfte.

Am Nachmittag kam Alexander aus der Schule und brachte einen Brief mit.

„Für dich", sagte er zu seiner Schwester. „Den hat mir so ein Typ von der Oberschule gegeben." Alexanders Schule grenzte direkt an die Oberschule an. „Der hat gefragt, ob ich dein Bruder bin und gesagt, ich soll den Brief nur dir geben und keinem was sagen."

„Danke, Alex!" Franziska drückte ihrem Bruder ein Bonbon in die Hand. „Lässt du mich mal kurz allein?"

„Klar doch, ich bin ja nicht von gestern", erwiderte Alex und stapfte in Richtung Garten.

Franzi öffnete den Brief. Sie wusste, dass er nur von Heiner sein konnte und las: „Liebe Franzi, bitte entschuldige, was gestern war. Ich wollte dich nicht erschrecken. Ich möchte dir nur gerne so nahe wie möglich sein. Aber ich kann auch noch warten, wenn du das nicht willst. Aber bitte sei mir nicht mehr böse. Ich warte am Sonnabend im Hallenbad auf dich. Ich habe dich sehr gern! Dein Heiner"

Franzi faltete das Blatt wieder zusammen und schob es unter ihre Matratze. Es wäre sicherer gewesen, den Brief in den Ofen zu werfen, aber sie wollte ihn nicht vernichten, er war so lieb geschrieben, dass es in ihrem Bauch kribbelte, wenn sie ihn las. Aber die Eltern mussten das nicht unbedingt wissen.

Als Franziska und Heiner sich am Sonnabend im Bad trafen, da war die Welt fürs Erste wieder in Ordnung.

„Wie hast du denn meinen Bruder gefunden?",
wollte Franzi wissen.

Heiner rückte nicht gleich mit der Sprache raus.
„Ich, ich habe euch mal gemeinsam in der Stadt gesehen."

„Beobachtest du mich etwa?" Schon war Franzi
wieder misstrauisch.

„Nein, es war Zufall. Aber ich wusste auch nicht,
ob ich dich ansprechen sollte, wenn du nicht allein
warst."

Franzi sah Heiner an und dachte an ihre Eltern.
Irgendwann würden sie es doch erfahren.

Am letzten Schultag vor den Winterferien wurden
die Halbjahreszeugnissen ausgegeben. Auch in der
neuen Klasse hatte Franziska ihre Position erfolgreich verteidigt. Auch wenn nun neben den Einsen
ein paar Zweien standen, so war sie doch eine sehr
gute Schülerin und wieder Klassenbeste.

Herr Kollberg hatte eben das letzte Zeugnis ausgeteilt und nicht mit mahnenden Worten gespart,
weil es einige gab, die sich bemühen mussten, das
Klassenziel zu erreichen. Doch nun kam er noch zu
den erfreulicheren Mitteilungen.

„Jugendfreunde", sprach er seine Schüler an.
„Nun lüfte ich noch das Geheimnis, wer ab der 9.

Klasse zur Oberschule wechseln wird. Es sind zwei junge Damen, die es geschafft haben: Franziska Zandler und Susanne Rosen. Ich gratuliere euch! Aber erst mal bleibt ihr uns ja noch ein Halbjahr erhalten. Allen wünsche ich schöne Ferien!"

Franzi lächelte in sich hinein, als sie nach Hause ging. Sie würde nicht allein sein an der Oberschule. Mit Susanne hatte sie bisher nicht so viel zu tun gehabt, die wohnte ganz woanders und hatte ihre Freundinnen aus der Grundschule gehabt. Aber sie schien nett zu sein. Doch viel wichtiger war, dass sie dann endlich wieder mit Heiner in einer Schule war. Sie würden sich in den Pausen sehen können! Franzi hüpfte vor Freude auf und ab.

Alexander war schon zu Hause, als sie kam. Er strahlte über das ganze Gesicht, weil die Mutter sein Zeugnis gelobt hatte.

„Ich nehme an", mutmaßte die Mutter, „es sieht gut aus bei dir."

„Es sieht prima aus", strahlte nun auch Franzi, „ich habe die Empfehlung für die Oberschule!"

Die Mutter nickte. „Es war zu erwarten." Und das Lachen auf Franzis Gesicht erstarb für einen Moment.

„Hast du es geschafft?" Fragend stand der Vater in der Tür.

„Ja, Vati!" Nun jubelte sie wieder.

„Ach, bin ich stolz auf dich! Meine Tochter eifert ihrem Vater nach, macht Abitur, wird studieren!"

Doch als der Vater Franzi hoch heben und küssen wollte, da drehte sie sich weg. „Vati, ich bin kein Kind mehr!"

Franz strich seiner Tochter übers Haar und leise sagte er mehr zu sich selbst: „Nun werden wohl bald andere Männer kommen und dich küssen."

„Darf ich heute Abend ins Kino gehen?" Franziska sah ihre Eltern fragend an.

„Was, am Abend?" Die Mutter schüttelte den Kopf.

„Bitte Vati, sag, dass ich darf!", bettelte Franzi.

„Mit wem möchtest du denn gehen, wer geht denn noch mit?" wollte der Vater wissen.

„Na alle", kam die wenig konkrete Antwort.

„Alle können es ja wohl nicht sein", hielt die Mutter dagegen. „Wer noch nicht 14 ist, darf gar nicht in die 19-Uhr-Vorstellung." Sie wusste, wie genau es die Kontrolleurin im Kino nahm. Kein Ausweis, keine Abendvorstellung. Und sie wusste auch, dass Verena noch nicht 14 Jahre alt war.

Franz sah seine Frau an. „Morgen ist Sonntag, da kann sie ausschlafen, lassen wir sie gehen." Und zu seiner Tochter gewand: „Aber um 9 bist du wieder zu Hause!"

„Ja Vati, ich verspreche es." Franzi fiel ihrem Vater um den Hals.

„Aber bitte enttäusche mich nicht, ich vertraue dir!", legte er nun noch einmal seiner Tochter ans Herz.

Franziska sprang über den Flur in ihr Zimmer, um sich umzuziehen. Sie wollte besonders hübsch aussehen, auch wenn das im dunklen Kino kaum zu sehen sein würde.

Ehe die Stubentür hinter ihr ins Schloss fiel, hörte sie noch die Stimme der Mutter. „Ach ja, du vertraust ihr also. Na hoffentlich fällt der Apfel nicht zu nahe am Stamm!"

Der Satz dämpfte Franziskas Freude, doch darüber nachdenken wollte sie jetzt nicht. Ob der Vati mal die Mutti belogen hatte? Ach, es war jetzt nicht wichtig.

Im Kino lief der Film „Der grüne Bogenschütze". Bei den spannenden Szenen kuschelte sich Franzi eng an Heiner und sie ließ es zu, dass er sie auf die Wange küsste. Und sie dachte, es war so gut, dass der Vati ihr den Kinobesuch erlaubt hatte. Wie schade wäre es gewesen, hätte Heiner vergeblich auf sie gewartet.

„Ich bringe dich noch nach Hause", sagte Heiner nach dem Ende des Films zu Franzi. Der Weg vom Kino bis zum Haus der Eltern war nur kurz, doch Franzi widersprach ihm nicht.

„Machs gut dann!", verabschiedete sich Franzi von Heiner an der Haustür. Franzi schloss die Tür und stieß im Flur mit den Eltern zusammen.

„Ich bin pünktlich", verkündete sie.

„Und wer war das?" wollte die Mutter wissen.

„Das war Heiner, mein Freund." Jetzt war es raus!

Die Eltern sahen sich an. Nun war es endgültig vorbei mit dem kleinen Mädchen. Ihre Franzi wurde zur jungen Frau, sie mussten es akzeptieren.

Der Frühling hatte begonnen. Und wieder einmal stand ein Klassenausflug auf dem Plan. Franzi hatte sich schon lange vorher Gedanken gemacht, was sie dazu anziehen konnte. Die Gedanken an den Unfall im letzten Jahr hatte sie verdrängt.

„Du hast doch deinen Übergangsmantel", machte die Mutter einen Vorschlag.

„Aber Mutti, wer zieht denn noch so was an?" Franzi zog eine Grimasse.

„Dann musst du eben die Strickjacke nehmen." Viele Alternativen gab es nicht.

Doch Franzi hatte längst eine andere Idee.

Am Nachmittag lief sie rüber zu ihrer Oma Klara. Die hatte eine Nähmaschine. Das gute Stück hatte sogar schon einen Elektromotor. Der Mann von Oma Klara war Mechaniker gewesen und hatte den Motor bereits vor vielen Jahren angebaut. Franzi hatte den Opa nicht mehr kennen gelernt, weil er schon vor ihrer Geburt gestorben war. Seit dem lebte die Oma alleine, aber sie hatte ja Franzis Familie in der Nähe. Und Franzi war froh darüber, die Oma in der Nähe zu haben.

„Oma, darf ich mal die Nähmaschine benutzen?" bat Franziska ihre Oma.

„Aber Kind, kannst du überhaupt damit umgehen?" fragte die Oma verwundert.

„Ja, die Frau Zöllner, unsere Handarbeitslehrerin aus der Grundschule, hat es mir gezeigt. Sie hat gesagt, ich bin talentiert. Und ich habe das auch ganz rasch verstanden. Darf ich, Oma? Bitte!", bettelte Franzi weiter.

„Was willst du denn nähen?", wollte die Oma nun wissen.

„Ich möchte aus diesem hässlichen Mantel eine moderne Windjacke nähen!" Franziska legte den Mantel auf den Tisch.

„Hier schneide ich das ab und den Gürtel nähe ich als Bund wieder an."

„Ach du lieber Himmel", stöhnte die Oma. „Deine Mutter trifft der Schlag, wenn sie das sieht. Und den Ärger haben wir alle beide!"

„Aber Oma, ich kann nicht mehr mit diesem Ding rumlaufen! Du musst mir helfen, bitte!"

„Na gut, du lässt ja doch nicht locker." Schweren Herzens erklärte sich die Oma bereit, Franzi an die Maschine zu lassen und ihre Pläne in die Tat umzusetzen.

Am nächsten Tag war es vollbracht. Stolz drehte sich Franzi vor dem großen Spiegel im Schlafzimmer. So konnte sie sich sehen lassen!

„Franziska, was ist das? Was hast du da an?" Die Mutter war ins Zimmer gekommen und sah ihre Tochter entgeistert an.

„Ist das nicht gut geworden?" Franzi wartete keine Antwort ab. „Das war mal mein Mantel."

„Ja, das sehe ich. Aber wer hat den abgeschnitten?"

„Na ich!" Franzi strahlte.

In dem Moment kam der Vater hinzu.

„Sieh dir das an, das Kind hat den guten Mantel abgeschnitten!" Die Mutter teilte die Begeisterung ihrer Tochter in keiner Weise.

„Zeig mal her! Das sieht aber doch richtig gut aus. Und modern ist es auch." Der Vater versuchte zwischen Mutter und Tochter zu vermitteln.

Gudrun sah ihren Mann an. „Du musst ihr wieder mal alles durchgehen lassen!"

Franziska bewegte sich langsam auf die Tür zu. Wenn das jetzt ein Streit zwischen den Eltern werden würde, wollte sie lieber nicht dabei sein.

Das Letzte, was sie noch hörte, war der Vater: „Wahrscheinlich ist Talent doch erblich."

Franzi überlegte. Wen meinte der Vati? Von wem kam ihr Talent? Von der Oma? Bestimmt!

5

Die letzten Wochen in der 8. Klasse gingen vorüber. Ehe Franzi es sich versah, war der Sommer da
und die Zeugnisausgabe. Es war einerseits nichts
Besonderes, aber andererseits eben doch das Ende
eines Abschnittes in ihrem Leben und der Beginn
von etwas ganz Neuem. Im September würde sie
gemeinsam mit Susanne zur Oberschule gehen, um
dann in vier Jahren das Abitur abzulegen. Da erfüllte sie schon ein gewisser Stolz.

Aber erst einmal waren Ferien. Und zum allerers-
ten Mal wollte sie in den Ferien arbeiten gehen
und ihr eigenes Geld verdienen. Der Vater hatte sie
als Urlaubsvertretung für die Telefonistin in seiner
Baufirma angemeldet. An jedem Morgen fuhr
Franzi nun mit ihm im Dienstwagen in die 20 Kilometer entfernte Stadt und am Nachmittag wieder
mit zurück. Die Arbeit bereitete ihr keine Schwierigkeiten. Fast schon routiniert leitete sie ankom-
mende Gespräche weiter, vermittelte Verbindun-
gen zum Fernamt und gab Auskunft, wenn Besucher kamen. Es machte ihr Spaß und die Kollegen
waren nett zu ihr. Das Einzige, was ihr regelmäßig
Schauer über den Rücken jagte, waren die schweren Baufahrzeuge, die vor dem Fenster vorbei und

auf den Hof fuhren. Sie war schon fasziniert von der Technik, doch immer wieder waren dann die Bilder in ihrem Kopf, als der Unfall mit dem Bus geschah. So ein Bagger konnte genau so gefährlich sein, und ein LKW auch. Doch sie wollte nicht als Memme gelten und redete mit keinem über ihre Ängste.

Nach zwei Wochen nahm sie stolz ihren ersten Lohn in Empfang.

„Na dann, kauf dir was Schönes. Oder was möchtest du damit machen?", fragte sie die nette Kollegin in der Buchhaltung.

„Ich weiß noch nicht genau", dachte Franzi nach. „Vielleicht spare ich was. Aber erst mal lade ich meinen kleinen Bruder jeden Tag zum Baden und zum Eis essen ein." Das Wetter war hochsommerlich warm und wie dafür gemacht.

Ein paar Tage später kamen die Geschwister am frühen Abend aus dem Schwimmbad zurück. An der Zufahrt zu ihrer Straße stand ein ungewöhnliches Auto.

„Das ist ein Franzose", vermutete Franziska mit Blick auf das ausländische Kennzeichen.

„Ja, das ist ein Citroen", verkündete Alexander, der inzwischen um das aparte Gefährt drum herum geschlichen war. Hier, wo nur Trabant und Wartburg das Straßenbild beherrschten und schon ein Skoda aus der Reihe fiel, war dieser große französische Wagen eine Sensation.

„Franziska, Alexander!" In dem Haus, vor dem sie gerade standen, hatte sich unbemerkt ein Fenster geöffnet. „Lauft rasch heim, ihr habt Besuch, aus Frankreich, das ist das Auto!"

Die Geschwister sahen sich an. Was hatten sie mit Frankreich zu tun? Wer kam sie besuchen? Nun rannten sie die letzten Meter und stürzten außer Atem in den Korridor. Doch niemand war da. Plötzlich hörten sie fremde Stimmen, drüben bei der Oma, und lautes Lachen. Sie warfen ihre Badesachen in die nächste Ecke und stürmten zur Oma in die Stube.

Ein schlanker, groß gewachsener Mann und eine kleine, zierliche Frau erhoben sich, als die Kinder eintraten.

„Ah, ihr die Kinder von meine kleine Franzchen!" Der Mann strahlte sie an. „Gute Tag, ich bin Pierre und das meine liebe Frau Charlotte."

Verwundert sahen Franzi und Alex von einem zum anderen. Die Oma wischte sich eine Träne aus den Augen und begann zu erklären.

„Vor über 25 Jahren, im Krieg, da war Pierre hier als Zwangsarbeiter. Er war noch ein halbes Kind und musste im Werk bei eurem Opa hart arbeiten." Die Oma wischte sich wieder über die Augen. Die Erinnerung an die Zeit mit ihrem Mann machte sie traurig.

„Euer Opa Fritz war guter Mann", sprach nun Pierre in gebrochenem Deutsch weiter. „Er mich immer Sonntag bestellt für Holz hacken und Oma Klara hat gekocht und ich jede Woche satt. Sie mich lieben wie eine Kind und kleine Franz für mich wie eine Bruder. Heute ich hier und Opa Fritz lebt nicht mehr." Nun traten auch bei Pierre Tränen in die Augen. Seine Frau strich ihm über den Arm. Sie hatte kein Wort von dem verstanden, was ihr Mann gerade erzählt hatte, aber sie kannte die Geschichte aus seinen vielen Berichten.

Jetzt ergänzte Franz aus seinen Erinnerungen, denn er sah, dass die Kinder noch viele Fragen hatten. „Mein Vater war damals Meister in der kriegswichtigen Produktion. Er hatte daher auch ein paar Sonderrechte, wie einen Zwangsarbeiter für private Arbeiten zu bekommen. Er konnte nicht ansehen, wie Pierre, der damals kaum älter war als du heute, Franzi, immer mehr abmagerte. Er hatte einfach Angst um den Jungen, der so wenig für den

Krieg konnte wie er selber. So half er im Rahmen seiner Möglichkeiten auch anderen. Aber Pierre, das war wirklich wie ein Sohn für ihn. Ich hätte nicht gedacht, dass ich Pierre noch einmal wieder sehe!" Eine Träne der Rührung bahnte sich den Weg auch über seine Wange.

„Ich hole uns mal einen Schnaps, darauf muss doch angestoßen werden", unterbrach Gudrun die tränenreichen Erinnerungen.

Nach altem Familienrezept wurde jedes Jahr Johannisbeerlikör selbst angesetzt und zu besonderen Ereignissen hervor geholt. Das heute war auf jeden Fall ein ganz besonderes Ereignis! Die Gläser wurden gefüllt.

„Und wir?", wollte Alex vom Vater wissen.

„Na ja, Franzi kann einen ganz Kleinen zum Anstoßen bekommen, ausnahmsweise. Du kriegst Saft."

Alex murrte ein bisschen, aber dann lachte er schon wieder, als sich alle im französischen „Prost" versuchten.

„Au votre santé!" Pierre erhob sein Glas. „ Avodsantee!" stimmte die ganze Familie ein.

So saßen sie den ganzen Abend und redeten über alte Zeiten und Franzi staunte, wie gut Pierre noch deutsch sprechen konnte, wo doch der Krieg schon so lange vorbei war.

„Und morgen wir machen eine Ausflug in die Harz", verkündete Pierre zum Abschied. „Ich doch ein Tourist, muss machen eine Tour!"

Am nächsten Morgen konnten Franzi und Alex gar nicht schnell genug in die Sachen kommen. Pierre und Charlotte hatten in einem Hotel in der Stadt Quartier genommen. Pierre hatte es als das Unverfänglichste angesehen, einfach als Tourist hier einzureisen und sich die kleine Stadt am Rande des Harz als Ausgangspunkt zu wählen.

Es wurde eine schöne Fahrt durch den Wald und über die Berge, sie besuchten Schlösser und Burgen, besichtigten Museen und bestiegen einen Aussichtsturm. Der Vater hatte am Abend noch mit einem Kollegen telefoniert und ihn gebeten, ihn zu vertreten. Bei der Mutter war das nicht mehr möglich gewesen. Sie würde erst am nächsten Tag dabei sein können, dann wollten sie eine Tropfsteinhöhle und den Stausee anschauen. Franzi staunte immer wieder über die Größe des Autos, für das 6 Insassen noch kein Problem zu sein schienen.

„Monsieur Brunot", sprach Franzi Pierre an. Sie hatte extra vorher die französische Aussprache geübt. „Sie sind doch fast so was wie mein Onkel, kann ich Onkel Pierre sagen?"

Pierre übersetzte seiner Frau Franzis Bitte. Charlotte nickte: „Oui! C'est tres bien!" Pierre und Charlotte umarmten die Kinder. Es war so egal, ob man wirklich verwandt war oder nicht, das Gefühl füreinander zählte. Hier schloss sich der Kreis einer tiefen Freundschaft.

So tränenreich wie die Begrüßung gewesen war, so wurde auch der Abschied. Nach einer gemeinsam verbrachten Woche aßen sie am letzten Abend gemeinsam im örtlichen Ratskeller. Ursprünglich sollten Franziska und Alexander gar nicht mit dabei sein. Es war inzwischen später Abend geworden, keine Zeit für Kinder, noch in eine Gaststätte zu gehen.

Doch Franziska hatte gebettelt. „Bitte Vati, nehmt uns mit, wir sind auch ganz lieb und fallen gar nicht auf. Nicht wahr, Alex?" Alexander bestätigte das im Brustton der Überzeugung.

„Lass mitkommen die Kinder, Franz", mischte sich nun Pierre ein, so dass der Vater gar nicht anders konnte als ja zu sagen.

„Merci, merci!" Franzi wollte gar nicht aufhören, sich zu bedanken.

Doch nach dem Essen hieß es endgültig, Abschied zu nehmen.

„Ich Tourist, muss noch besuchen Berlin eine Tag!" Pierre brachte mit seiner heiteren Art selbst unter Tränen alle zum Lachen.

„Mein kleiner Pierre!" Die Oma umarmte ihn zum Abschied, was die Worte angesichts seiner Größe eher drollig wirken ließ.

„Wann sehen wir uns wieder?" Diese Frage stand unausgesprochen im Raum. Die politischen Verhältnisse waren nicht dazu angetan, auf einen Gegenbesuch zu hoffen.

„Nicht weinen, wir uns schreiben jetzt ganz oft!" Pierre drückte Franzi an sich.

Und Franzi versprach: „Onkel Pierre, ich lerne die französische Sprache und dann schreibe ich dir auch ganz oft!"

Nach diesen Tagen gab es nichts, was in den letzten Ferientagen noch hätte aufregend sein können. Franziska wollte unbedingt noch einmal die Großeltern in Halle besuchen und durfte allein mit dem Bus fahren. Es kostete sie eine große Überwindung, dort allein einzusteigen. Und auch wenn sie sich längst in Halle gut auskannte, war es für sie eine Herausforderung, allein mit der Straßenbahn zu fahren. Dafür spürte sie ihre Ängste noch viel zu deutlich. Aber sollte sie sich ewig als Kind behandeln lassen? Sie wollte es sich und den anderen zeigen, dass sie erwachsen war.

Als sie bei den Großeltern ankam, traf sie die Oma allein an und berichtete erst einmal lang und breit von den Ereignissen der letzten Tage. Bis ihr etwas auffiel.

„Wo ist Opa Paul?", wollte sie wissen.

Oma Hilde blickte traurig. „Der sagt mir schon lange nicht mehr, wohin er geht."

Franzi fragte nicht weiter, sie wollte nicht, dass sich die Oma noch mehr ärgerte.

„Guck mal, ich habe dir was mitgebracht!", holte sie ein sorgfältig gerolltes Blatt Papier heraus. „Das habe ich gemalt!"

„Oh Franzi, das ist aber schön!" Die Oma betrachtete das Bild, welches ein tanzendes Paar in Volkstracht zeigte. Franzi hatte es im Zeichenkurs mit bunter Kreide gemalt.

„Weißt du was, das lasse ich einrahmen und hänge es in der Stube auf! Gleich nachher fahren wir in die Stadt zum Glaser. Und bei der Gelegenheit können wir noch ein Eis essen. Da machen wir zwei Hübschen uns mal einen schönen Tag."

Franzi freute sich. Sonst war es immer eher der Opa gewesen, der mit ihr was unternahm. Heute zog sie mit der Oma los.

Die Straßenbahn brachte die beiden ins Stadtzentrum, wo sich in der Fußgängerzone die Glaserei befand. Das Schaufenster war übervoll mit diversen Kunstdrucken dekoriert.

„Wir möchten dieses Bild rahmen lassen", sprach die Oma ihren Wunsch aus.

„Oh, ein schönes Bild!" Die Dame fuhr sacht mit dem Finger drüber. „Ein Original", stellte sie mit Kennermine fest.

„Ja, von meiner Enkeltochter!" Die Oma legte den Arm um Franzis Schultern.

„Du bist ja eine richtige kleine Künstlerin!" Das Lob ließ Franzi strahlen.

Am Abend war der Opa immer noch nicht wieder da.

„Ärgere dich nicht, Kind", tröstete die Oma ihre Enkeltochter. „Er ist eben so. Er meint es nicht böse, aber er kann nicht aus seiner Haut. Weil wir dann oft gestritten haben, haben wir jetzt vereinbart, dass er zwei Tage in der Woche sozusagen von mir frei hat." Und mit leichtem Sarkasmus in der Stimme fügte sie hinzu: „Er nimmt sie immer im Zusammenhang."

Franzi schluckte. Und dann dachte sie an das Wort, was Gabi letztes Jahr gebraucht hatte: Schwerenöter! Hatte der Opa doch noch eine Freundin, obwohl er mit Oma verheiratet war?

Als am nächsten Abend der Opa endlich kam, konnte Franziska ihm nicht so unvoreingenommen entgegen laufen, wie sonst. Während sie ihn umarmte, glaubte sie ein fremdes Parfum an ihm zu riechen. Doch da die Oma in keiner Weise darauf reagierte, musste sie sich wohl geirrt haben.

Und als sie am nächsten Tag wieder zurück fuhr, waren diese Fragen schon ganz weit weg und viel wichtigere Dinge drängten sich in ihre Gedanken.

6

„Na endlich!" Franziska war viel zu früh an ihrem ersten Schultag vor der Oberschule angekommen und hatte dann ungeduldig auf Heiner gewartet. Eigentlich hatte sie ja nach über zwei Jahren wieder gemeinsam mit Alex zur Schule laufen wollen. Die beiden Schulen grenzten schließlich direkt aneinander. Doch der Bruder hatte keine Lust gehabt, eine halbe Stunde vorher sinnlos rum zu stehen und so war Franzi alleine los gegangen und hatte am Schultor auf den Freund gewartet.

„Du kannst es wohl nicht erwarten?", wollte Heiner wissen. Leichter Spott schwang in seiner Stimme mit. Der hatte gut Lachen, dachte Franzi, der war ja nicht neu heute hier!

Gemeinsam betraten sie das Schulgebäude. Heiner sah Franzi an. „Wer ist denn dein Klassenlehrer?"

„Ach, das ist das Beste, wir haben Frau Schulz!" Franzi freute sich wirklich sehr, in die Klasse von Frau Schulz zu kommen, denn bei ihr hatte sie bereits in der vorigen Schule ab und zu Unterricht gehabt. Es reichte ihr, schon wieder neue Mitschüler zu haben. Da war sie froh, wenigstens die Lehrerin ein wenig zu kennen. Und schließlich war auch Frau Schulz hier neu, geteiltes Leid erschien ihr sprichwörtlich als halbes Leid.

Heiner brachte Franzi bis vor ihren Klassenraum, schließlich kannte er sich hier aus. Franzi blieb noch einen Moment stehen und atmete tief durch, da kam Susanne die Treppe hoch.

„Na dann stürzen wir uns mal ins Vergnügen!" Susanne war in mancher Hinsicht das ganze Gegenteil von Franziska. Sie war groß, kräftig, hatte kurze dunkle Haare, und sie war eine echte Frohnatur. Die beiden traten ein und sahen sich im Klassenraum um. Etwa die Hälfte der Plätze war bereits besetzt. Franzi erkannte die Mitschülerinnen aus ihrer vorigen Parallelklasse, und sogar Ronny, mit dem sie einstmals zusammen eingeschult wurde, war nun wieder in ihrer Klasse. Sie ließ sich neben Susanne auf einem Stuhl nieder.

Mit dem Klingelzeichen füllte sich der Raum und auch Frau Schulz trat ein.

„Guten Morgen und herzlich willkommen, Jugendfreunde!", begrüßte sie ihre zukünftigen Schüler. „Ich bin Frau Schulz und werde die nächsten vier Jahre Ihre Klassenlehrerin sein. Wenn alles gut geht, was wir doch hoffen wollen, legen Sie dann das Abitur ab. Doch bis dahin ist es noch ein weiter Weg. Ich denke, dass wir uns gut verstehen werden, und wir werden sicher nicht nur Arbeit, sondern auch ein wenig Spaß haben in der Zeit hier an der Schule!"

Franzi kam sich komisch vor. Die ungewohnte Anrede erklärte sie nun zwar auch in der Schule formell zu Erwachsenen, aber in ihrer Hilflosigkeit fühlte sie sich doch noch wie ein Kind.

Nacheinander stellten sich jetzt die Mitschüler vor. Abgesehen von Susanne, Ronny und den Mädchen aus der alten Parallelklasse kamen alle anderen aus den umliegenden Dörfern. Ein paar waren die Woche über im Internat untergebracht, weil es in ihre Heimatorte keine gute Busverbindung gab oder sie einfach zu abgelegen wohnten, wie der Sohn vom Förster. Allen gemeinsam war, dass sie die Besten ihrer Klassen gewesen waren. Nun war die Konkurrenz um ein Vielfaches größer.

In der Pause traf Franzi wieder auf Heiner. Hier schien es nichts Ungewöhnliches zu sein, wenn Jungs und Mädchen Hand in Hand beieinander standen. Zumindest gab es keine dummen Kommentare.

Zu Hause wurde Heiner inzwischen als Franzis Freund akzeptiert. Die letzten Ferientage hatten sie meistens bei Franzi verbracht, hatten im Garten auf einer Decke gelegen, Musik aus dem Kofferradio gehört und sich auf die gemeinsame Schulzeit gefreut.

Was Franzi gar nicht verstand war, dass sie nie zu Heiner durfte. Seine Eltern schienen sie nicht zu mögen, und das, obwohl sie Franzi doch gar nicht kannten. Heiner hatte ihr erzählt, dass er mal ein Gespräch seiner Eltern gehört hatte, in dem es um Franzis Familie gegangen war, so dachte er wenigstens. Seine Eltern hatten gesagt, dass etwas da nicht stimmen würde. Aber Franzi konnte sich das nicht erklären und meinte schließlich, Heiner müsse sich verhört haben.

„Nächste Woche ist Schulfest", verkündete Heiner die neueste Neuigkeit. „Das ist so eine Art Kennenlern - Fete, ein bisschen wie Kindergarten, die Großen zeigen den Kleinen, wo es lang geht." Franziska grinste. „Da habe ich aber Glück, dass ich meinen persönlichen Betreuer habe!"

„Habt ihr schon einen Test geschrieben?" Heiner kannte den Ablauf des Schuljahres.

„Ja, haben wir, in Mathe und Englisch." Franzi blickte unzufrieden.

„Und, wie war's?", drängte Heiner sie zu einer Antwort.

„Es ging so, gerade noch ‚gut' in beiden Fächern." Franzi war wirklich nicht zufrieden mit sich.

„Hast du geglaubt, die Einsen fliegen dir weiter so zu?" Heiner sprach aus Erfahrung. „Hier liegt die Latte höher, hier wird mehr verlangt, aber man gewöhnt sich dran."

Die festlich geschmückte Aula empfing die Schüler schon von Weitem mit den Klängen einer Tanzkapelle. Bowle und Cocktails wurden ausgeschenkt und an einem Büffet gab es belegte Brötchen.

„Wollen wir tanzen?" Franzi hatte immer Spaß daran, sich zu Musik zu bewegen. Sie brauchte keinen Tanzkurs dafür, sie spürte den Rhythmus und ließ ihn einfach in die Beine übergehen.

„Ich habe keine Lust auf das Gehopse." Heiner drehte sich wieder zu einem Freund um, mit dem er gerade erzählt hatte. Franzi war enttäuscht. Nun waren sie zum ersten Mal gemeinsam zum Schulfest und nicht einmal tanzen wollte Heiner. Sie holte sich noch eine Erdbeerbowle und knabberte an einem Käsebrötchen. Sie beobachtete Heiner aus den Augenwinkeln und wurde immer wütender.

„Kommst du jetzt mit tanzen oder nicht?", stellte sie ihn vor die Wahl. Heiner war genervt. „Lass mich in Ruhe, ich will das nicht!"

„Dann suche ich mir einen anderen Tänzer!" Franzi wollte ihn unter Druck setzen.

„Na und, mach doch, dann gehe ich eben!" Mit diesen Worten drehte sich Heiner um und ging in Richtung Tür. Franzi sah ihm nach. Er ging, er ging wirklich, sie konnte es nicht fassen. Eine Träne rann über ihre Wange.

Ein paar Minuten stand sie so, dann lief sie ihm hinterher. Draußen vor der Tür sah sie nach rechts und links, doch nirgendwo war eine Menschenseele zu sehen. „Heiner!", flüsterte sie leise. Er hatte sie einfach verlassen.

„Franziska, was ist los?" Ronny hatte sie raus rennen sehen und wartete nun im Treppenhaus auf sie. Sie kannten sich seit der Sandkiste. Ronny strich Franzi über die Wangen und wischte die Tränen weg. Er erwartete keine Antwort.

„Komm, wir tanzen!", forderte er sie auf. Franzi ließ sich von Ronny auf die Tanzfläche ziehen und gab sich den Klängen der Musik hin. Doch wirklich genießen konnte sie es nicht.

„Danke Ronny, das war nett von dir", sah sie den Mitschüler an. „Aber ich werde lieber heim gehen, ich bin wohl nicht mehr die beste Gesellschaft heute Abend."

Franziska ließ sich den Herbstwind um die Nase wehen. Er trug noch ein paar Klänge der Tanzkapelle zu ihr hin: „Morgen früh, da lachst du schon wieder..."

„Alles Gute zum Geburtstag!" Heiner stand mit einem in Geschenkpapier eingewickelten Päckchen vor der Schule. Bestimmt was Süßes, mutmaßte Franziska. Der Streit vom Abend beim Schulfest war von Heiner danach mit keiner Silbe mehr erwähnte worden. Und auch Franzi wollte nicht ständig darüber grübeln.

„Mensch, wenn es der nicht ist, kommt irgendwann ein anderer", hatte Susanne ihr versucht, ins Gewissen zu reden. „Wir sind 15, nicht 50. Wir haben doch noch so viel Zeit."

Heute jedenfalls wurde gefeiert. Die Mutter hatte eine Torte gebacken und erlaubte den jungen Leuten ein Glas Sekt mit Fruchtsaft. Heiner saß mit Alex auf dem Sofa, während die jungen Mädchen zu Schallplattenmusik tanzten. Die Platte war ein Geburtstagsgeschenk vom Vati gewesen. Bisher gab es nur Platten mit klassischer Musik bei Franzi zu Hause. Nun klang Schlagermusik durch das Haus.

„Bei euch geht es ja heiß her!" Der Vater steckte den Kopf zur Tür herein.

„Komm rein, Vati! Die Platte ist super!" Franzi zog ihren Vater ins Zimmer.

„Darf ich denn auch mal mit meiner Tochter tanzen?" Er sah zu Franzi und breitete die Arme aus. Sie lächelte, ging auf ihren Vati zu und schmiegte sich eng an seine Brust. So wollte sie tanzen, so wollte sie leben, geliebt von einem Mann, ohne wenn und aber. Sie war seine Seele, sie war sein Fleisch und sein Blut, sie war sein geliebtes Papakind!

Der erste Schnee war gefallen. Heiner wartete auf Franziska vor der Schule. „Franzi, ich muss dir was sagen." Franzi sah ihn an. War das jetzt gut oder schlecht? Heiner sprach weiter. „Ich werde einen Tanzkurs machen." Gut oder schlecht? Das war nicht gut.

„Mit wem denn?" Fassungslos sah Franzi ihren Freund an. Konnte er nicht warten, bis sie im nächsten Jahr auch am Tanzkurs teilnahm?

„Mit einer Klassenkameradin, du kennst sie nicht."

Franziskas Mine verfinsterte sich. „Das kannst du doch nicht machen!" Sie spürte, dass sie wütend wurde, wütend und hilflos zugleich. So fühlte sich Eifersucht an.

„Beruhige dich doch!", redete Heiner auf seine Freundin ein. Aber Franzi konnte sich nicht beruhigen. In ihr tobte ein Sturm, der ihr selbst Angst machte, eine Angst, die Kontrolle zu verlieren, eine Angst, den Freund zu verlieren.

Franziska nahm ihre Tasche und lief davon.

Am Abend saß Franzi in ihrem Zimmer und schrieb einen Brief an Heiner. Sie bat ihn um Verzeihung für ihr Verhalten.

Da war ein Sprung in ihrer Beziehung, den hätte sie gerne geklebt, doch so einfach ging es nicht. In der Schule liefen sich Heiner und Franzi ständig über den Weg, hatten in benachbarten Klassenzimmern Unterricht, sie sahen sich auf dem Korridor und sahen sich doch nicht.

So liefen sie tagelang umeinander herum, bis eines Morgens Heiner wieder am Schultor auf sie wartete und sie begrüßte, als wäre nie etwas zwischen ihnen vorgefallen. Franzi fiel ihm um den Hals und war überglücklich.

Das Glück hielt nicht lange. Schon ein paar Tage später stritten sich Heiner und Franziska auf dem Schulhof. Es waren eigentlich ganz banale Anlässe, die plötzlich zum Streit zwischen den beiden führten. Heiner sagte etwas, Franzi hielt dagegen, wurde wütend und lief weg. Hinterher wusste sie, dass sie damit eigentlich nur seine Zuneigung erkämpfen wollte und es tat ihr leid. Dann bat sie ihn um

Verzeihung. Sie hatte solche Angst, plötzlich allein zu sein. Doch die Abstände zwischen den Streitereien wurden immer kürzer.

„Franzi, es geht nicht mehr!" Heiner wusste, dass er Franzi damit weh tat, aber er konnte nicht anders. Dieses ständige Auf und Ab zerrte an seinen Nerven.

Franzi weinte. „Bitte bleib bei mir, geh nicht weg!", bettelte sie.

„Franzi, ich bin nicht dein Vater, der dich in den Himmel hebt, der dir alles durchgehen lässt! Ich bin schon schlechter in der Schule geworden. Wir müssen uns trennen." Heiner wollte sie noch einmal in den Arm nehmen, aber Franzi rannte weg. Sie heulte haltlos. Noch vor einer Stunde war ihr größtes Problem gewesen, den Eltern eine 4 zu beichten. Jetzt schien ihr Leben zerstört.

In ihrem Zimmer warf sie sich aufs Bett. Als es an der Tür klingelte, sprang Franzi auf und wischte sich die Tränen fort. Heiner!, war ihr erster Gedanke. Doch draußen stand Susanne. Sie war inzwischen eine gute Freundin für Franzi geworden. Auf dem Schulhof hatte sie den Streit mitbekommen und war Franzi nachgelaufen.

„Wieso hängst du dich nur so an den?", redete Susanne auf Franzi ein. „Es gibt doch mehr Jungs auf der Welt als diesen einen. Sieh dich doch nur mal um!"

„Ach Sanne, das habe ich doch schon versucht!" Franzi schniefte. Nach jedem Streit hatte sie versucht, sich abzulenken, hatte sich mit Andi getroffen, mit Manni, mit Jürgen und auch mal mit Ronny. Doch die Sehnsucht nach Heiner war geblieben. Selbst wenn sie wütend auf ihn war, wollte sie nicht von ihm verlassen werden.

„Man könnte meinen, dich hat schon mal einer verlassen", grübelte Susanne vor sich hin.

„Und man könnte meinen, du willst mal Psychologin werden!"

Susanne überhörte die leise Ironie. „Nein, Architektin. Aber es ist schön, dass du jetzt wenigstens wieder lächeln kannst."

„Ich habe eine Überraschung für dich!" Der Vater sah seiner Tochter seit Tagen an, dass es ihr nicht gut ging. Da kam diese Reise gerade recht. „Ich habe 3 Karten für eine Fahrt zur Kunstausstellung nach Dresden." Franz schätzte das Talent und den Kunstverstand seiner Tochter sehr. So hatte er spontan eine dritte Karte bestellt und da Winterferien waren, stand dem Ausflug am Sonnabend nichts im Wege.

„Oh, das ist toll!" Franzi freute sich. Es war sicher gut, mal aus dem Einerlei hier heraus zu kommen.

„Kommt Alex nicht mit?" Sie mochte es nicht, wenn ihr Bruder hinten angestellt wurde.

„Alexander ist doch auch kein kleines Kind mehr. Mit 12 kann er schon mal einen Tag allein bleiben und essen kann er ja bei Oma Klara. Aber in die Kunstausstellung müssen wir ihn wirklich nicht schleifen. Du, der ist bestimmt froh, mal sturmfreie Bude zu haben!"

Franzi gab dem Vater recht. Da waren die Geschwister doch ziemlich verschieden. Franzi wäre auch schon vor drei Jahren in eine Kunstausstellung gefahren, Alex würde das vielleicht nie tun.

„Einsteigen!" Der Busfahrer drängte die Reisenden zur Pünktlichkeit. Schließlich war es eine weite Fahrt und der Tagesplan sollte eingehalten werden. Franzi hatte sich ganz vorne, schräg hinter dem Fahrer, einen Platz gesucht. Die Eltern saßen direkt dahinter. Das erste Herzklopfen, als sie den Bus bestiegen, hatte sich gelegt. Nun genoss sie die Fahrt und beobachtete den Fahrer.

„Na, interessiert es dich?" Er drehte sich kurz zu ihr um. Franzi nickte.

„Klar, warum nicht, heutzutage können auch Frauen Busfahrer werden."

„Nein, das nun gerade nicht", entgegnete Franziska. Für sie war es eher Angstbewältigung.

Aber sie interessierte sich schon für viele Dinge. Und was sie mal später werden würde, das wusste sie auch noch nicht. Nach ihren erfolgreichen Nähversuchen hatte sie mal über Schneiderin nachgedacht. Aber dafür brauchte man kein Abitur. Etwas in der Richtung studieren, das wäre schön, aber ein Studienplatz bestimmt schwer zu bekommen. Allerdings hatte sie ja auch noch so viel Zeit.

Der Bus bog von der Autobahn ab und rumpelte über die holprigen Straßen der Dresdner Altstadt zum „*Albertinum*", einem prächtigen Gebäude an den Brühlschen Terrassen. Im Krieg war es schwer zerstört worden, aber inzwischen wieder aufgebaut. Ach, dachte Franzi, muss es hier im Sommer schön sein! Jetzt stiegen die Fahrgäste aus und bahnten sich einen Weg durch den Schneematsch. Wind wehte von der Elbe her und ließ Franzi frösteln.

Im Museum war es hingegen angenehm temperiert. Die Jacken wurden in der Garderobe abgelegt und die Führung durch die Ausstellung begann. Interessiert betrachtete Franzi die Exponate. Nicht nur Gemälde und Zeichnungen waren zu sehen, auch Plastiken und Skulpturen und architektonische Modelle. Franzi dachte an Susanne. Das hätte die Freundin auch interessiert.

Dann blieb sie an einem Bild wie gebannt stehen. *„Günther Glombitza – Junges Paar"* stand darunter. Nun war sie wieder mitten drin in ihrem persönlichen Dilemma. Dieses junge Paar schien sich auch gestritten zu haben. Jedenfalls schauten beide sehr traurig und nachdenklich. Das ganze Bild wirkte auf sie irgendwie geheimnisvoll. Franzi hätte zu gerne gewusst, ob sich diese beiden wohl wieder vertragen hatten.

„Franziska, komm!" Die Mutter zog sie sacht am Arm. „Alle warten nur noch auf dich!" Franzi erwachte aus ihren Gedanken und folgte der Mutter nach unten. Der Bus stand schon bereit und brachte die Reisegesellschaft in eine etwas außerhalb gelegene Gaststätte. Erst jetzt merkte auch Franziska, dass sie hungrig und durstig war und aß mit gutem Appetit.

Auf der Heimfahrt war Franzi schon bald eingeschlafen. Der Vater schob ihr von hinten eine Jacke unter den Kopf und sah lächelnd auf seine Tochter. „Ich glaube, es hat ihr gut getan." Die Mutter nickte.

7

„Franzi, du hast Post. Und ich weiß auch von wem!" Alex wedelte mit dem Brief vor Franziskas Nase herum.

„Mensch, gib her, du Blödmann!" Franzi versuchte an ihrem Bruder hoch zu springen, um den Brief zu bekommen.

„Bin ich ein Blödmann?" Alex ließ die Hand langsam nach unten sinken.

„Nein, du bist mein lieber kleiner Bruder! Aber bitte gib mir jetzt den Brief!" bettelte Franzi.

Alexander überragte seine Schwester längst um mehr als einen ganzen Kopf. Aber er nutzte diese körperliche Überlegenheit nur zum Spaß aus.

„Danke!" Franzi setzte sich auf die Treppe und riss den Umschlag auf. Auch sie hatte an der Schrift erkannt, dass der Brief von Heiner war. Hastig überflog sie die Zeilen und drückte das Blatt Papier an ihre Brust. Er liebte sie doch noch! Er wollte, dass sie wieder zusammen kamen. Und er wollte sich mit ihr treffen, gleich am Montag vor der Schule!

„Was war denn das für ein Krach?" Der Vater hatte seine Kinder streiten gehört und wollte wissen, was los war. Viel konnte es nicht gewesen sein, denn sie hockten schon wieder einträchtig nebeneinander.

„Nichts war", kam denn auch die Antwort von Franziska, während sich Alexander fast auf die Lippen biss, um nichts zu sagen. Franz würde den Jungen später noch einmal fragen, nahm er sich vor.

„Und, Montag wieder Schule?", fing er ein scheinbar anderes Thema an.

Alexander guckte griesgrämig drein, Franziska hingegen strahlte geradezu bei dem Gedanken und verzog sich bald darauf in ihr Zimmer.

„Nun los, raus damit, was war vorhin? Du wolltest es mir doch sagen", redete Franz auf Alexander ein.

„Ach, Franzi hat bloß einen Brief gekriegt und ich habe ihn festgehalten." Nun war es raus.

„Was für einen Brief?", hakte der Vater nach. „Von Heiner?"

Alex nickte.

„Geht das wieder los! Wenn der Kerl Franzi wieder zum Heulen bringt, dann nehme ich ihn in die Mangel, dann soll er die Finger von meiner Tochter lassen!" Franz ließ seiner augenblicklichen Wut freien Lauf. Er hatte gedacht, das Thema war abgeschlossen, aber wie es aussah, lag er mit dieser Annahme daneben.

Franziska hatte an der Zimmertür gelauscht und war richtig sauer. Konnten die sie nicht einfach in Ruhe lassen?! Alex war eine alte Petze und der Vati wollte wohl zum Schläger werden? Sie wusste ja, dass er sie nur beschützen wollte, aber das ging zu weit.

Den Nachmittag verbrachten Vater und Sohn damit, im Schuppen, der als Werkstatt hergerichtet war, die Fahrräder für das Frühjahr fit zu machen. Dieser Tag Ende Februar war schon recht mild und bot sich geradezu dafür an. Für Alexander war es eine Ehrensache, das auch für seine Schwester zu erledigen.

Franziska ging zur Mutter. Normalerweise verbrachte sie den Sonnabend Nachmittag lieber im Hallenbad als bei der Hausarbeit, doch heute wollte sie die Gelegenheit nutzen, um unter vier Augen mit der Mutter zu reden.

„Kann ich dir helfen?" Gudrun blickte erstaunt zu ihrer Tochter.

„Ja, du kannst die Maschine leer laufen lassen, wenn sie fertig gespült hat. Ich hole dann schon mal den nächsten Korb Wäsche."

Die Waschmaschine stand still. Franziska klemmte den Wasserschlauch im Bodenabfluss fest und ließ das Spülwasser heraus laufen. Die Maschine war zwar halbautomatisch und hatte verschiedene Waschprogramme, doch sie pumpte nicht selbstständig ab. Da aber das Badezimmer das frühere Waschhaus gewesen war, gab es den Abfluss im Boden, was die Arbeit enorm erleichterte.

Inzwischen war die Mutter wieder zurück. Nach und nach packten sie die nasse Wäsche in die große Standschleuder und füllten die Waschmaschine wieder.

„Na, was hast du auf dem Herzen?" Gudrun sah es ihrer Tochter an, dass sie nicht ohne Grund beim Wäsche waschen helfen wollte. Aber es wunderte sie, dass Franzi nicht zum Vater lief.

„Der Alex ist eine Petze. Erst gibt er mir meinen Brief nicht und dann erzählt er auch noch dem Vati, von wem der Brief war!"

Aha, daher weht der Wind, dachte Gudrun. „Lass mich raten, von Heiner?" Franzi nickte.

Aus der Schleuder kam das Wasser nur noch tröpfchenweise. Die Mutter schaltete ab und legte die feuchte Wäsche in einen Korb. „Das Wetter ist so schön, ich werde die Sachen gleich im Garten aufhängen. Kommst du mit?"

Franzi nahm einen Griff vom Korb und gemeinsam mit der Mutter ging sie in den Garten. „Dann erzähle mal!", forderte Gudrun wenig später ihre Tochter auf, während sie die Handtücher auf der Leine mit Klammern befestigte.

„Eigentlich bin ich richtig glücklich, wenn ich mich nur nicht gerade über Alex und Vati ärgern würde. Heiner hat mir geschrieben, dass er mich noch liebt. Er will auch noch mit mir zusammen sein. Und ich will es ja auch! Und am Montag werden wir uns vor der Schule treffen. Aber Vati hat geschimpft. Er hat gesagt, dass er ihn in die Mangel nehmen will und er soll die Finger von mir lassen."

„Hat das der Vati zu dir gesagt?" Gudrun wunderte sich. Das war nicht die Art von Franz.

„Nein, zu Alex. Ich habe gelauscht", bekannte Franzi schuldbewusst. „Aber ich musste doch wissen, was die beiden über mich reden."

Gudrun sah ihre Tochter an. „Aber dann müsstest du doch gemerkt haben, dass sich der Vati nur Sorgen um dich macht. Er will nicht, dass es seiner Tochter schlecht geht. Wenn es nun zwischen Heiner und dir wieder gut geht, dann hat er bestimmt auch nichts dagegen.

Das ist jetzt das erste mal, dass du einen anderen Mann liebst und nicht mehr nur deinen Vati, da darf dein Vati auch ein bisschen eifersüchtig sein. Er wird sich dran gewöhnen."

„Meinst du das wirklich, Mutti?" Franzi musste sich noch mal vergewissern.

Die Mutter nickte. „Und hast du schon mal erlebt, dass dein Vater jemanden in die Mangel genommen hat?"

Jetzt huschte ein Lächeln über Franziskas Gesicht. Nein, natürlich nicht. Ihr Vati war doch der liebste Papi auf der ganzen Welt.

„Wenn du willst, rede ich auch noch mal mit dem Vati", bot Gudrun ihrer Tochter an. „Und bestell Heiner liebe Grüße!"

Dankbar sah Franziska ihre Mutter an.

Und Mutti ist auch die beste Mama der Welt, dachte sie.

Der Frühling hätte nicht schöner sein können. Überall grünte und blühte es, das Wetter verwöhnte die Menschen mit Sonne und Franziska genoss die wieder eingekehrte Harmonie zwischen ihr und Heiner. Nur wenn sie manchmal in sich hineinhorchte, dann fehlte ihr was. Sie konnte sich noch gut erinnern an das Kribbeln im Magen bei den ersten Begegnungen, an das Bauchweh wenn sie sich stritten und das Glücksgefühl, wenn sie sich wieder vertragen hatten. Das alles war nach den Winterferien einer Gewohnheit gewichen. Sicher, es war eine schöne Gewohnheit und es gab ihr Sicherheit, aber sie wusste plötzlich nicht mehr, ob sie ihn wirklich liebte.

Wenn er mich jetzt verlassen würde, es würde nicht weh tun, dachte sie manchmal. Und wenn sich Heiner rar machte, weil er für die Prüfungen zu lernen hatte, dann saß Franzi nicht einsam zu Hause, sondern traf sich mit Susanne oder auch wieder mal mit Verena.

Nur in der Schule, da waren sie nach wie vor Freund und Freundin. Manchmal zählte Franziska, wie oft oder wie wenig sie sich in den Pausen sahen.

Fast stießen Franzi und Heiner an der Tür zusammen.

„Ups, das war jetzt das dritte mal! Gibst du einen aus?" Franzi wollte eigentlich nur einen Witz machen.

„Von wegen, und heute schon gar nicht, ich muss noch Mathe pauken! Mach's gut!" Damit hatte Heiner sie abgefertigt.

„Na dann, mach's gut!", murmelte Franzi noch hinterher, als sie plötzlich eine Stimme hinter sich vernahm.

„Aber du musst mir einen ausgeben, wir haben uns heute schon vier mal getroffen. Wo wohnst du?"

Franzi blickte in ein fröhlich grinsendes Gesicht.

„Hier in der Stadt, nicht weit von der Schule."

„Dann komme ich am besten gleich mit!"

Franziska konnte sich ein Lachen nicht verkneifen. Der war ja locker drauf!

„Warum nicht, irgendwann mal." Franzi nahm ihre Tasche und wendete sich zum Gehen.

„Hey, warte mal", hörte sie die Stimme wieder hinter sich.

Schon war er neben ihr. „Ich meine es ernst. Ich bin Henry. Und wie heißt du?"

Sie lief weiter. Hartnäckig schien er auch zu sein.

„Na gut, ich bin Franzi. Du wirst ja wissen, wie du mich findest!"

Am Abend im Bett ging Franzi dieses Gespräch nicht mehr aus dem Kopf. Der Junge sah gut aus, hatte Charme und Humor und er war ihr irgendwie sympathisch. Von jetzt an würde sie darauf achten, ob sie ihn in der Schule sah.

Am Sonntag holte Heiner Franzi ab, um mit ihr zum Volksfest zu gehen. Und während sie mit Heiner am Schießstand war, merkte Franzi plötzlich, wie sie beobachtet wurde.

„Treffer!", freute sich Heiner und überreichte Franzi eine Plastikblume, die sich zu einem Plüschhündchen in ihrer Hand gesellte. „Hey, was ist los? Träumst du?" Heiner sah Franzi an. Ihr Blick ging in eine ganz andere Richtung und schien wie vom fremden Stern zu sein.

Henry bewegte sich auf die beiden zu. „Hallo ihr zwei!"

„Ach, da ist ja Henry." Jetzt hatte Heiner den Jungen auch entdeckt.

„Ihr kennt euch?" Franziska war überrascht.

„Ja, wir waren mal zusammen beim Sport."

„Hallo Henry!", begrüßte ihn nun auch Franziska.

Und plötzlich war da wieder dieses Wahnsinnsgefühl, dieses Kribbeln im Bauch, dieser Pudding in den Knien, Franzi wusste gar nicht, wohin mit sich und ihren Gefühlen. Ihre Hände zitterten so, dass ihr das Hündchen aus den Fingern rutschte.

„Ach, das könnte ich gebrauchen, ich würde es meiner kleinen Schwester mitbringen", vernahm sie Henrys Stimme, der sich gebückt hatte, um es aufzuheben.

Franziska spürte, wie ihr Herz bis zum Hals schlug. „Behalt es ruhig." Er hätte in diesem Moment alles von ihr verlangen können.

„Man sieht sich!" Franzi sah ihm nach, bis er in der Menge verschwunden war.

„Wollen wir auch heim gehen?" Heiner merkte, dass Franzis Gedanken nicht mehr bei ihm waren. Und er ahnte, dass es endgültig vorbei war. Vielleicht konnten sie Freunde bleiben.

Aber Franzi hatte sich Hals über Kopf verliebt.

Das erste Schuljahr an der Oberschule ging vorüber. Zwar wusste Franziska inzwischen, dass Henry in ihrer Parallelklasse war, und sie waren sich noch ab und zu in der Schule über den Weg gelaufen. Franzis Herz hatte jedes mal einen kleinen Hüpfer gemacht, aber mehr war zwischen den beiden nicht passiert.

Gemeinsam mit Susanne hatte sich Franziska zu einem Jugendlager in einem Vorort von Halle angemeldet. Irgendwie zog es sie immer in diese Stadt. Und was sollte sie auch alleine zu Hause, wenn sogar Alex im Ferienlager war. Susanne hatte die Idee mit dem Jugendlager gehabt, wo sie am Vormittag leichte Arbeiten verrichteten, dafür ein Taschengeld bekamen und am Nachmittag und am Abend Freizeit hatten.

Munter schwatzend saßen schon einige junge Leute im Bus. Franzi hatte sich neben Susanne platziert, als sie dachte, ihr müsse das Herz stehen bleiben. Da kam doch wahrhaftig Henry zur Tür rein! Und mit einem frohen „Na, dann wollen wir mal!" ließ er sich genau hinter Franzi auf einen Sitz plumpsen.

Sie drehte sich um. „Was, du bist auch hier?"

„Ja, das habe ich doch gut hingekriegt!" Henry grinste über das ganze Gesicht.

Franzi starrte ihn fassungslos an. Hätte er nicht wenigstens mal ein Wort vorher sagen können?

„Nun guck doch nicht so mit deinen Scheinwerferaugen! Freu dich lieber! Oder freust du dich etwa gar nicht?" Henry schien sich seiner Sache sicher zu sein.

Franzi blickte schuldbewusst zu ihrer Freundin. Sie hatte die Zeit mit ihr verbringen wollen. Ihr hatte sie Halle zeigen wollen. Nun wusste sie, dass jede freie Minute für Henry reserviert sein würde.

Susanne schien ihre Gedanken zu lesen. „Mach dir keinen Kopf. Freu dich und genieße es! Ich komme schon klar, sind doch noch ein paar mehr hier im Bus!" Sie nahm es nicht schwer und Franzi beruhigte sich.

Der erste Tag verging mit allerlei organisatorischen Dingen wie im Fluge. Am Abend traf sich die ganze Gruppe im Freilichtkino. Franziska saß zum ersten Mal ganz eng neben Henry und glaubte, er müsse ihr Herz pochen hören. Sie hielten sich an den Händen und Franzi hätte ihn am liebsten nie wieder losgelassen.

Voller Freude erledigten sie am nächsten Tag die Aufräumarbeiten am Ufer eines Sees. Hier war Franzi schon mit Opa Paul schwimmen gewesen. Als sie daran dachte, kam ihr die Idee, doch die Großeltern zu besuchen.

„Los, komm!", drängte sie am Nachmittag Henry zur Eile. Mit der S-Bahn fuhren sie in die Stadt. Franziska war stolz darauf, sich in der Großstadt so gut auszukennen. Oft genug war sie ja schon hier gewesen, jetzt kam es ihr zugute.

„Oma!" Freudig begrüßte Franzi ihre Großmutter. Wie sie es schon erwartet und befürchtet hatte, war der Opa wieder nicht da.

„Franzi, meine Große! Komm rein! Wen hast du denn da mitgebracht?"

„Das ist Henry." Sie wollte erst sagen, mein Mitschüler, ergänzte dann aber: „Mein Freund".

Ja, so fühlte sie es, auch wenn es erst seit gestern so war, er war ihr Freund.

Nachdem sie mit der Oma Kaffee getrunken hatten, traten sie den Rückweg an.

„Könnt ihr mir einen Gefallen tun?" Die Oma sah die beiden fragend an. Henry und Franzi nickten.

„Hier sind die Eier für Barbara. Ihr kommt doch da fast vorbei. Bringt ihr die bitte hin?" Oma hatte immer noch Hühner im Stall und versorgte die halbe Familie mit frischen Eiern. Barbara war ihre Nichte und wohnte in einem Hochhaus in der Neustadt.

Na gut, sie mussten einmal aus der S-Bahn aussteigen und danach weiter fahren, aber den Gefallen konnten sie der Oma wirklich tun. Die gepolsterte Blechdose mit den Eiern wurde in einem Beutel verstaut und Franzi und Henry machten sich Hand in Hand wieder auf den Weg.

Beim Hochhaus angekommen, stiegen sie in den Fahrstuhl. Franzi wollte auf die 3 drücken, als Henry ihre Hand weiter schob zur 12. Fragend sah sie ihn an. Die Tür schloss sich. Sie waren allein. Noch nie waren sie allein gewesen. Henry berührte sanft Franzis Wangen. Sacht zog er ihren Kopf zu sich heran. Franzi kam ihm langsam entgegen. Ihre Gesichter näherten sich und dann stießen ihre Nasen aneinander. Sie lachten und drehten die Köpfe leicht und versuchten es noch mal. Jetzt trafen sich ihre Lippen; erst ganz zart, dann etwas stürmischer küssten sie sich. Franzis Knie waren weich, ihr Puls raste, ihr Herz schlug Henry entgegen. Das war anders als es je mit Heiner gewesen war.

Aus den Fenstern der 12. Etage sahen sie auf die Stadt. Dort war der See, da hinten das Jugendlager. Die Welt war ganz klein unter ihnen. Hier waren sie dem Himmel so nah.

Fast hätten sie vergessen, die Eier abzuliefern. Die Tante sah Franziska fragend an. „Geht es dir nicht gut?"

„Doch, doch, mir bekommt nur das Fahren mit dem Fahrstuhl nicht." Eine bessere Ausrede war ihr so schnell nicht eingefallen und Henry konnte sich kaum das Lachen verkneifen.

8

„Na du, kennen wir uns?" begrüßte Henry Franziska. Seit dem ersten Tag im neuen Schuljahr war das fast so etwas wie ihre Standartformel geworden.

Franzi war erschrocken gewesen, als er es das erste Mal zu ihr gesagt hatte. Schließlich hatte sie angenommen, nun fest mit Henry zusammen zu sein. Sie hatten die gesamte Zeit im Jugendlager gemeinsam verbracht. Oft waren sie am Abend noch einmal an den See gegangen und hatte ihre neue Zweisamkeit genossen. Es war hart gewesen, dass sie sich den Rest der Ferien nicht mehr sehen konnten, weil die Urlaubsplanung beider Familien dagegen sprach. Henry hatte auch nicht gewollt, dass sie sich Briefe schrieben, obwohl Franziska es so gerne getan hätte.

Und dann diese Begrüßung am ersten Schultag! Aber als Franzi seine Augen sah und seinen spöttischen Blick bemerkte, da wusste sie, dass sie auf einen Spaß reingefallen war. Es war eben so seine Art.

Henry war sowieso ganz anders als Heiner in der Beziehung zu Franziska. Es hatte Wochen gedauert, bis er sich das erste Mal öffentlich in der Schule zu

Franziska als Freundin bekannte. Wenn sie am Nachmittag in der Eisdiele zusammen saßen, da waren sie schon ein Paar. Aber in der Schule, in der Pause, da schien er sie oft gar nicht zu kennen. Franziska hatte einige Zeit gebraucht, bis ihr klar wurde, dass er nicht wollte, dass seine Eltern etwas von ihr erfuhren. Manchmal hatte sie gegrübelt, ob es wirklich etwas Seltsames an ihr oder ihrer Familie gab.

Franziska hatte ihre Enttäuschung tapfer herunter geschluckt und gewartet, bis ihr Henry wieder sein Lächeln schenkte, dass sie doch so liebte. Sie war sogar dem Schulchor beigetreten, weil auch Henry dort mitsang.

Nun standen sie am frühen Morgen vor der Chorprobe gemeinsam vor der Aula.

„Nächste Woche fängt der neue Tanzkurs im Klubhaus an, gehst du hin?", wollte Franziska von Henry wissen.

Henry schien noch unentschlossen. „Ich habe meine Eltern noch gar nicht gefragt, ob sie mir das bezahlen."

Das Problem hatte Franziska nicht. Der Vati hatte ihr das Geld dafür schon gegeben. Einen Tanzpartner zu finden, wäre sicherlich auch keine Frage, aber sie wollte doch zu gerne mit Henry tanzen. Er bewegte sich immer so harmonisch, schien fürs Tanzen geboren zu sein.

Henry sah Franziska an. „Ich werde sie heute noch fragen. Wir können uns ja am Nachmittag treffen."

Wohl zum dritten Mal lief Franziska am Nachmittag die Straße hoch und runter, in der Henry wohnte. Ihre übliche Zeit, sich zu treffen, war längst überschritten, als er schließlich um die Ecke kam mit einem kleinen Mädchen an der Hand. Froh, ihn endlich zu sehen, lief Franzi auf ihn zu.

„Hey, du hast ja wirklich einen kleine Schwester." Sie erinnerte sich an die Begegnung auf dem Rummel.

„Nee, das ist meine Tochter!", grinste Henry und auch Franzi musste lachen. Schmerzlich wurde ihr plötzlich bewusst, wie wenig sie doch noch voneinander wussten.

„Soll ich hier warten?" Franziska sah Henry fragend an.

„Ach weißt du, komm mit. Wenn dich Lilly gesehen hat, dann wissen es meine Eltern spätestens morgen. Die kleine Maus plappert eh alles aus!" Liebevoll sah er dabei auf seine kleine Schwester herunter.

„Es ist vielleicht sogar ganz günstig, im Moment ist sowieso nur meine Mutter zu Hause."

Heiners Eltern hatte Franziska nie kennen gelernt. Nun stand sie völlig unerwartet Henrys Mutter gegenüber, die sie freundlich anlächelte.

„Mama, das ist Franziska", stellte Henry sie seiner Mutter vor.

„Guten Tag, Frau Bernau!" Franziska lächelte zurück.

„Und das sind meine Geschwister." Zu dem kleinen Mädchen hatte sich noch ein etwas älterer Junge gesellt.

„Ihr wollt doch bestimmt noch ein paar Schritte zusammen gehen?", sah Henrys Mutter die beiden an. „Bringt ihr dann mal bitte aus der Kaufhalle noch einen Liter Milch mit, sonst müssen die Kleinen heute auf den Kakao verzichten." Sie drückte ihrem Sohn das Geld in die Hand und winkte den beiden jungen Leuten nach.

„Sie ist nett", stellte Franziska fest, nachdem sich die Tür hinter den beiden geschlossen hatte. Henry nickte.

„Sag mal, wieso sind deine Geschwister noch so klein?" Sie dachte an sich und Alexander, der doch nur zweieinhalb Jahre jünger war.

„Ich war schon fünf, als meine Eltern geheiratet haben", erklärte Henry. „Dann kam erst Roy und nach ein paar Jahren noch Lilly."

Franziska sah Henry fragend an.

Henry verstand die stumme Frage. „Mensch, ist doch nicht so schwierig. Mich hatte meine Mutter unehelich. Dann hat sie meinen Vater geheiratet, er ist also nur mein Stiefvater. Und jetzt sind wir eine Familie." Für ihn war es das Normalste der Welt.

Doch Franzi dachte mit Schrecken an den Tag zurück, als Regina von ihrem Stiefvater verprügelt worden war.

„Schlägt er dich?" Es war eine Mischung aus Neugier und Mitgefühl, die sie diese Frage stellen ließ.

Entgeistert starrte Henry Franziska an. „Sag mal, spinnst du? Mich schlägt doch keiner! Meine Eltern sind Lehrer, die könnten sich gar nicht erlauben, ihre Kinder zu schlagen. Meine Eltern sind völlig in Ordnung!"

Aber dann wurde Henry doch nachdenklich. „Allerdings fühle ich mich manchmal etwas hinten an gestellt, wenn meine jüngeren Geschwister bevorzugt werden. Das macht ab und zu sogar meine Mutter. Aber ich sage mir immer, die beiden sind ja auch viel kleiner als ich, ich kann das verstehen.

Meine Mutter will mir übrigens das Geld für den Tanzkurs geben. Sie hat gesagt, mit Vater kommt sie schon klar."

„Toll!" Franziska konnte nicht anders, sie warf ihre Arme um Henrys Hals und drückte ihm einen raschen Kuss auf die Wange. Sie freute sich so sehr.

„Und eins-zwei, Wech-sel-schritt!" Die meisten der jungen Männer stapften wie Bärenjunge tapsig über das Parkett, immer darauf bedacht, ihrer Partnerin nicht zu viel auf die Füße zu treten. Nur Franziska schien in Henrys Armen zu schweben. Er brauchte die Ansage der Tanzlehrerin nicht, er hatte das Gefühl für die Bewegung zur Musik im ganzen Körper. Und Franziska genoss es, von ihm so wunderbar im Tanz geführt zu werden.
Sie mochte Musik sehr und tanzte gerne, doch eine besondere musikalische Begabung hatte sie bei sich nie entdeckt. Zwar sang sie nun sogar im Schulchor, doch sie war überzeugt, dass Frau Schiller sie nur wegen ihrer Altstimme ausgewählt hatte, weil da noch einige Stellen im Chor frei waren. Sie hatte auch immer bedauert, kein Instrument zu spielen. Die Mutter packte bei besonderen Gelegenheiten die Gitarre aus und es gab Bilder von Auftritten mit einem ganzen Gitarrenchor. Doch Franzis Versuche, darauf zu spielen, waren allesamt kläglich gescheitert.

Wie immer ging der Tanzkurs viel zu schnell vorbei. Hand in Hand liefen die beiden 16-jährigen in Richtung Stadtmitte.

„Kommst du noch mit zu mir? Wir können gerade noch pünktlich zum Abendessen sein." Inzwischen gehörte Franziskas Freund fast schon zur Familie.

„Abendessen hört sich gut an. Bei uns sind sie schon längst fertig, wenn ich komme. Die Kleine muss ja auch früher ins Bett."

Henry lächelte bei dem Gedanken an seine kleine Schwester. „Du hast sie wohl sehr gern?" Franziska mochte es, wie er mit seinen kleinen Geschwistern umging.

„Ja, die Lilly ist so eine süße Maus, die muss man einfach lieb haben!" Franziska konnte sich Henry gut als Vater vorstellen. Ob sie einmal mit ihm Kinder haben würde? Doch solche Träume lagen noch in weiter Ferne.

Henry holte sie zärtlich in die Wirklichkeit zurück. „Aber vor allem liebe ich dich!" Er zog Franzi in eine Hausecke und küsste sie.

Die Uhr vom Kirchturm schlug sieben mal, als Franziska die Haustür aufschloss. Sie steckte den Kopf zur Küchentür herein. „Ich habe Henry mitgebracht." Der Rest wirkte fast schon routiniert. Die Mutter nahm noch einen Teller und Besteck aus dem Schrank, während Alexander einen fünften Stuhl aus dem Wohnzimmer holte. Dann saß die Familie einträchtig beieinander. Die Eltern freuten sich über den gesunden Appetit der beiden großen Jungs, von dem sich sogar Franziska anstecken ließ. Der Tanzkurs hatte auch sie hungrig gemacht.

„Wisst ihr schon, wann der Abschlussball sein wird?" Natürlich wollten Franz und Gudrun ihre Tochter dann begleiten.

„Nein, das wird aber auf jeden Fall erst nach den Winterferien sein. Da müssen einige noch mächtig üben!" Franziska dachte an die tapsigen Bewegungen einiger Mitschüler und grinste.

„Sehen wir uns morgen?" Franziska stand mit Henry an der Haustür. Sie wusste ja, dass für ihn morgen der praktischen Unterricht auf dem Plan stand, aber sich nicht zu sehen, wurde ihr immer mehr zu einer Qual.

„Wir können uns doch nach dem Unterricht in der Schulkantine treffen."

„Ja, das machen wir, bis morgen dann!" Franziska strahlte glücklich.

„Schlaf gut und träum was Süßes!" Henry schloss Franziska in die Arme und küsste sie zum Abschied.

„Eh, die knutschen!", tönte Alexanders Stimme durch den Flur.

Franzi drehte sich zu ihrem Bruder um. „Und du bist und bleibst ein Blödmann!" Es hatte keinen Sinn, sich gegen ihn anders als verbal zur Wehr zu setzen. Er war viel größer als sie, viel stärker und schneller. Doch sie konnte Alex sowieso nicht böse sein, glücklich wie sie war.

„Für dich könnte man glatt eine Glühbirne einsparen, so strahlst du!" Susanne gönnte der Freundin ihr Glück mit Henry. Da kannte sie ganz andere Gemütszustände bei Franziska. Gemeinsam betraten sie den Klassenraum.

„Ich hätte nichts dagegen, wenn schon Ferien wären." Was Susanne aussprach, fand Franziska nicht so erstrebenswert. „Ach weißt du, nichts gegen Ferien, aber das macht es schwerer für mich, Henry zu sehen. Seine Eltern sind strenger und lassen ihm nicht so viele Freiheiten wie meine. Außerdem muss er sich oft um seine kleinen Geschwister kümmern. Auch da bin ich besser dran. Alexander wird bald 14 und würde sich bedanken, am Rockzipfel seiner Schwester hängen zu müssen."

Längst hatte der Lehrer auch die Klasse betreten und mit dem Unterricht begonnen. Doch Franziska hörte nur mit einem halben Ohr hin. Sie hing ihren Gedanken nach. Warum hatte sie nur immer solche Angst vor noch so kurzen Trennungen? Das Gefühl, dann verlassen zu werden, saß tief in ihr drin, obwohl sie doch noch nie jemand verlassen hatte.

„Franziska!" Herr Kühne stand direkt vor ihr. Was hatte er gerade gefragt? Irgendwas mit der Industrie von Japan? Sie wusste es nicht. Mit großen Augen sah sie den Lehrer an. „Na, Fräulein Zandler, ein schöner Augenaufschlag ersetzt uns aber nicht die Antwort!" Ein Kichern ging durch die Reihen und Franzi zwang sich, nun doch besser dem Lehrstoff zu folgen.

Endlich war die letzte Unterrichtsstunde vorüber. Als Franziska im Speisesaal ankam, hatte Henry schon eine Portion verdrückt und stellte sich neben ihr an, um sich Nachschlag zu holen. „Willst du mein Fleisch?" Franzi sah mit Widerwillen auf die Kammscheibe vor sich. „Eigentlich solltest du das essen, damit du mal was auf die Rippen kriegst. Aber egal, gib her!" Und schon hatte Henry sich das Fleischstück mit der Gabel aufgespießt. Gegen die Kartoffeln mit Rotkohl und Soße hatte auch Franzi nichts einzuwenden und nun ließen es sich beide schmecken, bis Henry hoch sprang.

„Du, ich muss los!" Wie so oft hatte er es eilig. Gerne hätte Franziska ihren Freund noch ein Stück begleitet. Aber sie konnte einfach nicht abschätzen, wann es ihm zu viel wurde. Wenn er Lilly vom Kindergarten abholte, dann hatte er nichts gegen Franzis Begleitung. Doch wenn er sich mit seinem Kumpel Jochen traf, dann fühlte sie sich wie das fünfte Rad am Wagen.

„Dann bis morgen!" Franziska nahm ihre Tasche und winkte Henry noch kurz zum Abschied zu. Da hatte sie ja heute viel Zeit für ihre Hausaufgaben. Und Alexander hatte sie um Hilfe bei einem Aufsatz gebeten, das konnte sie heute auch erledigen. Ein paar Schneeflocken tanzten vor ihr auf und ab. Winterferien und Schnee, wenigstens das würde passen, dachte Franziska in einem Anflug von Melancholie.

Die erste Hälfte der Winterferien war fast vorüber. Franziskas Hoffnung auf Schnee und einen Ausflug auf den Skiern hatte sich nicht erfüllt. Statt dessen hatte sie sich wieder an die Nähmaschine von Oma Klara gesetzt und ein Kleid genäht. Die Mutter hatte mit ihr gemeinsam den Stoff ausgesucht und ein Schnittmuster gekauft, nach dem Franzi arbeiten konnte. Die Vorfreude auf den Abschlussball der

Tanzschule hatte sie sichtlich beflügelt. Die Oma hatte sie auch mit Rat und Tat unterstützt und nun war dieser leichte, glänzende, lachsfarbene Traum so gut wie fertig.

Henry hatte sie, wie sie befürchtet hatte, nicht oft gesehen. Die Tanzstunde war das einzige schöne Zusammensein gewesen. Einmal waren sie auch ins Hallenbad gegangen, doch dort hatte sich Henry mehr mit seinen Sportfreunden beschäftig als mit ihr.

Franziska hatte sich kaum vorstellen können, dass sie sich auf das Ende der Ferien einmal so freuen würde. Doch jetzt war es so. Mit Beginn des Schulhalbjahres würde alles wieder in seinen gewohnten Bahnen laufen. Franziska konnte Henry wieder fast jeden Tag sehen, ohne dass er daheim Ausreden erfinden musste.

Na endlich! Franziska atmete auf. Sie hatte schon seit 10 Minuten vor der Schule gestanden und auf Henry gewartet. Vor Kälte war sie von einem Bein aufs andere gesprungen. Nun wurde ihr warm.

„Na du!" Franziska lachte. „Ja, ich glaube, wir kennen uns!" Das hatte ihr so gefehlt. Viel Zeit für weitere Gespräche blieb ihnen nicht, die Schulklingel rief beide in ihre Klassen. Die letzten eintreffenden Schüler eilten durch den Flur. Henry ging zum Chemieunterricht im Seitenflügel, während Franzi die Treppe hoch sprang und sich gerade noch rechtzeitig neben Susanne auf den Stuhl fallen ließ. Ihre erste Stunde war Geschichte bei Frau Schulz. Da sie aber auch die Klassenlehrerin war, wollte Frau Schulz ihre Schüler erst einmal auf den Rest des Schuljahres einstimmen. Schließlich war es das Abschlussjahr für die mittlere Reife. Schon in der nächsten Woche fand die erste schriftliche Prüfung statt, der in den folgenden Wochen noch weitere folgen würden, ehe mit den mündlichen Prüfungen die Ergebnisse feststanden.

„Jugendfreunde", sprach Frau Schulz ihre Schüler an. „Ich wünsche Ihnen ganz viel Erfolg in den kommenden Wochen. Ich denke, alle sind leistungsstark genug, um die Prüfungen mit gutem Erfolg abzulegen. Und ich bin mir sicher, dass uns danach keiner verlassen muss und wir alle bis zum Abitur zusammen bleiben werden."

Nein, auch Franziska und Susanne machten sich keine großen Sorgen um die Prüfungen. Diese Prüfungen in der 10. Klasse legten schließlich auch ihre ehemaligen Klassenkameraden aus der Grundschule in diesem Jahr ab und wollten sie bestehen. Und die mussten sich auch noch Gedanken um die folgende Ausbildung machen. Dazu hatten die Oberschüler noch zwei Jahre länger Zeit.

Franziskas Interesse galt daher weniger der Russischprüfung als viel mehr dem Abschlussball des Tanzkurses.

„Du Susanne", flüsterte Franzi der Freundin zu. „Ich habe mir ein Kleid genäht für den Abschlussball, ist richtig toll geworden!"

„Ich sehe es mir auf jeden Fall an. Aber jetzt sei ruhig, wir fallen schon wieder auf!", dämpfte Susanne Franziskas Begeisterung.

Schuldbewusst blickte Franzi zu Frau Schulz, die andeutungsweise den Kopf schüttelte.

Nach und nach fand sich eine murmelnde Schar junger Leute vor der Aula ein, alle sichtlich froh, die erste Prüfung hinter sich zu haben.

„Und, wie ist es bei dir gelaufen?" Henry war kurz nach Franziska fertig geworden.

„Ich denke, es sieht gut aus. Probleme hatte ich nur bei der Grammatik, was müssen die aber auch sechs Fälle haben, da reichen doch schon die vier im Deutschen!" Damit hakte Franziska das Thema ab.

„Ich freue mich so auf Sonnabend!" Damit war sie bei einem viel schöneren Anlass angekommen. Sie hatte Henry ihr Kleid noch nicht gezeigt, es sollte eine Überraschung werden. Fast so ein bisschen wie beim Brautkleid, dachte sie für sich und ein Lächeln huschte über ihr Gesicht.

Ungeduldig stand Franziska am Fenster ihres Zimmers. Obwohl noch genug Zeit war, sah sie immer wieder zur Uhr. Dann endlich erschien Henrys Silhouette im Licht der Straßenbeleuchtung und im nächsten Moment klingelte es. Franzi riss die Tür auf und strahlte ihren Freund an.

„Hier, für dich!" Henry drückte Franziska ein kleines Biedermeiersträußchen in die Hand.

„Danke!" Es war das erste Mal, dass Franzi von einem Jungen Blumen bekam.

„Du siehst wirklich toll aus!" Henrys liebevoller Blick, der sie von oben bis unten musterte, ließ Franzi strahlen. Sie hatte einen Lippenstift aufgetragen, der mit der Farbe ihres Kleides harmonierte. Die cremefarbenen Absatzschuhe rundeten ihr Erscheinungsbild ab.

„Aber du bist auch total schick!", gab Franziska sein Kompliment zurück. Unter dem Parka trug Henry eine Kombination aus Jacke und Hose und ein weißes Hemd. Er ist schon ein wirklich hübscher Kerl, dachte Franzi, nicht ohne einen Anflug von Stolz, dass ausgerechnet sie Henrys Freundin war.

Nun gesellten sich auch Franziskas Eltern dazu. Obwohl die beiden inzwischen auf die 40 zugingen, wirkten sie noch recht jung. Beide sahen gut aus in ihrer Abendgarderobe.

„Alexander, wir gehen jetzt!", rief der Vater in Richtung des Zimmers seines Sohnes. „Und dass mir keine Klagen kommen!" Es war eher spöttisch gemeint, doch Alex fand das gar nicht lustig.

„Hey, ich bin doch kein Kind mehr und nicht das erste mal alleine", wehrte er die Ermahnung ab. Wichtig war für ihn, dass genug Essbares im Kühlschrank stand. Das Fernsehprogramm versprach einen spannenden Spätfilm. Sollten die doch ruhig tanzen gehen.

Irgendwie schafften es alle Paare, den Eröffnungswalzer ohne Verletzungen über die Bühne zu bringen. Es folgten einige Vorführungen der Tanzschule und der Schüler, ehe sich auch die Eltern und Freunde in den Reigen einreihten. Auch Franz und Gudrun hatten sich sehr auf diesen Abend gefreut. Sie gingen nicht mehr so oft tanzen, aber sie tanzten beide gerne.

„Franz, ich kann nicht mehr!" Gudrun ließ sich auf einen Stuhl fallen.

„Aber es war doch nur ein Tanz!?" Halb Frage, halb Feststellung sah Franz seine Frau an. Gudrun war schlank und sportlich, sie kam eigentlich so schnell nicht aus der Puste. Doch jetzt wirkte sie völlig erschöpft.

„Hast du das öfter?", wollte Franz von seiner Frau wissen und gab sich die Antwort in Gedanken schon selbst. Gudrun schien in der letzten Zeit ab und zu etwas kraftlos zu sein, doch er hatte dem nicht so große Bedeutung beigemessen.

„Es ist die Luft, ich brauche frische Luft! Ich gehe mal vor die Tür. Mach deiner Tochter eine Freude und tanze mit ihr!"

Franz nahm seine Frau am Arm. „Jetzt komme ich erst einmal mit raus."

Vor der Tür atmete Gudrun tief durch. „Es wird schon besser, lass uns wieder rein gehen, sonst wundert sich Franziska noch wo wir sind. Wahrscheinlich brüte ich eine Erkältung aus, wäre ja bei dem Wetter kein Wunder."

„Wollen wir lieber heim gehen?" Franz machte sich Sorgen.

„Nein, lass nur, wir wollen doch Franzi nicht den Abend verderben. Nur auf das Tanzen werde ich heute wohl lieber verzichten."

Im Saal hatten Franzi und Henry kaum etwas von alledem mitbekommen. Sie drehten sich unermüdlich zum Klang der Musik auf der Tanzfläche. Erst als die Kapelle eine Pause machte, kehrten sie wieder zum Tisch zurück und nahmen durstig einen Schluck Wein.

„Darf zur Abwechslung ich einmal meine Tochter zum Tanz auffordern?" Der Vater zwinkerte Henry zu und nahm Franzi bei der Hand, als die Musik wieder einsetzte.

„Ist was mit Mutti?" Franziska wunderte sich schon ein wenig, dass die Mutter am Tisch sitzen blieb. Und wenn sie sich recht erinnerte, dann hatten die Eltern eben schon nicht getanzt.

„Ich glaube, sie fühlt sich nicht wohl, wir waren schon mal an der Luft, vielleicht eine beginnende Grippe", gab Franz Gudruns Vermutung weiter. „Dann muss Henry dich heute mit mir teilen!"

„Er wird es überleben!" Aus den Augenwinkeln heraus sah sie Henry und ihre Mutter in ein angeregtes Gespräch vertieft.

Als die Kapelle das letzte Musikstück spielte, war es fast Mitternacht und Franzi drehte noch eine Runde mit Henry über das schon fast leere Parkett. Sie tanzten eng aneinander geschmiegt. Wie weit weg war der Alltag, wie weit weg lag die Schule und die Prüfungen!

9

Die schönste Frühlingssonne strahlte über der Stadt, doch die Schüler, die da in der Aula über ihren Prüfungsaufgaben saßen, bemerkten nichts davon. Wenn die Köpfe nicht nur sinnbildlich geraucht hätten, wäre eine dunkle Wolke durch den Raum gewabert.

Franziska hatte sich schon bis zur Geometrie durchgearbeitet und damit das Meiste bereits erledigt. Im Grunde lief es gar nicht so schlecht. Mathematik und logisches Denken bereiteten ihr keine Schwierigkeiten. Nur bei wenigen Aufgaben hatte sie sich wirklich anstrengen müssen. Sie blickte in die Richtung, wo Henrys Platz war. Er saß dicht über sein Blatt gebeugt und arbeitete konzentriert. Noch eine halbe Stunde hatten sie Zeit, die galt es zu nutzen. Trotzdem verharrte Franzis Blick auf Henry und ein Lächeln huschte über ihr Gesicht. Vor einem Jahr waren sie sich gerade das erste Mal begegnet, jetzt schien es ihr unvorstellbar, nicht mehr mit Henry zusammen zu sein.

Endlich war es geschafft. Franziska packte ihre Sachen zusammen und brachte die Blätter mit den gelösten Aufgaben nach vorne. Auch Henry schien fertig zu sein. Ein rascher Blickkontakt sagte ihr, dass sie draußen warten solle. Wenige Minuten später standen sie gemeinsam im Treppenhaus.

„Das hätten wir hinter uns! Russisch, Englisch und Mathe abgehakt! Übermorgen noch Deutsch und nächste Woche die Naturwissenschaften. Ich mache Bio, und Du?" Henry sah seine Freundin fragend an.

„Ich auch", erwiderte Franziska „ich hoffe doch, dass uns Doktor Fuchs genug beigebracht hat, um dort gut durchzukommen. Und Deutsch, das ist für mich keine Hürde. Ich denke, wir sollen eine Gedichtinterpretation schreiben. Die große Weltliteratur kommt erst zum Abi dran."

Auch die restlichen Prüfungen verliefen durchaus zufriedenstellend. Franziska hatte so stabile Leistungen gezeigt, dass sie nur in zwei mündlichen Prüfungen noch einmal ihr Wissen unter Beweis stellen musste. Nun waren bald Ferien und genau das machte ihr Kopfzerbrechen.

„Ich möchte nicht mit euch in den Urlaub fahren", eröffnete sie eines Abends ihren Eltern. Entgeistert sahen die sie an.

„Aber Franziska, wieso denn nicht? Wir fahren dieses Jahr nach Thüringen, das wird bestimmt schön." Alle freuten sich schon sehr auf den Urlaub, der die Familie auf einen Campingplatz am

Rennsteig führen sollte. Ein gut ausgestatteter Wohnwagen der Stadtverwaltung diente den Angestellten als Urlaubsdomizil.

„Ich weiß schon, wie das wird, genau wie voriges Jahr. Erst sind wir weg, dann Henry mit der Familie. Wir können uns wochenlang gar nicht sehen!" Franziska hoffte auf das Verständnis ihrer Eltern. „Ich möchte einfach hier bleiben, weil Henry in der Zeit auch hier ist. Dann könnten wir wenigstens was gemeinsam unternehmen. Oma Klara kann ja ein Auge auf uns haben."

„Ich verstehe dich schon, und dein Vater auch", begann Gudrun zu antworten. „Aber der Urlaub soll doch für die ganze Familie sein. Wir müssen eine andere Lösung finden, doch nicht heute A-bend. Es ist ja noch etwas Zeit."

Franziska war enttäuscht. Was sollte es schon für eine andere Lösung geben? Schmollend zog sie sich in ihr Zimmer zurück.

„Mist, ich darf nicht alleine hier bleiben!" Traurig überbrachte Franziska Henry die Botschaft. Er zog sie in seine Arme.

„Wir stehen das durch. Vielleicht gibt es dort ja eine Telefonzelle, dann kannst du mich mal anrufen. Und schreiben können wir doch auch. Und dann haben wir ja eine Woche, ehe meine Familie abreist." Henry versuchte Franzi zu trösten, so gut es ging. Aber auch ihm fiel es schwer, die Trennung zu akzeptieren.

„Kommst du mit zu uns zum Essen?" Franzi wollte ihn wenigstens jetzt noch so viel wie möglich um sich haben, ehe sie in einer Woche nicht mehr hier war.

„Klar doch!" Da ließ sich Henry nicht lange bitten. Bei Franzi war immer heitere Stimmung, es gab gutes Essen und davon viel, er war schon gerne bei ihrer Familie.

Hand in Hand liefen sie die Straße entlang. Sie hatten es nicht eilig. Sie freuten sich aneinander und genossen den warmen Frühsommertag.

Die Mutter begann gerade mit den Vorbereitungen für das Abendessen, als Franzi und Henry zur Tür herein kamen.

„Na ihr zwei! Schön, dass du mitgekommen bist!", begrüßte sie ihre Tochter und deren Freund. „Ihr könnt gleich mal in den Garten gehen und noch ein paar Radieschen holen. Und sagt bitte auch Alexander Bescheid, er ist bestimmt in der Garage am Basteln."

„Machen wir, Frau Zandler!" Schon war Henry in Richtung Garten unterwegs und Franzi folgte ihm.

Kurz darauf saßen alle fünf vereint am Tisch. Der Vater sah in die Runde. „Kinder, da wir hier gerade alle so schön beieinander sitzen, möchte ich euch etwas sagen." Er blickte zu Franziska und Henry. „Wir haben gehört, dass ihr nicht so gerne in den ganzen Ferien getrennt sein möchtet."

Franzis Stimmung ging schlagartig nach unten. Muss er jetzt damit anfangen?, dachte sie.

„Und deshalb haben wir beschlossen, dass Henry mit uns gemeinsam nach Thüringen fährt." Der Vater sah erwartungsvoll zu seiner Tochter.

Franzi stutzte. Hatte sie eben richtig gehört? Sie sah hoch und traf den strahlenden Blick des Vaters. Er meinte es ernst! Sie sprang auf. „Was, echt? Das ist ja toll, danke, danke, danke!" Franzi jubelte und umarmte erst den Vater und dann die Mutter.

„Freust du dich gar nicht?" Sie sah zu ihrem Freund.

Henry saß da wie ein begossener Pudel und rührte sich nicht. „Das erlauben meine Eltern nie", brach es resignierend aus ihm heraus.

„Doch, sie erlauben es." Der Vater sah Henry an. „Ich habe heute mit deiner Mutter telefoniert und sie ist einverstanden. Alles andere klären wir morgen nach der Zeugnisübergabe."

Henry war sprachlos. „Ich weiß gar nicht, was ich sagen soll. Danke, Herr Zandler!" Er war total überwältigt und drückte Franzis Hand unter dem Tisch ganz fest.

Überglücklich hielten am nächsten Nachmittag die Schüler der 10. Klassen ihre Abschlusszeugnisse in der Hand. Damit hätten sie nun in eine Ausbildung starten können. Allerdings wollte keiner auf halbem Weg stehen bleiben. In zwei Jahren würden sie Abitur machen, dann standen ihnen die Hochschulen und Universitäten des Landes offen.

Doch für Franziska und Henry war jetzt nur eins wichtig, ihre Eltern trafen die Absprachen, die den beiden ermöglichten, gemeinsam Urlaub zu machen. Von ihnen aus hätte es morgen schon los gehen können!

Und dann war es endlich so weit. Mit gepackten Taschen standen die Mutter, Alexander, Franziska und Henry an der Tür und warteten auf den Vater, der das Auto aus der Garage holte. Es war ein gut erhaltenes Gebrauchtfahrzeug, das sich die Eltern vor einiger Zeit zugelegt hatten. Zwar hatte es schon einige Jahre hinter sich und immer war etwas daran zu reparieren, aber der Vater und vor allem

Alexander waren sehr geschickt in diesen Dingen und hielten den Wagen am Laufen.

Auf der Rückbank ging es recht beengt zu. Es gab eigentlich nur zwei Sitzplätze. Henry und Alexander hatten Franziska in ihre Mitte genommen.

Der Vater sah in den Rückspiegel und lachte. „Na, sitzt ihr gut?"

„Besser schlecht sitzen, als gut stehen!", wandelte Henry ein Sprichwort ab.

Aber dann waren alle nur noch voller so froher Erwartung, dass der Platzmangel in den Hintergrund trat. Als sie drei Stunden später aus dem Auto kletterten, strahlte die Sonne vom wolkenlosen Himmel, in der Luft lag ein frischer Tannenduft, die Vögel sangen und in der Nähe rauschte ein Bach. Sie waren angekommen in ihrem Urlaubsparadies.

„Seht mal, das ist aber wirklich schön!" Die Mutter hatte inzwischen die Tür geöffnet. Der Rest der Familie folgte mit den Taschen. Der Wohnwagen musste ein ehemaliger Zirkuswagen gewesen sein. Es gab zwei Schlafräume und eine kleine Kochnische, dazu einen massiven Vorbau, der als Wohnraum diente. Dort auf der Couch sollte Henry schlafen. Ein Bad suchten sie hingegen vergeblich. Da mussten sie wohl die Gemeinschaftsduschen des Campingplatzes nutzen. Alles war von den Handwerkern des städtischen Bauhofes hergerichtet und sehr liebevoll eingerichtet worden. Hier konnte man sich wohl fühlen!

„Komm, wir gehen mal eine Runde spazieren und erkunden die Gegend!" Franzi zog Henry nach draußen. „Mutti packt erst mal die Taschen aus und zwei Frauen und nur ein Kleiderschrank, das geht gar nicht!"

„Wo ist eigentlich Alex?" Der Vater sah sich suchend um. Franzi zuckte mit den Schultern, doch Henry hatte den Jungen entdeckt.

„Der sitzt im Bach und buddelt, da hat scheinbar schon einer vorher angefangen, einen Damm zu bauen." Um die Beschäftigung von Alex brauchten sie sich wohl keine Sorgen machen.

„Morgen wandern wir zur *Schmücke*", verkündete der Vater am Abend. „Durch den Wald sind es etwa 8 Kilometer, das können wir gut schaffen, dort etwas essen und am Nachmittag zurück laufen." Das Ausflugslokal auf einer Erhebung des Rennsteigweges war weithin bekannt und beliebt.

„Aber jetzt schlaft erst mal alle schön und träumt gut. Was man in der ersten Nacht in einem neuen Bett träumt, geht in Erfüllung."

„Gute Nacht!" Franziska war müde, doch irgendwie wollte der Schlaf nicht kommen. Sie lauschte ins Dunkel. Vater und Mutter schnarchten leise. Über sich im Doppelstockbett hörte sie das ruhige Atmen ihres Bruders. Vorsichtig schlich sie sich in den Vorbau. Henry lag in seine Decke eingerollt auf dem Sofa und schlief tief und fest. Sie setzte sich neben ihn und streichelte ihm über das Haar. Henry lächelte im Schlaf. Vielleicht träumt er jetzt was Schönes, dachte Franziska und zog sich leise wieder zurück in ihr Bett.

Vogelgezwitscher weckte Franziska am Morgen. Schade, geträumt habe ich nichts, stellte sie fest. Sie stand auf und ging leise zur Tür. Die anderen schliefen noch. Draußen war es kühl, aber die Sonne lugte schon durch die Baumwipfel. Franziska lief hinunter zum Bach. Wo Alexander am Tag zuvor an dem Damm gewerkelt hatte, war der Bach schon leicht angestaut. Franziska hielt ihre Arme in das klare kalte Wasser.

„Guten Morgen!" Franzi hatte gar nicht gemerkt, dass auch Henry zum Bach gekommen war. Jetzt stand er direkt hinter ihr und legte ihr seine Arme um die Schultern. Franzi lehnte sich an ihn. Sie war glücklich. So sollte es immer sein. Sie hatte es nicht geträumt, aber vielleicht ging dieser Wunsch ja trotzdem in Erfüllung.

Alexander riss Franziska aus ihren Gedanken. „Los ihr Verliebten, kommt rein, wir wollen frühstücken. Vati hat schon Brötchen geholt." Und zu Henry gewandt: „Und ich habe schon dein Bettzeug weg geräumt, damit Platz auf dem Sofa ist!"

Franziska staunte. „Du wirst ja doch noch ein richtig toller Bruder! Danke!"

Nach dem Frühstück brach die Familie zur Wanderung auf. Durch den schattigen Wald ging es sich angenehm, obwohl der Weg stetig bergauf führte. Alexander lief meistens voraus und hatte die schönsten Aussichtspunkte schon entdeckt, ehe der Rest der Familie überhaupt dort war. Franziska und Henry wanderten Hand in Hand und hatten nur wenig die Schönheit der Natur im Blick. Sie waren sich selbst genug.

„Ach Franz, ich bin schon wieder so außer Puste!" Der Mutter kam die Bank an der Weggabelung gerade recht.

„Aber jetzt sind wir doch schon an der frischen Luft." Franz war ratlos. Er hatte seine Frau in den letzten Wochen beobachtet und gelegentlich bemerkt, dass sie schlecht Luft bekam. Er hatte angenommen, dass ihr der Urlaub in der frischen, sauberen Luft Thüringens gut tun würde.

„Es geht auch schon wieder, lass uns weiter laufen."

Die Kinder hatten ein Stück entfernt gewartet. Franziska sah auf die Wanderkarte. „Ich glaube, die Hälfte haben wir geschafft. Aber es wird ganz schön warm!"

„Passt mal auf", ergriff der Vater das Wort. „Ich schlage vor, wir essen in der *Schmücke* zu Mittag und vielleicht noch ein Eis. Und für den Rückweg nehmen wir den Bus. Und wenn es morgen wieder so warm werden soll, dann gehen wir lieber ins Schwimmbad."

Der Vorschlag stieß auf allgemeine Zustimmung. Eine gute Stunde später hatten sie das Ausflugslokal erreicht, das vor Gästen schier aus den Nähten zu platzen schien. Es dauerte einige Zeit, bis Alexander einen freien Tisch ergattert hatte. Er war unübertroffen in solchen Dingen, schnell, entschlussfreudig und nicht ängstlich. Aber dann ließen sich alle die Thüringer Klöße gut schmecken. Der Vater sah zufrieden in die fröhliche Runde. Nur der Gesundheitszustand seiner Frau machte ihm immer mehr Sorgen.

Die nächsten Tage waren nicht nur warm sondern heiß. So packte die Familie jeden Morgen die Badesachen ein und fuhr zum Waldbad. Sie waren allesamt Wasserratten und freuten sich über die Gelegenheit zum Schwimmen und Faulenzen. Franziska lag mit einem Buch im Schatten und beobachtete ihren Freund und ihren Bruder, wie sie mit dem Ball durch das Becken tobten oder sich im Turmspringen zu übertreffen versuchten.

Es waren traumhafte Sommertage, bis das Wetter plötzlich umschlug. Am Abend toste ein Gewitter über dem Wald, Blitze zuckten über den Himmel, Donner krachten und die Wolken tobten bedrohlich über den Bäumen. Franziska machte vor Angst kein Auge zu. Leise kletterte sie aus dem Bett und tastete sich nach vorne zu Henry.

„Ich fürchte mich!" Franziska hatte sich zu Henry gesetzt.

Verschlafen blinzelte er sie im Lichtschein eines Blitzes an. „Komm her!" Er hob sein Deckbett an.

Franzi schlüpfte unter die warme Decke und kuschelte sich an ihren Freund an. Henry schlag seine Arme um sie. Er strich ihr sanft über den Rücken und es dauerte gar nicht lange, da waren beide fest eingeschlafen.

„Verdammt, ist das kalt!" Franziska war wie jeden Morgen hinunter zum Bach gelaufen. Aber heute fror sie. Der Nebel hing tief in den Baumwipfeln und tauchte das Tal in feinen Nieselregen.

„Ich glaube, baden gehen fällt heute aus!" Alexander hatte nur den Kopf zur Tür raus gesteckt.

„Dann gehen wir heute ins Museum!", schlug der Vater vor.

„Och, Museum, so was Blödes!", moserte Alexander. Sein Bedarf an solchen Dingen erschöpfte sich bei den Schulausflügen. Das musste er nicht noch in den Ferien haben.

„Das tut dir auch mal gut, du Kunstbanause!", entgegnete der Vater grinsend.

„Und ich kann dir versprechen, es gibt auch was zu sehen, was dich interessiert", ergänzte die Mutter mit Blick in den Wanderführer.

Für Henry war diese Diskussion völlig überflüssig. Bei ihm wurde sowieso immer gemacht, was die Eltern sagten. Und hier war jeder Tag schön, er wollte es nur genießen.

Nach kurzer Fahrt kamen sie bei dem Museum an. „Goethehaus" las Franziska auf dem Schild neben der Tür. Sie liebte die romantischen Gedichte von Goethe und freute sich sehr, etwas mehr über den großen Dichter und Denker zu erfahren. Ganz langsam wandelte sie von Raum zu Raum, immer darauf bedacht, alles, aber auch alles zu sehen und in sich aufzunehmen.

„*Über allen Gipfeln*
Ist Ruh,
In allen Wipfeln
Spürest Du
Kaum einen Hauch;
Die Vögelein schweigen im Walde.
Warte nur, balde
Ruhest Du auch."

Franziska stand wie gebannt vor den Zeilen. Daneben gab es ein Bild. Dort hatte Goethe das Gedicht geschrieben, in einer kleinen Waldhütte.

„Vati, wo ist das?" Franziska sah ihren Vater fragend an.

„Möchtest du dort hin?" Franzi nickte.

„Es ist oben, nahe beim *Kickelhahn*, dem Berg mit dem Aussichtsturm. Wenn es nicht mehr regnet, können wir in den nächsten Tagen hinauf wandern.

Aber jetzt lass uns zu den anderen gehen. Alexander will endlich zu den Glasbläsern."

Das Goethehaus war nur ein Teil des Museums. Die andere Hälfte wurde eingenommen von einer Glashütte, die sich dort schon zu Goethes Zeiten befunden hatte. Heute wurde dort den Besuchern die schöne, aber auch schwere Kunst des Glasblasens gezeigt.

„Na, möchtest du das mal probieren?" Der Glasbläser sah Alexander an. Er hatte den interessierten Blick des Jungen beobachtet.

„Ja, wenn das geht." Alexander lief ein paar Schritte nach vorne.

„Ganz schön heiß hier!"

„Die Hitze muss sein, sonst wird das Glas nicht flüssig", erklärte ihm der Glasmacher. Er hielt Alexander das lange Rohr hin, an dessen Ende schon eine kleine Glaskugel hing. „Und nun blas mal kräftig, aber auch vorsichtig rein!"

„Guckt mal, der Alex kann das!" Franziska betrachtete ihren Bruder wie gebannt.

Der Glasbläser half beim Drehen und Formen, aber Alexander blies die Kugel ganz alleine immer größer. Dann wurde sie vom Stab getrennt und stand als hübsche, Mund geblasene Vase zum Abkühlen auf einem Brett. Alexander sah mit hochrotem Kopf zu seiner Familie.

„Hier, die darfst du behalten." Die Vase wurde vorsichtig in einem Karton verpackt. Alle Zuschauer applaudierten. Alexander beeilte sich, seiner unerwarteten Prominenz wieder zu entkommen. Er drehte sich zu seiner Mutter um und hielt ihr den Karton hin: „Die ist für dich!"

Wie es der Vater versprochen hatte, wanderten sie ein paar Tage später, kurz vor dem Ende ihres Urlaubs, hinauf zum *Kickelhahn*. Und kurz vor dem Gipfel glaubte Franziska ihren Augen nicht zu trauen. Da stand die kleine Jagdhütte inmitten von Tannen und sah wohl noch genauso aus wie vor fast 200 Jahren. Sie trat ein und sah aus dem Fenster, aus dem einst auch der große Dichter gesehen hatte. Jetzt konnte sie sich vorstellen, wie diese Zeilen so kurz und knapp und doch so tiefgründig entstanden waren. Sie fühlte, was auch er gefühlt hatte.

Während Franziska noch gedankenverloren in der Hütte gestanden hatte, waren Henry und Alexander auf den Aussichtsturm geklettert und winkten ihr jetzt von oben zu, als sie sich zu den Eltern an einen Tisch setzte. Die Baude zu Füßen des Aussichtsturmes war beliebt bei den Wanderern. Das Imbissangebot war gut und schmackhaft und bald hatten sich alle für den Rückweg gestärkt.

Auf dem Weg ins Tal sprach Franz seine Frau noch einmal auf ihre gesundheitlichen Probleme an. „Ich habe es gemerkt", begann er. „Und ich habe gemerkt, dass du es gemerkt hast", erwiderte Gudrun.

„Du solltest unbedingt zu einem Arzt gehen, wenn wir wieder daheim sind. Geh zu Doktor Teckel. Du weißt ja, Martin ist ein alter Freund, wir waren schon zusammen in der Schule. Schon sein Vater war unser Hausarzt. Ich vertraue ihm."

Gudrun sah ihren Mann an. „Du hast wohl recht. Ich merke ja selbst, dass etwas nicht stimmt. Ich bin noch keine 40 und schnaufe wie eine 70-jährige. Wenn wir zurück sind, gehe ich gleich zu Martin Teckel."

Franz drückte seiner Frau die Hand. Er war fürs Erste beruhigt und beunruhigt zugleich.

10

„Ich denke, wir wissen jetzt, was es ist." Doktor Teckel sah seinen ehemaligen Schulfreund nachdenklich an. Gudrun war sofort nach der Rückkehr aus dem Urlaub zum Arzt gegangen, der als Erstes eine Röntgenaufnahme veranlasst hatte. Jetzt war sie der Schwester ins Labor gefolgt. Für einen Moment waren die Männer alleine.

„Das Röntgenbild lässt eigentlich keine andere Schlussfolgerung zu, auch wenn ich erst dachte, das kann gar nicht sein, so selten, wie Morbus Boeck hier ist. Wenn wir das Laborergebnis haben, sind wir ganz sicher."

Franz unterbrach ihn. „Nun rede doch nicht in deinem Medizinerlatein! Sag mir lieber, was Gudrun fehlt und was wir tun können! Was ist das für eine seltsame Krankheit?"

Martin holte tief Luft. „Es ist eine Erkrankung des Organgewebes. Dabei bilden sich Knötchen in dem betroffenen Organ, meistens der Lunge. Du kannst dir vorstellen, dass dann das Atmen erschwert wird, weil das Gewebe ja stellenweise viel dichter ist. Die Ursachen sind bisher unklar, aber man nimmt an, dass es eine genetische Veranlagung gibt. Deshalb wollte ich dich auch fragen, ob wir vielleicht den Alexander einem Test unterziehen wollen?" Martin sah fragend zu Franz.

„Ja natürlich, und Franziska auch!", stimmte Franz dem Arzt zu.

Der wunderte sich. „Wieso das? Ich dachte, Franziska ist ..."

„Was dachtest du?", unterbrach ihn Franz heftig. „Du bist mein Arzt, nicht der Redakteur einer Illustrierten! Wenn in Gudruns Familie eine genetische Veranlagung zu dieser Krankheit liegt, dann müssen wir beide Kinder testen! Dann ist Franziska genau so gefährdet wie Alexander. Und den Klatsch und Tratsch in der Stadt, den solltest du ganz schnell wieder vergessen!"

„Schon gut, Franz!" Martin beeilte sich, die Situation wieder zu beruhigen. Als er damals nach dem Studium wieder zurück in die Stadt gekommen war, da war Gudrun mit Alexander schwanger gewesen und die kleine Franziska war schon da. Und es gab Gerüchte. Aber Franz hatte ja recht, das war nicht seine Sache. Es gab Wichtigeres.

„Wir werden deine Frau wohl mit Kortison behandeln. Allerdings ist das nicht ohne Nebenwirkungen. Die deutlichste wird für dich sein, dass Gudrun ziemlich an Gewicht zulegt. So schlank, wie sie heute ist, wird sie nie wieder sein."

„Mensch Martin, ob sie dünn oder dick ist, was macht das für einen Unterschied? Sag mir, dass sie wieder gesund wird!" Franz war mit den Nerven am Ende.

„Geht jetzt erst mal nach Hause. Wir müssen sowieso noch die Laborergebnisse abwarten. Wenn ihr dann mit den Kindern zum Testen kommt, können wir in Ruhe noch mal über alles reden."

Franziska saß alleine im Wohnzimmer als ihre Eltern heim kamen. Alexander verbrachte dieses Jahr eine Woche in Halle bei den Großeltern, ehe er in der kommenden Woche noch in ein Feriencamp fahren wollte. Franziska hatte eine Stelle als Aushilfe in einem Kindergarten angenommen, während Henry mit seinen Eltern und den kleinen Geschwistern im Urlaub war.

Nun blickte sie in die betrübten Gesichter der Eltern. „Was ist? Was hat der Arzt gesagt?"

Der Vater sah sie an. „Wir wissen es noch nicht ganz bestimmt, aber wahrscheinlich ist es eine eher seltene Lungenkrankheit. Doktor Teckel hat heute noch Labortests machen lassen. Wenn es fest steht, beginnt er mit der Behandlung. Mutti wird starke Medikamente nehmen müssen. Es wird eine langwierige Behandlung werden. Erst wird sie ein paar Tage im Krankenhaus bleiben müssen, dann kann sie ambulant behandelt werden, aber sie wird oft müde sein und Hilfe benötigen. Wir werden viel Kraft brauchen." Franz atmete tief durch.

„Vati, Mutti, wir kriegen das hin! Ich kann das Meiste im Haushalt schon alleine schaffen. Es gibt auch noch Oma, und Alex hilft doch bestimmt wo er kann. Wichtig ist nur, dass Mutti wieder gesund wird." Franziska ahnte, dass ihr keine leichte Zeit bevor stand. Aber zum Glück waren erst einmal noch Ferien. Und vielleicht war Alexander gerade dann im Ferienlager, wenn die Mutter ins Krankenhaus musste. Das würde die Situation ziemlich erleichtern.

Gudrun sah ihre Tochter dankbar und zuversichtlich an. Sie hatten bisher jedes Problem gemeistert. Franziska hatte recht, sie würden es schaffen, gemeinsam.

Franziska stürzte sich mit Feuereifer in ihre neue Aufgabe. Ihre Tätigkeit im Kindergarten hatte sie wieder aufgegeben, dafür übernahm sie die Arbeiten im Haushalt. Putzen und Wäsche waschen waren ihr vertraut, damit kam sie klar. Sorgen machte ihr das Kochen. Damit hatte sie sich bisher nie beschäftigt. Deshalb war sie froh, dass der Vater das so gut konnte. Jeden Abend bereitete er die Mahlzeiten soweit vor, dass sie am nächsten Tag nur noch fertig gekocht werden mussten.

Die Ferien gingen dem Ende zu. Henry war nun auch wieder zurück und saß gemeinsam mit Franziska auf der Gartenschaukel. Sie hatte ihm von der seltenen Krankheit der Mutter erzählt und auch von dem Test, bei dem sich aber glücklicherweise nichts Krankhaftes gezeigt hatte. Die Kinder waren gesund. Franzi lehnte sich Halt suchend an ihren Freund.

„Das ist schon seltsam, eben noch waren wir alle frohgemut im Urlaub, nun ist nichts mehr wie vorher." Franziska war traurig und hilflos. „Wir werden gar keine Zeit mehr für uns haben. Wenn wir sonst ins Hallenbad gegangen sind, dann muss ich jetzt am Sonnabend Nachmittag die Wäsche waschen."

Henry gab seiner Freundin einem Kuss auf die Wange. „Sei nicht so traurig. Ich kann doch her kommen und auch mit helfen, ich bin gar nicht so eine schlechte Hausfrau. Schließlich bin ich bei uns zu Hause das älteste Kind und muss meiner Mutter auch helfen."

Franziska lächelte. Sein Zuspruch tat ihr gut.

„Weißt du, ich freue mich richtig auf die Schule", fing Franzi nun ein anderes Thema an. „Ich habe mich zum fakultativen Französischunterricht angemeldet. Da habe ich schon so lange drauf gewartet, dass ich endlich an Onkel Pierre einen Brief in seiner Sprache schreiben kann." Franziska hatte Henry schon vor einiger Zeit von dem plötzlichen Auftauchen des französischen Onkels erzählt.

„Was hast du als praktische Tätigkeit gewählt?", wollte nun Henry von ihr wissen.

„Na das gleiche wie du!", entgegnete Franziska etwas erstaunt. Sie hatte sich für den Einsatz im Landgut entschieden, weil Henry unbedingt etwas mit Tieren machen wollte. Er half auch gelegentlich bei einem Tierarzt aus und konnte sich gut vorstellen, einmal Tiermedizin zu studieren. Und da Franziska immer noch nicht wusste, was sie einmal werden wollte, hatte sie sich einfach Henrys Entscheidung angeschlossen. So hatte sie noch einen Tag mehr Gelegenheit, ihn zu sehen.

„Ach ja, daran habe ich doch gar nicht gedacht", bekannte Henry leicht verlegen.

„Komm, wir müssen rein, Mutti wird schon warten", beendete Franziska das Gespräch. Sonst hatte die Mutti gerufen, wenn das Abendessen fertig war, jetzt musste Franzi das Essen vorbereiten und der Mutti sagen, wenn es fertig war.

Die ersten Schulwochen verlangten Franziska alles ab. An manchen Tagen blieb ihr kaum eine Stunde für die Hausaufgaben übrig. Ab und zu schrieb sie in der Pause von Susanne ab. Ihrer guten Auffassungsgabe verdankte sie es, dass trotz allem die Zensuren nicht zu schlecht wurden. Aber sie war oft müde und unkonzentriert und wirkte noch blasser als sonst.

Die Pausenklingel riss Franziska aus ihren Gedanken, die sich schon wieder um kochen und waschen gedreht hatten, statt um die deutsche Geschichte. Frau Schulz schlug das Klassenbuch zu und sah zu ihr.

„Franziska, können Sie bitte noch einen Augenblick hier bleiben, ich würde gerne mit Ihnen reden."

Franzi war erschrocken. Hatte sie etwas angestellt oder waren ihre Leistungen doch schon so schlecht? Fragend sah sie zu Susanne, die sich langsam in Richtung Tür bewegte. Doch die zuckte nur die Schultern. Franziska ging nach vorn.

„Nein, setzten Sie sich ruhig wieder hin, ich komme." Frau Schulz zog sich einen Stuhl an die andere Seite der Schulbank.

„Franziska, was ist los mit Ihnen, etwas stimmt doch nicht?"

Franzi sah Frau Schulz nur stumm an. Was sollte sie sagen? Wie sollte sie sich rechtfertigen, ohne dass es nach Mitleid erhaschen aussah?

Frau Schulz redete weiter auf sie ein: „Ich habe gehört, dass Sie im Sommer gemeinsam mit Henry im Urlaub waren." Franzi wunderte sich. Was hatte denn das jetzt damit zu tun? Aber darauf konnte sie wenigstens antworten.

„Ja, das stimmt." Jetzt huschte ein Lächeln über ihr Gesicht bei dem Gedanken an den schönen Urlaub mit Henry und der Familie.

„Franziska!" Die Stimme von Frau Schulz wurde energischer. „Ich frage jetzt ganz direkt, sind Sie schwanger?"

Franzi brauchte einen Moment, um zu verstehen, was Frau Schulz da gefragt hatte, dann lachte sie laut los. „Was denken Sie, ich bin schwanger? Das kann ich Ihnen garantieren, ich bin nicht schwanger!"

Genauso plötzlich wie sie laut gelacht hatte, schossen ihr nun die Tränen in die Augen. Frau Schulz legte ihr den Arm um die Schultern. Die erfahrene Pädagogin wusste, dass sie jetzt Antwort auf ihre Fragen erhalten würde.

„Meine Mutti", schluchzte Franziska, „meine Mutti ist sehr krank."

Frau Schulz war betroffen. Natürlich kannte sie die Eltern ihrer Schüler. Aber sie hatte nichts davon geahnt.

Franzi putzte sich die Nase. „Sie wird wieder gesund. Aber das dauert noch. Und so lange versuche ich, so viel wie möglich zu Hause zu helfen. Mutti darf sich jetzt nicht anstrengen. Es stimmt schon, ich bin manchmal nicht richtig dabei im Unterricht und müde bin ich auch. Aber das geht jetzt eben nicht anders. Noch ein paar Wochen, sagt der Arzt, dann kann sie wieder den Haushalt übernehmen."

„Pass auf, Franziska", Frau Schulz war zum vertraulichen Du übergegangen, weil es ihr angesichts der Situation als die passendere Anrede erschien. „Ich werde mit dem Kollegium sprechen. Bis Weihnachten musst du keine zeitaufwendigen Hausaufgaben machen, keine Aufsätze, Vorträge und dergleichen. In der 11. Klasse ist das möglich. Du kannst das dann später nachholen. Wichtig ist, dass du weiter im Stoff mitkommst, und natürlich, dass deine Mutti wieder gesund wird. Bestell ihr liebe Grüße von mir!"

Auf dem Hof wartete Susanne auf Franziska. „Was war? Gab es Ärger?", wollte sie wissen.

Franziska wischte sich lächelnd eine Träne von der Wange. „Nein. Alles wird gut!"

In den Herbstferien schaffte es Franziska, sich zu erholen, wieder einmal auszuschlafen und auch mit Henry ins Hallenbad zu gehen. Er war ja viel öfter dort als sie, weil er außer dem Freizeitschwimmen bei den Rettungsschwimmern trainierte. Er brauchte immer Bewegung. Seinen Leichtathletikkurs hatte Franziska einige Zeit auch mit belegt, nur jetzt fehlte ihr selbst dafür die Zeit.

Und nach den Ferien trat endlich der erhoffte Fortschritt bei Gudruns Gesundheit ein. Jeden Tag ging es der Mutter ein bisschen besser, konnte sie wieder mehr selber im Haushalt tun und ihre Tochter entlasten.

„Alles Gute zum Geburtstag!" Alexander war der erste, der Franziska an diesem Morgen gratulierte. Verlegen drückte er seiner Schwester einen Blumentopf mit einem Alpenveilchen in die Hand. „Dankeschön, Brüderchen!" Franzi blinzelte ins Dämmerlicht. Es war ein trüber Novembersonntag und noch gar nicht richtig hell draußen. Wahrscheinlich war es genauso ein hässliches Herbstwetter, als ich geboren wurde, dachte sie. Franzi tastete mit den Füßen nach ihren Hausschuhen und setzte sich auf die Bettkante. Na, dann will ich mal

Frühstück machen, sagte sie in Gedanken zu sich selbst, als die Zimmertür aufging.

„Happy birthday, liebe Franzi…"

Mutter und Vater kamen herein, mit einem großen Blumenstrauß in den Händen. Franziska sah staunend die Blumen an. Wunderschöne, große Federchrysanthemen in den herrlichsten Gelb- und Rottönen strahlten mit ihr selbst um die Wette. Sie war es gewöhnt, dass Winterastern aus dem Garten auf ihrem Tisch zum Geburtstag standen. Jetzt war Franziska völlig überwältigt.

„Alles Liebe zum Geburtstag, meine Große!" Die Mutter drückte sie fest an sich.

„Auch von mir alles, alles Gute zum Geburtstag, Töchterchen!" Der Vater gab ihr einen liebevollen Kuss.

„Danke! Das ist so schön, so lieb von euch!" Franziska fehlten im Moment die Worte.

„Na, dann komm erst mal mit ins Wohnzimmer, du musst ja schließlich dein Geschenk auspacken! Und Frühstück ist auch fertig." Alexander lief voraus.

Franziska zog sich den Bademantel über und folgte der Familie ins Wohnzimmer, wo heute sogar der Frühstückstisch gedeckt war. An ihrem Platz stand eine Kerze und ein großes Paket wartete nur darauf, endlich ausgewickelt zu werden.

„Das gibt es doch nicht!" Franzi traute ihren Augen nicht, als sie das Geschenkpapier zur Seite schob.

Der Vater sah sie schmunzelnd an. „Na, nun steht doch der Tanzparty heute nichts mehr im Weg!"

„Wo habt ihr denn den her bekommen? Ein Kassettenspieler!" Sie strich mit den Fingerspitzen fast schon zärtlich über das Gerät.

Franziska hatte in den letzten Wochen zwangsläufig Erfahrungen mit der Versorgungslage machen müssen. Sie hatte gelernt, an welchem Tag das Lieferauto der Handelsorganisation die kleine Kaufhalle in ihrem Wohngebiet belieferte, so dass dann das Lebensmittelangebot am größten war. Und sie wusste, dass man nicht einfach in den RFT-Laden gehen konnte, um so ein Gerät zu kaufen. Das hatte den Vater mit Sicherheit einige gute Beziehungen und Trinkgelder extra gekostet.

„Alles Gute auch von mir!" Die Oma hatte sich bei der frohen Gesellschaft eingefunden. „Und ich bringe die Musik mit!"

Franziska wickelte einen Kassettenständer aus, in dem sogar schon Musikkassetten steckten.

„Aber das ist hoffentlich nicht die Musik, die du gerne hörst?" Kritisch beäugte Franzi die Hüllen.

„Nein, ich habe der Oma beim Kaufen geholfen", ließ sich nun Alexander vernehmen. „Dafür darf ich aber auch heute Nachmittag mit feiern!"

„Geht klar!", nickte Franziska ihrem Bruder zu.

„Und heute Mittag", unterbrach der Vater die Diskussion „gehen wir gemeinsam im Ratskeller essen, ich habe einen Tisch bestellt. Franziska hat lange genug gekocht, ich will mal wieder was Gutes essen!" Alle lachten und Franzi knuffte ihrem Vater in die Seite.

„Nein, nein", beeilte sich Franz zu versichern „das war schon soweit in Ordnung, aber heute haben wir es uns alle wirklich verdient, du ganz besonders!" Er nahm seine Tochter in den Arm und Franziska lehnte sich an ihn. Bei ihrem Vater war sie sich seiner bedingungslosen Liebe so sicher. Bei Henry kamen ihr manchmal Zweifel. Aber heute wollte sie nicht darüber nachdenken, sondern nur feiern.

Am Nachmittag fanden sich Susanne, Verena und Henry bei Franziska ein. Es wurde ein ausgelassener, fröhlicher Geburtstag. Noch vor ein paar Wochen hatte sie sich nicht vorstellen können, dass es wieder so schön bei ihr zu Hause sein konnte. Jetzt war die schwere Zeit überstanden, sie konnte wieder frohen Mutes nach vorne schauen.

Genau so, wie die Mutter wieder zurück im Leben war, startete auch Franziska voller Elan wieder in der Schule. Bis zum Beginn der Winterferien hatte sie alle geforderten Hausarbeiten nachgeholt.

Ganz besonders viel Freude hatte sie nun auch am Französischunterricht. Wochenlang waren ihr diese Stunden nur als zusätzliche Last erschienen, jetzt lernte sie mit Begeisterung. Endlich konnte sie ihr Versprechen einlösen und den ersten Brief in französischer Sprache abschicken.

„Mon cher oncle Pierre, ma chére tante Charlotte!", begann sie. „Ma mère était malade.", schrieb sie weiter, dass ihre Mutter krank war. Franziska fand es erstaunlich, dass es Worte gab, die aus dem Französischen stammten und auch hier gebräuchlich waren. Die Oma Hilde sagte ebenfalls, dass sie malade sei, wenn sie sich nicht wohl fühlte, und die wohnte in Halle.

Manchmal bedauerte sie Henry, der jetzt Latein paukte. Es war kein Pflichtfach, doch wer etwas Medizinisches studieren wollte, der tat gut daran, die Grundbegriffe des Lateinischen zu lernen.

Während die Mutter krank gewesen war, hatte Franziska selbst wenig Zeit gehabt. Jetzt aber fiel es

ihr immer mehr auf, dass sich Henry sehr rar machte. Er hatte seine Freizeit rundum verplant, nur für
seine Freundin hatte er keine Termine frei gelassen.
So vergingen auch die Winterferien ohne nennens-
werte gemeinsame Unternehmungen. Franziska
hätte sich gewünscht, mit Henry gemeinsam eine
Skitour zu machen. Doch der hatte gemeint, dass er
keine Skier hätte. Franzis Angebot, doch Alexanders zu nehmen, lehnte er ab. So verbrachten sie ein
paar Nachmittage im Hallenbad, aber auch das
mehr schlecht als recht.

„Bitte Franzi, bedränge mich nicht!", hatte Henry
zu ihr gesagt. Aber Franziska wusste gar nicht,
wodurch er sich bedrängt fühlte. Sie liebte ihn und
wollte auch mit ihm Zeit verbringen. Sie ging einfach davon aus, dass er das auch wollte.

Schon seit Tagen strahlte die Sonne vom fast wolkenlosen Himmel. Das Wetter lud geradezu ein,
einen Ausflug in die wieder erwachte Natur zu
machen. Wenn Henry schon im Winter nicht mit
Ski fahren wollte, jetzt machte Franziska einen neu-
en Vorschlag.

„Was hältst du davon, morgen eine Fahrradtour
zu machen?"

Henry legte die Stirn in Falten. Gerade erst waren sie vom Schwimmen gekommen und hatten gemeinsam zu Abend gegessen. Jetzt wollte Franzi schon wieder was unternehmen. Aber er wollte sie auch nicht kränken. „Also gut. Wo wollen wir denn hinfahren?"

„Ich dachte an eine Runde durch den unteren Harz. Es ist nicht zu steil, die Straßen sind gut und die Landschaft ist doch schön!" Franzi lächelte ihren Freund an, doch eine Zufriedenheit wollte sich nicht bei ihr einstellen, obwohl Henry doch ihrer Bitte nachgegeben hatte. Ach, es wird morgen schon schön werden, dachte sie.

„Na dann bis morgen! Ist 9 Uhr in Ordnung?" Franziska wollte Henry einen Kuss geben, doch der drehte den Kopf weg.

„Das passt!", erwiderte Henry nur. Franzi schloss irritiert hinter ihm die Tür.

Obwohl Sonntag war, war Franziska schon früh auf den Beinen. Sie hatte sich am Abend noch vom Vater zwei Landkarten geben lassen, eine Straßenkarte für den Überblick und eine Wanderkarte. Schließlich mussten sie mit den Rädern nicht unbedingt nur auf der Landstraße fahren. Inzwischen war auch der Proviant verstaut, es konnte losgehen.

Pünktlich kam Henry um die Ecke gefahren. Er begrüßte noch kurz Franziskas Eltern und dann radelten die beiden davon.

Sie kamen gut voran. Auf den Straßen war wenig Verkehr und so konnten sie nebeneinander fahren. Am liebsten hätte Franziska Henrys Hand genommen, doch sie war in jeder Hinsicht zu unsicher. Einerseits wusste sie nicht, ob sie das Fahrrad mit einer Hand sicher fahren konnte und andererseits wusste sie nicht, ob es Henry auch gefallen würde. Sie redeten über das Wetter, die Natur, die Sehenswürdigkeiten, die Mitschüler, aber nicht über sich, obwohl gerade das Franziska auf der Seele lag. An einer Waldlichtung machten sie Rast. Henry breitete eine Decke aus und die beiden ließen sich darauf nieder. Nachdem sie sich gestärkt hatten, lagen sie nebeneinander und blinzelten in die Baumwipfel. Warum küsst er mich jetzt nicht?, fragte sich Franziska.

„Ich liebe dich!", ergriff sie die Initiative. Sie hielt seine Hand und wartete auf ein Wort von ihm. Es schien ihr eine Ewigkeit, ehe Henry antwortete: „Ich dich auch."

Franziska schloss die Augen. Henry war noch nie ein Draufgänger gewesen, aber so schüchtern musste er nun wirklich nicht sein! Sie waren nun bald seit zwei Jahren zusammen. Franzi dachte an die Frage, die ihr Frau Schulz im Herbst gestellt hatte. Schwanger? Von was denn? Wenn er sie nicht mal küsste! Sie lagen da wie ein altes Ehepaar, aneinander gewöhnt, doch ohne Leidenschaft. Das war nicht die Liebe, die sich Franziska ersehnt hatte. Es war nicht mehr als gute Freundschaft, aber warum?

Henry erhob sich neben ihr. „Komm, lass uns weiter fahren, wenn die Zeit reicht, können wir noch die Burg besichtigen." Er zeigte Franziska einen Punkt auf der Karte.

Inzwischen hatte der sonntägliche Ausflugsverkehr eingesetzt. Viele Familien nutzten das schöne Frühlingswetter zu einem Ausflug in den Harz. Henry und Franziska mussten nun hintereinander fahren und jedes Auto, das an ihnen vorbeifuhr, machte Franziska Angst. Dann kamen sie mit ihren Rädern an eine Kreuzung in einem gut besuchten Ausflugsort und mussten nach links abbiegen. Henry hielt den linken Arm raus, sah eine Lücke im Verkehr und war im nächsten Augenblick über die Kreuzung gefahren. Nach ein paar Metern sah er sich nach Franziska um, die ihm nicht gefolgt war.

„Komm Franzi, fahr los!", rief er ihr zu. Doch Franziska stand wie angewurzelt am Straßenrand und konnte einfach nicht über die Kreuzung fahren. Da war sie wieder, diese Angst vor dem Straßenverkehr, vor Fahrzeugen. Schließlich raffte sie sich auf, schob ihr Fahrrad erst über die Nebenstraße und dann etwas weiter vorn an einem Fußgängerüberweg über die Hauptstraße.

Henry hatte ungeduldig gewartet. „Was war denn das?" Er sah Franzi fragend an, die den Kopf senkte. Es war ihr sichtlich peinlich.

Am späten Nachmittag waren Franziska und Henry wieder zurück. Über ruhige Nebenstrecken war der Rückweg ohne Probleme verlaufen.

„Und, war es schön?" Alexander hatte den beiden die Tür geöffnet.

Franzi wendete sich zu ihrem Bruder um. „Klar, war es schön!"

„Aber wir wären schon längst da, wenn deine Schwester gefahren wäre und nicht so viel geschoben hätte!", lästerte Henry und konnte es sich nicht verkneifen, Alexander alles haarklein zu berichten.

Am Abend lag Franziska nachdenklich in ihrem Bett. Ja, es war ein schöner Ausflug gewesen. Aber ihre Hoffnungen hatten sich nicht erfüllt. Sie wusste keine Antwort auf ihre Fragen.

11

Eben hatte es zur Pause geklingelt. Susanne hielt Franziska am Arm fest. „Warte mal, ich muss was mit dir besprechen." Franzi stellte die Tasche wieder auf den Tisch und sah Susanne fragend an. Die Freundin machte selten große Worte. Sie war wie ein stiller, guter Geist in Franziskas Leben, immer da, doch oft im Hintergrund. Es musste wichtig sein, was sie ihr sagen wollte.

„Ich will doch Bauwesen studieren. Da kann man vorher die Fahrschule über die betriebliche Ausbildung machen, weil man die Fahrerlaubnis fürs Studium braucht. Das wäre doch schön, wenn wir beide das zusammen durchziehen könnten." Susanne sah Franziska erwartungsvoll an.

„Aber ich weiß doch noch gar nicht, was ich studieren will, Bauwesen wohl eher nicht." Franziska kannte Baustellen vom Vati her und war ab und zu mit ihm auf einer gewesen, doch sie konnte sich selbst nicht beruflich auf einer Baustelle vorstellen, klein und zierlich, wie sie war.

„Das geht auch bei Landwirtschaft. Sag doch einfach, du willst so was machen, Gartenbau oder so."

Die Vorstellung war natürlich verlockend, auf diese Art schnell zur Fahrerlaubnis zu kommen, wenn sie an die Wartezeiten bei der staatlichen Fahrschule dachte.

„Wir müssen die Ausbildung nicht mal bezahlen, nur die Prüfungsgebühren. Aber dafür müssen wir in den Ferien in den Betrieben arbeiten, die das finanzieren." Susanne hat sich richtig in Begeisterung geredet.

„Aber wir sind doch erst 17." Franziska wusste, dass man erst mit 18 Jahren fahren durfte.

„Stimmt schon", gab ihr Susanne recht. „Praktisches Fahren geht erst mit 18. Allerdings kann man die Theorie schon vorher erlernen und da fängt nächste Woche ein Lehrgang an, da möchte ich gleich noch mit rein. Man braucht zwar eine Erlaubnis von den Eltern, aber wie ich deine kenne, kriegst du die allemal. Mach doch mit!"

Franziska gab sich geschlagen. „Gut, ich werde mit meinen Eltern sprechen. Und das mit der Studienrichtung ist kein Problem. Ich mache doch schon praktische Tätigkeit im Landgut." Wie es schien, war Henrys Entscheidung jetzt ihr Vorteil.

„Hier", Susanne hielt ihr eine Karteikarte aus blaugrauer Pappe hin. „Das musst du ausfüllen und unterschreiben lassen."

„Du hast ja gut vorgesorgt!" Franzi nahm die Karte an sich.

„Eins noch", Susanne hatte sich diese Eröffnung bis zum Schluss aufgehoben, sie kannte ja Franziskas Problem, „die Ausbildung ist auf einem LKW."

Sprachlos starrte Franziska die Freundin an. Sollte sie jetzt einen Rückzieher machen? Nein! Sie wollte sich endlich ihren Ängsten stellen, so wie damals, als sie ihre Angst unter der Bahnbrücke nieder gekämpft hatte. Sie holte tief Luft. „Da muss ich wohl jetzt durch. Gehen wir es an, das Unternehmen Angstbewältigung!"

Susanne klopfte ihr kameradschaftlich auf die Schulter. „Ich bin doch bei dir!" Und Franzi dachte nur: Ich hoffe es!

Am Abend wartete Franziska bis das Abendessen vorüber war und alle gemütlich im Wohnzimmer saßen. Dann legte sie die blaugraue Karte auf den Tisch.

„Ach, du möchtest dich zur Fahrschule anmelden", staunte der Vater und sah auf die schon ausgefüllte Anmeldekarte. „Sehe ich das richtig, Fahrerlaubnisklasse 5? Du willst LKW fahren lernen?"

Franziska nickte und berichtete von dem Gespräch mit Susanne.

„Ich lach mich kaputt!" Alexander prustete los. „Meine Schwester mit dem LKW! Nee, willst du dann beim Abbiegen auch den Laster über die Kreuzung schieben?"

Franziska wurde rot; unangenehm berührt sah sie von einem zum anderen. Jetzt mischte sich auch die Mutter ins Gespräch. „Alex, bitte reiß dich zusammen! Man macht sich nicht über andere lustig!"

„Die Mutti hat recht", pflichtete ihr der Vater bei. „Ich finde es sehr mutig von Franzi, die Fahrschule zu machen."

„Du gibst mir also die Erlaubnis?" Franziska sah ihren Vater erwartungsvoll an.

„Aber ja, gib her, ich unterschreibe." Franz umarmte seine Tochter und drückte sie an sich. „Ich wünsche dir viel Erfolg! Du schaffst das, meine Große!"

„Wer hat denn hier nun Vorfahrt?" Franziska und Susanne steckten über dem Übungsbogen der Fahrschule die Köpfe zusammen. Sie hatten schon einige Doppelstunden hinter sich und hatten mit den Lehrstoff bisher keine Probleme gehabt. Endlich waren sie zu einem Ergebnis gekommen und lagen damit auch goldrichtig, während aus den Reihen vor und hinter ihnen von einigen ein ungläubiges Gemurmel zu hören war.

„Da ist wohl noch ganz schöner Lernbedarf", stellte dann auch der Fahrlehrer fest. „Aber wir haben ja noch ein paar Unterrichtsstunden vor uns, ehe es an die Prüfungen geht. Für heute ist erst mal Feierabend!" Der Fahrlehrer räumte das Übungsmaterial zusammen und die Fahrschüler strömten nach draußen. Susanne und Franziska waren unter den jüngsten Teilnehmern. Die meisten arbeiteten in den Betrieben, die diesen Kurs ermöglichten. Sie hatten durch ihre Arbeit die Gelegenheit der Ausbildung erworben. Nur die Oberschüler mussten ihren Teil als Ferienarbeit beisteuern.

„Wir müssen das unbedingt beim ersten mal schaffen", raunte Susanne der Freundin zu, „sonst wird der Zeitplan eng." In einer Woche war die theoretische Prüfung geplant. Danach ging es für alle Schüler der 11. Klassen fast bis zum Schuljahresende in ein sportliches Trainingslager. In dieser Zeit legten die 10. und 12. Klassen ihre Prüfungen ab und nur die 9. Klassen blieben zum Unterricht an der Schule.

Susanne sah Franziska an. „Fährst du zum Schwimmen oder zur Leichtathletik?"

Franzi reagierte gereizt. „Ach hör mir damit auf! Ich habe Henry gefragt, was er macht und er hat gesagt Leichtathletik. Aber kaum hatte ich mich angemeldet, erfahre ich von Ronny, dass Henry zum Schwimmen fährt. Ich glaube, er will mich nicht mehr um sich haben. Ich ändere jetzt jedenfalls nichts an meiner Anmeldung."

„Ärgere dich nicht! Ich mache doch auch Leichtathletik. Wir Mädels werden schon Spaß haben, mit oder ohne Kerle!" Susannes frohe Art steckte auch Franziska an. Sie hakten sich lachend unter und schlugen den Weg zur Eisdiele ein.

Die Zeit war wie im Fluge vergangen. Nur noch ein paar Tage, dann gehörte die 11. Klasse schon der Vergangenheit an. Die theoretische Fahrprüfung war kein Problem gewesen, die beiden jungen Mädchen hatten ohne Fehler auf Anhieb bestanden. Und inzwischen waren die Schüler auch aus dem Trainingslager zurück.

Franziska hatte das ganze Wochenende gewartet, dass sich Henry bei ihr melden würde, doch er kam nicht. Sie hatte ein paar mal überlegt, ob sie zu ihm gehen sollte, es dann aber wieder verworfen. Spätestens am Montag in der Schule würden sie sich sowieso sehen.

Nun stand Franziska mit Susanne und einigen anderen Mitschülern auf dem Vorplatz. Die Sonne hatte die Meisten schon früh aus dem Bett gelockt, jetzt schwatzten sie munter durcheinander. Ronny kam auf Franziska zu. „Du, wir kennen uns doch schon seit der ersten Klasse", begann er. Franzi verdrehte die Augen. So fing Ronny immer an, wenn er was von ihr wollte. Ronny sah es Franzi an, was sie dachte. „Nein, ich will nicht schnorren. Ich muss mit dir reden." Franziska wunderte sich, so ernst und förmlich hatte Ronny schon lange nicht mit ihr gesprochen. „Na sag schon, was ist los?", drängte sie ihn.

Noch war Zeit bis zum Unterrichtsbeginn. Ronny nahm Franzi am Arm und zog sie etwas von der Gruppe weg. „Hast du schon Henry gesehen, seit wir wieder da sind?" Ronny war in der gleichen Sportgruppe wie Henry gewesen.

„Nein, der hat sich noch nicht mal bei mir gemeldet!", brachte Franziska ihren Unmut zum Ausdruck.

„Umso besser!", stellte Ronny fest. „Es ist nämlich was passiert im Trainingslager, was du wissen solltest. Es ist besser, du erfährst es von mir, bevor es auf der ganzen Schule die Runde macht und jeder dich auch noch blöd anmacht!" Ronny hatte sich in Rage geredet.

„Hör bitte mit den Vorreden auf und sag mir was los ist?" Franziska wurde ungeduldig.

„Also gut." Ronny holte tief Luft. „Henry ist schwul." Jetzt war es raus!

„Du spinnst! Das kann doch nicht sein!" Franziska suchte nach Worten. „Woher willst du das überhaupt wissen?"

„Franzi, es tut mir leid. Deshalb wollte ich ja auch, dass du nicht unvorbereitet davon erfährst. Es ist im Schwimmlager raus gekommen. Henrys Reaktion wurde einfach immer eindeutiger. Wenn wir in der Dusche waren, hat er sich immer zur Wand gedreht und trotzdem merkten bald einige, was mit ihm los war. Eines Abends haben sie ihn dann mit Schuhcreme eingeschmiert, hinten und vorne, und ihn zur Rede gestellt. Er hat es gar nicht mehr abstreiten können."

Franziska lachte trocken auf. So war das also. Mit ihr gemeinsam auf dem Sofa im Urlaub, da hatte bei Henry nichts reagiert, aber mit Jungs unter der Dusche.

Das Klingelzeichen unterbrach Franziskas Gedanken. Sie sah sich um. Henry war noch nicht gekommen. Wer weiß, ob er überhaupt noch kommt, dachte sie. Gemeinsam mit Ronny betrat sie die Schule. Sahen nicht schon alle ganz komisch nach ihr? Die ganze Schule musste sie doch für total blöd halten, wenn sie in zwei Jahren nicht gemerkt hatte, dass ihr Freund nicht auf Frauen stand.

Stumm und fast abwesend saß Franziska neben Susanne, die sie nur fragend anschaute. Vorne an der Tafel stand der Deutschlehrer und zitierte berühmte Liebesgedichte. Und in Franziska kroch eine Traurigkeit hoch, die sie nicht aufhalten konnte. Tränen liefen über ihre Wangen. Susanne strich ihr über den Arm. Es tat gut, die Freundin neben sich zu haben, gerade jetzt. „Ich erzähle es dir nachher", flüsterte Franzi ihr zu.

„Das gibt es doch nicht!" Susanne war ebenfalls ziemlich sprachlos über diese Neuigkeit. Auch in der Pause war Henry nicht aufgetaucht. Franziskas anfängliche Wut war in Trauer und Angst umgeschlagen. Wenn Henry nun gar nicht mehr kam? Wenn er sich was antat, nach dem was die Jungs mit ihm gemacht hatten?

„Ich muss zu Henry gehen." Franziska sah Susanne an.

„Du hast recht", pflichtete Susanne ihr bei, „geh zu ihm! Ich werde einfach sagen, du hattest Bauchschmerzen und bist heim gegangen." Dankbar umarmte Franziska die Freundin.

Eine halbe Stunde später klingelte Franziska an Henrys Tür. Sie atmete auf, als sie Henrys Schritte auf der Treppe hörte.

„Komm rein!" Es schien, als hätte er sie erwartet. Gemeinsam gingen sie in Henrys Zimmer und setzten sich auf die Bettkante.

„Ist es rum in der Schule?"

Franziska nahm seine Hand. „Nein, es scheinen wohl nur die zu wissen, die dabei waren. Ronny hat es mir erzählt." Sie machte eine kleine Pause. „Wie soll es jetzt weiter gehen?"

„Ich denke seit voriger Woche über nichts anderes nach", bekannte Henry. „Glaub mir bitte, es tut mir so leid, dass ich dir das antue. Ich mag dich doch wirklich, aber ich habe es begriffen, ich kann nicht mit einer Frau zusammen sein."

Das war eindeutig. Franziska lehnte ihren Kopf an Henrys Schulter.

Leise sprach Henry weiter. „Ich bin zu einem Ergebnis gekommen. Jetzt, wo es über kurz oder lang doch alle wissen, muss ich mich nicht mehr verstecken. Heute Morgen habe ich mich schon zu einem Intensivkurs für klassischen Tanz angemeldet. Ich werde drei mal pro Woche trainieren und hoffe, dass ich mein Ziel noch erreiche. Ich möchte Bühnentanz studieren, wenn ich in einem Jahr die Aufnahmeprüfung schaffe." Jetzt klang seine Stimme klar und fest. „Und morgen komme ich auch wieder in die Schule!"

„Ich drücke dir ganz doll die Daumen!" Franziska hatte sich erhoben. „Und wenn du mich brauchst, ich bin für dich da! Ich mag dich nämlich auch! Mein Vati sagt immer, es gibt so viel zwischen Himmel und Erde oder zwischen Mann und Frau, wie wir uns gar nicht vorstellen können. Jetzt kann ich mir ein kleines bisschen mehr vorstellen. Ich wünsche dir alles Glück der Welt!" Sie drückte ihm einen sanften Kuss auf die Wange und ging zur Tür.

„Warte, ich brauche dich bestimmt", rief ihr Henry hinterher. „Können wir ab und zu gemeinsam tanzen gehen? Ich glaube, nur an einer Ballettstange, das reicht mir dann doch nicht."

Als Franziska auf der Straße stand, wischte sie sich über die Augen. So gerne hätte sie Henry ein fröhliches Ja! zugerufen, doch mit Tränen in den Augen hätte es nicht sehr glaubhaft gewirkt. Sie würde es ihm in den nächsten Tagen in der Schule noch sagen.

Ziellos lief Franziska durch die Straßen. Da war gerade etwas sehr Schönes zu Ende gegangen, ein Stück Lebensplanung war zerbrochen, und sie begriff es noch gar nicht richtig. Es war gut, dass nur noch vier Tage Schulunterricht vor ihnen lagen, dachte sie. Nach den Ferien waren die Wogen bestimmt wieder geglättet.

Obwohl es noch nicht einmal Mittag war, ging Franziska nach Hause. Ihre Schulmappe hatte sie in ihrem Sportspind eingeschlossen. Es war ihr egal, ob sie heute noch Hausaufgaben zu erledigen hatte. Sie musste erst mal mit sich und der neuen Situation klarkommen. Die Oma sah aus dem Fenster, als Franziska um die Ecke kam. „Franzi, du bist ja schon da, bist du krank?" Oma Klara kannte ihre Enkeltochter zu gut, als dass ihr das traurige Gesicht des Mädchens entgangen wäre. „Oder hast Du Liebeskummer?" Sie hatte auch gemerkt, wie lange Henry nicht hier gewesen war.

Franziska nickte. „Wir haben uns getrennt." Der Oma mochte sie nichts von Henrys Homosexualität erzählen. So etwas passte ganz sicher nicht in deren Weltbild und würde Henry nur in einem schlechten Licht erscheinen lassen. Das wollte sie nicht.

„Da kommt schon wieder ein anderer", versuchte die Oma sie zu trösten.

Franziska musste an Heiner denken. Der hatte gerade ein glänzendes Abitur abgelegt und einen der wenigen, begehrten Studienplätze im EDV-Bereich ergattert. Sie hatten sich noch ab und zu gesehen und miteinander gesprochen, doch auch Heiner hatte inzwischen eine neue Freundin. In diesem Licht gesehen, erschienen ihr Omas tröstende Worte wie ein optimistischer Blick in die Zukunft.

Am Abend sprach Franziska mit ihren Eltern. Hier musste sie nicht auf Konventionen achten, hier musste sie kein Blatt vor den Mund nehmen. Es tat gut, mit jemandem zu reden, von dem sie sicher war, verstanden zu werden. Für Franzi waren ihre Eltern der Inbegriff von Liebe und Zuneigung. Sie hoffte sehr für Henry, dass seine Eltern genug Verständnis aufbringen würden, seinen Weg mit ihm zu gehen.

12

„Dann bis Montag früh um 6!" Susanne und Franziska hatte ihre Zeugnisse in Empfang genommen und noch gemeinsam mit ein paar anderen Mädchen ein Eis gegessen. Jetzt verabschiedeten sie sich für das Wochenende. Am Montag hieß es dann zeitig aufstehen. Nach der bestandenen theoretischen Fahrprüfung hatten sie erfahren, dass sie in den Ferien im Außenlager des Bauhofes arbeiten mussten. Da der städtische Bauhof mitten in der Stadt lag und es dort sehr beengt zuging, gab es ein paar Kilometer entfernt eine große Halle, in der das Streusalz für den Winter, aber auch Sand und andere Baustoffe gelagert wurden. Zudem befand sich dort die Werkstatt und die Betriebstankstelle. Der Vorortzug würde sie am Montag Morgen direkt dort hin bringen.

Nun stand Franziska fröstelnd vor dem Bahnhof und sah auf die Uhr. Endlich kam Susanne um die Ecke. Die hat es gut, wohnt nur fünf Minuten entfernt, dachte Franziska. Sie selbst musste durch die halbe Stadt laufen. Der Morgen war recht kühl, obwohl der Wetterbericht einen warmen Tag voraus gesagt hatte.

„Wo bleibst du denn, ich warte hier schon ewig", kritisierte sie dann auch Susannes spätes Erscheinen, „aber ich habe schon mal die Fahrkarten gekauft!" Rasch liefen die beiden Mädchen durch den Bahnhof.

An der Tür zu den Bahnsteigen blieb Franziska abrupt stehen. „Los, Franzi, jetzt musst du dich aber beeilen", trieb Susanne sie an. Doch Franzi bewegte sich nur im Zeitlupentempo auf den schon auf dem Abfahrtsgleis stehenden Zug zu. Susanne zog sie am Arm in Richtung Bahnsteig und kurz bevor der Pfiff des Schaffners ertönte, stiegen die beiden ein. Da war sie wieder, Franziskas Phobie. Es war im Laufe der Jahre viel besser geworden, doch hier, so nah an den Gleisen, hatte sie wieder die kalte Angst gepackt.

Gemächlich schnaufend setzte sich der Zug in Bewegung. „Na weißt du", grinste Susanne, „hier müsste ja an den Türen stehen: Blumen pflücken während der Fahrt verboten!" Auch Franzi verzog das Gesicht zu einem Grinsen. „Das kann ja nur von dir kommen!" Susanne hatte immer so flotte Sprüche drauf und wusste, dass sie damit die Freundin ablenken konnte. Allerdings hätten sie nicht lange Blumen pflücken können, denn schon 10 Minuten später hatten sie ihr Ziel erreicht.

Das Gelände des Bauhofes lag direkt gegenüber vom Haltepunkt der Bahn. Trotz der frühen Morgenstunde war schon reger Betrieb auf dem Hof. Männer rannten hin und her, Lastwagen tuckerten an der Seitenwand einer großen Lagerhalle. Stimmen klangen über den Hof. Doch niemand schien von den beiden jungen Mädchen Kenntnis zu nehmen. An der Stirnseite der großen Halle sahen sie eine Bürotür.

„Ich trau mich nicht." Franziska duckte sich in Susannes Schatten. Sie wollte da nicht einfach anklopfen. „Ach du Angsthase! Die fressen uns schon nicht!" Susanne war nicht so zaghaft. Mit zwei großen Brüdern aufgewachsen, hatte sie sich schon immer behaupten müssen. Sie klopfte an.

„Herein!", tönte es von drinnen. Susanne öffnete die Tür. Auf ihr freundliches „Guten Morgen!" klang ihnen ein ebensolches entgegen.

„Na, da seid ihr ja!" stellte der Mann im nächsten Moment fest. Es schien, als würde er Bescheid wissen. Er griff zum Telefonhörer und drückte eine interne Taste. „Tach Manfred, hier sind die zwei Mädels, mit die kannste machen, was du willst!", palaverte er munter im schönsten Dialekt mit seinem Kollegen und schien sich über die verdutzten Gesichter der beiden zu amüsieren. „Na ja, arbeiten und so." Er legte den Hörer auf und erhob sich vom Schreibtisch. „Also, ihr geht jetzt rechts um die Ecke und meldet euch im Tor 2, da ist der Manfred, der sagt euch, was ihr machen könnt."

Susanne und Franziska sahen sich fragend an. Was sollte das denn hier werden? Sie standen vor dem Tor mit der Nummer 2 außen dran und klopften erneut. „Man immer rinn mit euch!" Sie öffneten die kleine Tür, die noch extra in dem großen Tor eingebaut war. An einem Schreibtisch saß ein grauhaariger Mann, der sie über die Gläser seiner Lesebrille hinweg freundlich ansah. „Ich bin der Manfred, die jungen Hüpfer sagen alle Onkel Manfred zu mir", stellte er sich vor. Onkel passt, dachte Franziska. „Ich bin Susanne, und das ist Franziska", übernahm Susanne das gemeinsame Vorstellen. „Na denn, auf gute Zusammenarbeit!"

„Und was sollen wir jetzt machen?" Susanne hielt mit ihrer Neugier nicht hinterm Berg. Onkel Manfred lachte. „Na, ihr habt's aber eilig! Kommt, ich zeig euch alles." Er ging voran und die Mädchen folgten ihm. „Das hier ist das Ersatzteillager für die LKWs, für die Bagger und Gabelstapler. Aber nur wer einen Schein vom Meister bringt, kriegt auch was. Ich zeige euch dann mal, wie die Karteikarten mit den Beständen geführt werden, ihr seid doch intelligent, da könnt ihr mir bestimmt helfen. Aber heute habe ich eine andere Aufgabe für euch. Nebenan ist das Reifenlager. Da ist schon ewig nicht mehr aufgeräumt worden. Versucht mal, da etwas Ordnung rein zu bringen. Hier, zieht euch die Arbeitskittel über, sonst seht ihr schon zum Frühstück aus wie die Russkater!"

Die Mädchen nahmen die Kittel und zogen los. „Ach du lieber Himmel!" Franziska traute ihren Augen kaum. Unordnung war nicht das richtige Wort für diesen Raum, das war Chaos! Susanne nickte. „Ich glaube, da haben wir mehr als einen Tag zu tun. Packen wir es an!"

Mühsam räumten sie eine kleine Ecke frei, mit der sie dann beginnen wollten, wieder neu einzuräumen. An der Wand hing eine vergilbte Liste mit Reifengrößen. Sie beabsichtigten, hier irgendwann einmal alles so sortiert zu haben, wie es auf der Liste stand. Doch das war noch ein schönes Stück Arbeit.

Gegen Mittag zuckten sie plötzlich bei ihrer Arbeit zusammen. Schwungvoll wurde die Tür aufgerissen und ein Mann kam rein. Er sah nach rechts und links und brummte dann: „Hier findet man ja gar nichts mehr!" „Ach, hat man das vorher?", spottete

Susanne und konnte sich kaum das Lachen verkneifen.

„Ich brauche einen 6.50er Schlauch, habt ihr einen gesehen?", fragte der Mann nun schon etwas freundlicher.

Susanne strich sich das Haar aus der Stirn und machte einen Schritt auf den Mann zu. „Nein, haben wir nicht gesehen. Und außerdem brauchen Sie einen Schein vom Meister, wenn Sie was wollen."

Der Mann lachte laut los. „Ihr seid mir ja ein paar ganz fix und fertige! Gerade ein paar Stunden da und machen schon Vorschriften!" Er drehte sich um und lief immer noch lachend nach draußen.

Franziska ließ sich auf einen Reifenstapel fallen. „Von mir aus könnte Mittagspause sein, ich glaube, ich habe Hunger."

„Was ja eine ganz neue Erfahrung bei dir wäre", stellte Susanne leicht ironisch fest.

In dem Moment wurde die Tür wieder geöffnet und Onkel Manfred sah um die Ecke, gefolgt von dem anderen Mann.

„Dann will ich euch mal bekannt machen." Er blickte von einem zum anderen. „Das dort sind unsere beiden Ferienarbeiterinnen Susanne und Franziska. – Und das hier ist Joachim, der Fahrer von unserem Kleinlaster, der die Ersatzteile ran holt. Der ist manchmal noch wichtiger als der Chef, nicht wahr Achim!" Onkel Manfred klopfte dem Mann mit der Hand auf die Schulter, was der mit einem fröhlichen Augenzwinkern quittierte.

„Das konnten wir doch nicht wissen." Franziska versuchte, sich zu entschuldigen.

„Nein, das wusstet ihr nicht", stimmte Onkel Manfred dem zu. „Aber ihr habt euch ganz richtig verhalten und eure Sache gut gemacht!" Sein Lob ließ die beiden Mädchen verlegen werden.

„Aber nun ab in die Kantine, sonst ist das Essen alle!", ließ sich jetzt Joachim vernehmen. „Meinen Schlauch suche ich mir nachher selber."

Wie sie es gedacht hatten, reichte der erste Tag nicht aus, in dem Reifenlager Ordnung zu schaffen. Aber jetzt ging ihnen die Arbeit schon etwas leichter von der Hand. Joachim und Onkel Manfred hatten ein stabiles Regal gebracht, wo sie kleinere Reifen und Schläuche einsortieren konnten. Und am Nachmittag sahen Susanne und Franziska nicht ohne Stolz, dass jetzt Ordnung und ein gewisses System zu erkennen war.

Es schien Onkel Manfred zu gefallen, wie die Mädchen das Reifenlager sortiert hatten. Am nächsten Tag standen sie erst vor einem großen Regal mit Keilriemen, dann mit Kugellagern, die sie sortierten und dann gleich mit den Beständen auf den Karteikarten verglichen.

Immer wieder liefen sie nun auch Joachim über den Weg. „Brauche ich auch einen Schein vom Meister, wenn ich was bringe?", fragte er spöttisch, als ihm die Mädchen halfen, den Lieferwagen zu entladen. Franziska merkte, wie ihr Gesicht rot anlief. Musste dieser Kerl immer wieder damit anfangen?, dachte sie. Dabei war er eigentlich ganz nett, wenn auch nicht auf den ersten Blick. Er hatte schwarze Haare und jetzt eine dunkle Sonnenbrille vor den Augen, was ihn ernster erscheinen ließ, als er eigentlich war. Gegenüber Onkel Manfred wirkte er richtig jung, obwohl er vom Alter her fast ihr Vater hätte sein können.

„Kann eine von euch mit Pinsel und Farbe umgehen?", wollte Onkel Manfred wissen. Franziska meldete sich. Zwar hatten Pinsel und Farben bisher bei ihr zu einem anderen Ergebnis geführt, aber wenn nun hier ein Haufen rostiger Hemmschuhe wieder rot werden sollte, dann legte sie sich eben dafür ins Zeug. Susanne versuchte derweil, die Fenster des Lagers vom jahrelang angefallenen Staub und Dreck zu befreien.

Am Freitag räumten sie die Betriebstankstelle auf. „Mann oh Mann, haben die noch mehr solche

Dreckecken?" Susanne kratzte gerade eine uralte Ölschicht vom Betonboden. „Wer hätte das gemacht, wenn wir nicht gekommen wären?"

„Ich denke mal, keiner!", ließ sich eine Stimme vernehmen. Die Mädchen hatten gar nicht gemerkt, dass sich Joachim der Tankstelle genähert hatte. „Aber es ist schön, dass ihr da seid!" Er strahlte die beiden aus blitzenden braunen Augen an. Franziskas Herz schien in dem Moment einen kleinen Aussetzer zu haben. Sie drehte sich weg, weil sie diesem Blick nicht standhalten konnte.

„Ich glaube, dir hat diese Woche richtig gut getan." Die beiden Freundinnen saßen nebeneinander im Zug und Susanne versuchte sich wieder mal als Hobbypsychologin. „Da waren jede Menge LKWs auf dem Hof und du bist höchsten zwei oder drei mal hinter eine Ecke geflüchtet. Und in den Zug steigst du auch schon freiwillig."

„Du hast recht", stimmte ihr Franziska zu, „eigentlich fühle ich mich gerade richtig wohl." Franziska war durch ihren Vater schon früher mit der rauen Art der Bauarbeiter in Berührung gekommen. Und der Vater hatte auch schon mal einen deftigen Witz daheim erzählt. Das war ihr nicht fremd. Und hinter der rauen Schale verbarg sich oft ein weicher Kern.

Auch den Eltern fiel die Veränderung ihrer Tochter am Wochenende förmlich ins Auge. „Man könnte meinen, du warst im Urlaub, so gut siehst du aus!" Der Vater hatte sich zwischendurch so seine Gedanken über seine Zustimmung zur LKW-Fahrschule gemacht. Vor allem, nach dem sich Franzi und Henry getrennt hatten, sah das Mädchen sehr angespannt aus. Jetzt wirkte sie richtig aufgeblüht.

„Und, hast du nun schon mal einen LKW von Nahem gesehen?" Alexander ließ sich neben Franziska auf der Gartenschaukel nieder.

„Klar sind da LKWs, aber so richtig dran war ich noch nicht", bekannte Franziska.

„Mensch, an deiner Stelle würde ich schon mal ein bisschen üben vor der Fahrschule."

„Du stellst dir das so einfach vor, Alex", belehrte Franzi ihren Bruder. „Man kann nicht einfach mal üben ohne Fahrlehrer. Aber es soll ja bald einer kommen und mit uns Traktorstunden machen. Trecker kann man ja schon mit 16 fahren und die Stunden sind bei der Klasse 5 auch Pflicht. Dann haben wir das hinter uns. Ich habe schon etwas Bammel."

Alexander sah seine Schwester mit einer Mischung aus Spott und Mitleid an. „Du schiebst doch noch den Trecker über die Straße!"

Franziska boxte Alex in die Rippen. „Mach ich gar nicht! Du wirst schon sehen!"

Am Montag rief der Meister die beiden Mädchen zu sich. „Ihr wollt doch was mit den LKW zu tun haben, von wegen der Fahrerlaubnis?" Franziska und Susanne nickten.

„Dann schlage ich euch vor, ihr übernehmt ab jetzt unsere Betriebstankstelle. Die Kollegin, die das sonst stundenweise macht, hat Urlaub. Tanken tun die Fahrer eigentlich selbst. Fast alle kommen früh oder zum Schichtwechsel am Mittag. Ihr müsst aber auch mal Öl oder Fett rausgeben und vor allem aufpassen, dass die Kartei ordentlich geführt wird. Und bei der Gelegenheit könnt ihr mal alles nachrechnen. Da muss nämlich irgendwo ein Fehler sein. Vielleicht findet ihr den ja. Ihr seid doch gut in Mathe?" Die beiden nickten wieder.

Meister Götz war noch nicht fertig mit seiner Rede. Er erlebte es selten, dass ihm so andächtig zugehört wurde und er kostete es nun aus. „Aufgeräumt und sauber gemacht habt ihr ja schon, jetzt könnt ihr es euch noch gemütlich machen. Und wenn nicht so viel los ist, kann ja auch immer eine bei Onkel Manfred helfen. Der schafft es dann vielleicht auch mal, seine Bestände auf dem Laufenden zu halten. Ihr zwei habt euch gut gemacht letzte Woche, das kriegt ihr schon hin!"

„Das machen wir!", klang die Zustimmung der beiden wie aus einem Mund.

Rasch liefen sie über den Betriebshof und waren auch schon mitten drin im Montagmorgenansturm beim Tanken. Ein allgemeines Gemurmel setzte ein, als die Fahrer merkten, dass die beiden Mädchen jetzt hier arbeiten sollten.

„Das ist doch mal ein Beitrag zur Verbesserung des Arbeitsklimas!" lästerte ein junger Fahrer munter drauf los.

„Na ja, nichts gegen Frau Schuster", mischte sich ein anderer in die Diskussion, „aber ich sehe mir auch lieber zwei junge Mädchen an als eine Oma um die 60!"

Eigentlich hätten ja alle nach und nach los fahren können, doch keiner bewegte sich von der Stelle. Und sicher wäre das noch einige Zeit so weiter gegangen, wäre nicht Meister Götz aufgetaucht, der die Fahrer zur Ordnung rief. „Das ist ja alles schön und gut, aber jetzt seht zu, dass ihr endlich vom Hof kommt, das Baumaterial fährt sich nicht von allein. Die Mädels sind noch länger da, ihr werdet sie also noch genug sehen können!"

Eine Stunde später war dann wirklich das normale Arbeitsleben wieder auf dem Hof eingekehrt. Joachim kam aus dem Lager herüber gelaufen. „So einen Trubel hatten wir hier das letzte Mal, als der neue Bagger geliefert wurde!" Er lachte. „Aber die Jungs sind nicht immer so, wie vorhin. Draufgängerisch tun und flotte Sprüche klopfen, das machen die nur, wenn mehr als zwei an einer Stelle stehen. Ansonsten sind die ganz in Ordnung. Da braucht ihr nichts befürchten." Er sah von einer zur anderen. „Will vielleicht eine von euch nachher mitkommen? Ich fahre zum Großhandel, Obst für die Kantine holen. Da kann man immer etwas für sich privat abstauben!" Joachim zog die Augenbrauen hoch und grinste.

In Franziska brach ein innerer Kampf aus. Einerseits wollte sie gern mitfahren, andererseits war da eine unterschwellige Hemmung. Sie stupste Susanne an. „Fahr schon mit, ist doch ruhig hier."

Dann war Franziska allein. Vom Meister holte sie sich ein großes kariertes Blatt. Sie wollte die Angaben von den Karteikarten nach Fahrzeugen und Monaten geordnet in eine Tabelle übertragen. Nur so konnte sie die Zeilen und Spalten summieren

und vielleicht anhand der Differenz zu den Karteikarten den oder die Fehler finden.

So verging die Zeit. Susanne war inzwischen von
ihrem Ausflug zurück gekehrt und hatte ihr eine
Banane mitgebracht. Genüsslich biss Franziska in
die seltene Südfrucht.

Nach dem Mittagessen war Schichtwechsel. Die
Fahrer der zweiten Schicht fuhren mit den LKW
auf die Felder der landwirtschaftlichen Genossen-
schaften, um den Bauern bei der Getreideernte zu
helfen. Zumindest war der Trubel nicht ganz so
groß wie am Morgen.

„Du, Franzi", fing Susanne ein Gespräch an, als sie
wieder drinnen am Tisch saßen. „Der Joachim hat
gesagt, ich kann nachher noch mal mitkommen, er
muss zum Kupplungswerk. Und da will er mir zeigen, wie das mit dem Autofahren geht."

„Will er dich etwa fahren lassen?" Ungläubig sah
Franzi die Freundin an. „Das geht doch nicht!"

„Er hat gesagt, da ist ein Feldweg, wo kaum einer
kommt, da kann man das schon." Susanne war
selbst nicht ganz überzeugt von dem Vorhaben.
Doch ihre Abenteuerlust hatte längst gesiegt.

Im nächsten Moment bremste bereits der Lieferwagen vor der Tankstelle, Susanne setzte sich zu
Joachim ins Fahrerhaus und Franziska sah dem

Auto hinterher, das in eine Staubwolke gehüllt davon fuhr.

Susanne war voller Begeisterung gewesen, als sie nach ihren ersten Fahrversuchen den Hof wieder erreicht hatte. „Und morgen bist du dran!", hatte sie die Worte von Joachim wiedergegeben. Franziska hatte danach die halbe Nacht wach gelegen. Irgendwie bekam sie jetzt Angst vor der eigenen Courage. Doch der Tag verging, ohne dass sie Joachim zu Gesicht bekommen hätten. Franziska war sogar einmal ins Lager zu Onkel Martin gegangen, hatte eine Stunde lang eins der Regale mit Ersatzteilen sortiert und gehofft, dass Joachim kommen würde um sie abzuholen. Sie fühlte sich hin und her gerissen zwischen der Aufregung, dass es jetzt endlich losgehen würde, und der Beruhigung, noch einen Tag Zeit zu haben.

Gerade als die beiden Mädchen sich gewaschen und umgezogen hatten, um nach Hause zu fahren, kam der Lieferwagen um die Ecke geschossen und stoppte direkt neben ihnen.

„Na, hast du noch Zeit?" Joachims Frage war an Franziska gerichtet.

Sie nickte kaum merklich. „Aber der Zug fährt in 10 Minuten."

Susanne stupste die Freundin an. „Da kommt heute noch einer!" Sie lächelte ihr aufmunternd zu und lief winkend über die Straße zum Haltepunkt.

Joachim war inzwischen noch ein paar Meter bis zum Lager gefahren und hatte begonnen, die Ladefläche leer zu räumen.

„Ich wäre ja gar nicht so spät zurück gewesen", begann er zu erzählen, „aber diese blöde Reifenpanne hat mich aufgehalten." Er zeigte auf das kaputte Rad, das ebenfalls mit auf der Ladefläche lag. „Das muss ich nachher noch montieren, aber erst habe ich einem netten, jungen Mädchen was versprochen! Komm, steig ein!" Er hielt ihr die Beifahrertür auf und Franziska kletterte ins Fahrerhaus.

Nur ein paar Minuten später bog Joachim mit dem Lieferwagen auf einen Feldweg ab. Er fuhr noch ein Stück, bis das Auto von der Hauptstraße aus nicht mehr zu sehen war und hielt dann an.

„So, ich zeige dir jetzt ganz langsam, wie das geht mit dem Fahren." Joachim sah zu Franziska und grinste. „Du kannst aber ruhig etwas näher ran rutschen, sonst siehst du ja nichts!" Franziska stellte ihre Tasche auf die andere Seite und setzte sich etwas mehr in die Mitte.

„Da unten sind die Pedale." Franziska fühlte sich an einen Sketch von zwei berühmten Komikern erinnert und lachte nun auch. „Das weiß ich schon, mein Vater fährt auch Auto. Aber was man tun muss, um loszufahren, das weiß ich nicht."

„Also gut." Joachim streckte das linke Bein weit nach vorn. „Kupplung treten und Gang einlegen. Kupplung langsam kommen lassen und Gas geben, schon fährt das Ding fast von allein! Wieder Kupplung treten, nächsten Gang rein und Kupplung wieder langsam loslassen. Und so immer weiter, eigentlich ganz einfach!" Er sah sichtlich amüsiert zu Franziska, die neben ihm immer kleiner wurde.

Er hielt an. „Setzt dich rüber, jetzt bist du dran!" Joachim stieg auf der Beifahrerseite ein und Franziska rutsche vor das Lenkrad.

„Halt, warte, so geht das nicht!" Er griff unter die Sitzbank und beförderte ein Stück Schaumgummi nach oben, das er Franziska hinter den Rücken schob. „Probiere jetzt mal, ob du an die Pedale kommst! Deine Freundin hatte die Sorgen aber nicht!"

Franzi nickte. Wie recht er hatte! Susanne hatte einige Sorgen nicht. Doch jetzt gab es kein Zurück mehr.

„Kupplung treten." Mit aller Kraft trat Franziska das Pedal durch. „Gang rein." Der Ganghebel erinnerte Franzi an einen verbogenen Schirmstock ohne

Bezug, der mit der Spitze im Bodenblech verschwand. Ihre Hand lag oben auf dem Knauf und sie versuchte, den Hebel nach vorne zu schieben, landete jedoch immer wieder an einem Widerstand. Joachim ließ sie einen Moment probieren und legte dann seine Hand über ihre auf den Schaltknauf. Er drückte ganz kurz und jetzt rutschte der Hebel problemlos da hin, wo er hin sollte.

„So, jetzt etwas Gas geben und die Kupplung langsam los lassen", gab Joachim weiter Anweisungen. Der Motor heulte leicht auf und das Auto tat einen kleinen Hopser, aber es fuhr! Franziska konnte es kaum glauben, das war ihr erster Meter, den sie selbst fuhr. Der Motor heulte immer noch und Joachim versuchte, das Geräusch zu übertönen. „Gas weg. Kupplung treten." Diesmal nahm er gleich Franziskas Hand und legte sie zusammen mit seiner auf den Schaltknopf, der jetzt nach hinten gezogen wurde und leicht einrastete. „Kupplung langsam los lassen und wieder Gas geben. Na, geht doch!" Schon viel ruhiger rollte der kleine Lastwagen den Weg entlang. Alles in Franzi bebte. Sie fuhr mit dem Auto, sie gab Gas, sie lenkte.

„Achtung, jetzt etwas nach rechts lenken, da kommt die Kurve, und nicht zu schnell!" Hilfreich hatte Joachim das Lenkrad mit ergriffen. Wieder lag seine Hand auf ihrer. Eine heiße Woge durchflutete Franziska.

Sie hatte angehalten. Jetzt zitterte sie. Joachim sah sie an. „Was ist los? Hast du so viel Angst?" Franziska nickte. „Vor dem Auto oder vor mir?" Hilflos sah Joachim, dass Franziska Tränen über die Wange liefen.

Franzi schniefte. „Nicht vor Ihnen!" Nein, der Joachim war doch so ein geduldiger, freundlicher, humorvoller Mensch! Sie hätte sofort noch einige Vorzüge aufzählen können. „Ich hatte Angst vor allem was groß ist und fährt, so lange ich denken kann. Aber jetzt ist es schon viel besser. Ich bin nur so aufgeregt." Franziska sah ihn an und versuchte ein Lächeln.

„Na dann ist es ja gut. Dann üben wir in den nächsten Tagen noch ein bisschen weiter. Aber um eins gleich für allemal zu klären, du musst mich nicht siezen! Ich bin der Joachim, unter Freunden auch Achim. Und das bin ich auch für dich!" Er nahm ihre Hand in seine und hielt sie einen Augenblick lang fest. Ein wohliges Gefühl breitete sich in Franziska aus. Sie sah ihn an und flüsterte leise: „Ja, Achim!"

13

Die Tage vergingen mit Arbeit und mit Fahrübungen. Manchmal ließ Joachim die beiden Mädchen auch bei einer Reparatur zusehen oder sogar mit helfen. Er wollte, dass sie nicht nur fahren lernten, sondern auch verstanden, was da bei dem Auto vor sich ging, wie es funktionierte.

Aber das Beste war für Franziska doch, wenn sie neben Joachim saß und ihn beim Fahren beobachten konnte. Für ihn schien das alles kinderleicht zu sein, was ihr immer noch Schwierigkeiten bereitete. Besonders wenn sie von einem höheren Gang herunter schalten musste, brach ihr regelmäßig der Schweiß aus. Dann musste zweimal gekuppelt und dazwischen wieder Gas gegeben werden. Sie verhaspelte sich ständig mit den Beinen und bekam dann den Gang nicht rein. Immer half nur anhalten und wieder hoch schalten. Am liebsten hätte Franziska an jedem Tag Fahrübungen mit Joachim gemacht. Doch sie war fair genug, auch ihrer Freundin den Spaß zu gönnen.

So stand sie denn an einem Nachmittag allein am Haltepunkt der Bahn, als ein LKW neben ihr hielt. Inzwischen kannte sie die meisten Fahrer des Betriebes durch die Arbeit an der Tankstelle recht gut.

„Was ist, willst du mitfahren?", rief ihr der Fahrer zu. „Ich fahre raus zum Acker."

„Ja!" Der Horst-Heinrich kommt mir gerade recht, dachte sie. Der Mann mit dem auffälligen Doppelnamen war ihr schon öfter aufgefallen. Franzi lief um den LKW herum und musste sich auf die Zehenspitzen stellen, um an die Türklinke zu reichen.

Der Fahrer lachte, als sie endlich hoch geklettert war und auf dem Beifahrersitz Platz genommen hatte. „Ist wohl doch ein bisschen größer als dem Achim sein Lieferwagen!"

Dem musste Franziska zustimmen. „Das merke ich. Und man sitzt auch ganz schön weit oben."

„Das ist vor allem jetzt im Sommer so, wenn wir bei der Ernte eingesetzt sind", klärte sie Horst-Heinrich auf. „Dann haben die LKW große Ballonreifen, weil wir ja auf dem Feld fahren müssen. Warst du schon mal bei der Ernte dabei?"

Franziska schüttelte den Kopf.

„Na, dann kriegst du ja jetzt was richtig Neues zu sehen!"

Sie fuhren noch ein Stück, ehe Horst-Heinrich in einen breiten Feldweg abbog. Schon von Weitem war eine große Staubwolke zu sehen, die sich über dem Feld erhob. Dann war die Ursache der riesigen Staubwolke sichtbar. War das ein Anblick! Acht oder neun blau-weiße Mähdrescher fuhren hintereinander versetzt auf dem Getreidefeld, das sich bis an den Horizont erstreckte. Am Rand standen die LKW und schienen auf etwas zu warten. Als ein Blinklicht auf dem Dach eines der Mähdrescher an ging, setzte sich der erste LKW in Bewegung. Er fuhr kurz neben dem Ernteriesen her und bekam das Getreide aufgeladen, das der Mähdrescher blitzschnell aus einem langen Rohr entleerte. Schon blinkte das nächste Licht, der zweite LKW fuhr zu ihm und nahm die Körner auf.

Franziska war fasziniert. Sicher, sie kannte die industriemäßige Landwirtschaft aus den Schulbüchern und aus dem Fernsehen. Doch das hier zu sehen und zu erleben, war etwas ganz anderes.

Horst-Heinrich fuhr zu den anderen und reihte sich ein. Und es dauerte gar nicht lange, da hatte auch er die erste Ladung aufgenommen.

Franzi konnte die Augen nicht von den großen Maschinen lösen. Wie konnte es sein, dass sie noch vor ein paar Wochen Angst vor großer Technik gehabt hatte? Jetzt würde sie am liebsten auch solch einen Giganten steuern. Oder besser noch, sie wollte einmal solch einen großen Komplex leiten! Was hatte sie im Antrag für die Fahrerlaubnis angegeben? Studienwunsch: Landwirtschaft. Ja! Das wollte sie studieren!

„Ich weiß jetzt, was ich werden will!" Am nächsten Morgen überraschte Franziska ihre Freundin mit der Neuigkeit.

„Was, Agraringenieur?!" Halb fragend, halb staunend sah Susanne sie an. „Nichts mehr mit Kunst oder Mode oder so?" Diese Änderung in Franziskas Zukunftsplänen kam auch für sie sehr überraschend.

„Ach, weißt du, da hätte ich doch sowieso keinen Studienplatz bekommen. Mir fehlt da eine Menge an Vorbildung. Da gibt es doch Eignungstests." Selbst den Malkurs hatte sie aufgegeben, als die Mutter krank war und ihr die Zeit fehlte.

„Und dann war ich gestern mit einem LKW-Fahrer bei der Ernte." Sofort stand ihr dieser Anblick des Erntekomplexes auf dem Getreidefeld wieder vor Augen. „Das war richtig toll! Und jetzt weiß ich es, ich will das studieren. Landwirte sind heute nicht mehr die Bauern mit der Sense, das sind große Agrarbetriebe mit moderner Technik!" Franziska hatte sich in Begeisterung geredet und Susanne kam aus dem Staunen nicht mehr raus. Sie selbst war ja schon immer der robuste Typ fürs

Praktische gewesen, doch dass sich jetzt die zierliche Franzi in diese raue Welt stürzen wollte, dass wunderte sie sehr.

Am Wochenende fand sich dann auch die Gelegenheit, mit den Eltern über diese Entwicklung zu reden. Franziska wollte das nicht am Abend zwischen Tür und Angel tun, zumal sie jetzt immer später heim gekommen war, viel zu gerne war sie noch mit Joachim oder einem der anderen Fahrer unterwegs gewesen.

Bei diesem Gespräch hatte Franziska zuerst das diffuse Gefühl gehabt, ihre Eltern zu enttäuschen. Ganz bestimmt hatten sie sich eine andere Zukunftsperspektive für ihre Tochter gewünscht. Doch dieses Gefühl hatte sich trotz allem rasch gelegt. „Ich bin sicher, du tust das Richtige, denn du tust es mit Herz und Verstand", hatte der Vater nach kurzem Überlegen gesagt. Und: „Darf ich dich trotzdem in die Oper einladen?"

Franzi lachte. „Was heißt hier trotzdem? Gehen Bauern nicht in die Oper? Was wird denn gespielt und wann?"

„In zwei Wochen. Sie spielen *Hoffmanns Erzählungen*." Der Vater wusste genau, dass sich seine Tochter freuen würde. „Magst du vielleicht noch jemanden mitnehmen?" Er sah Franzi nachdenklich an.

„Weißt du, als wir die Karten bestellt haben, da haben wir vier Karten genommen, weil wir an Henry dachten. Er mag doch das Theater so. Aber nun …"

„Lass man gut sein, Vati, wir können es nicht ändern. Und ich glaube, ich bin drüber weg. Ich werde Susanne fragen, ob sie mitkommen möchte."

Nun war bereits die dritte Arbeitswoche angebrochen und Franziska konnte sich schon gar nicht mehr vorstellen, wie es ohne die Arbeit sein würde. Sie freute sich auf jeden neuen Tag, den sie erst im Bauhof und später auf den Feldern der Genossenschaft verbrachte. Doch sie musste sich langsam eingestehen, dass es immer mehr ein bestimmter Mensch war, der diese Freude in ihr auslöste. Schon wenn Franziska an Joachim dachte, begann sie innerlich zu strahlen, dann floss eine warme Welle durch ihren Körper, dann war da Herzklopfen und Bauchkribbeln, und das alles in einem. Immer mehr sehnte sie die Momente herbei, wenn sie neben Joachim im Auto saß und er sacht seine Hand auf ihre legte oder wie zufällig ihr Knie berührte.

Selbst wenn sie an der Tankstelle Öl abfüllte oder über der Wochenabrechnung saß, waren ihre Gedanken bei Joachim.

„Was in aller Welt machst du da?" Susanne war vom Hof rein gekommen und sah ungläubig zu Franziska. „Woran lässt du denn deine künstlerische Ader aus?" Franzi schaute auf. Vor ihr auf dem Tisch lag die Karteikarte vom Lieferwagen, inzwischen fast rundherum bemalt mit kleinen Blümchen und Herzchen.

Susanne ließ sich neben Franziska auf einen Stuhl fallen. „Sag mal, bist du etwa verknallt?"

"Nein, wie kommst du denn darauf?" Franziska wies die Vermutung der Freundin von sich.

Susanne lachte laut auf. „Wie ich drauf komme? Na, guck dich doch mal an! Und was ist das, was du hier gemacht hast? Wenn das einer sieht! Gib her, ich schreibe die Karte neu."

Susanne schüttelte den Kopf. „Ich gebe ja auch zu, dass der Kerl ganz nett ist. Aber der ist doppelt so alt wie wir und verheiratet. Oder suchst du einen neuen Vater?"

„Quatsch, was soll ich denn mit einem neuen Vater?" Jetzt war Franziska am Kopfschütteln. Nein, so väterliche Gedanken schien auch der Achim nicht zu haben, wenn sie ehrlich war. Aber das wollte sie jetzt nicht gerade Susanne auseinandersetzen. Das musste sie erst einmal selber verstehen.

Am nächsten Tag regnete es in Strömen. In der Frühstückspause kam Meister Götz an ihren Tisch.

„Ich hatte eben einen Anruf von eurem Fahrlehrer. Er kommt nachher mit einem Traktor her und wird die notwendigen Ausbildungseinheiten auf dem Traktor mit euch gleich absolvieren. Haltet euch also zur Verfügung. Ich schicke ihn dann zu euch rüber."

Dem Meister war natürlich nicht entgangen, dass immer mal eine von beiden mit Joachim verschwand, statt im Lager zu helfen. Er sah darüber hinweg, da die Mädchen sonst wirklich fleißig waren.

Der Tag verging quälend langsam. Da heute keine Ernte war, fiel auch die Mittagschicht aus, kaum ein LKW brauchte Diesel. Susanne und Franziska saßen in der Tankstelle und hörten leise Musik aus dem Kofferradio, als diese vom lauten Rattern eines Traktors übertönt wurde. Sie sprangen auf und rannten nach draußen. Da war er endlich, der so lange ersehnte Moment ihrer ersten Fahrstunde.

„Guten Tag, die Damen!" Ein trotz des Wetters gut gelaunter Mann im mittleren Alter stieg aus der Kabine. „Ich bin der Herr Riedel und wir werden ganz sicher noch ein paar Tage miteinander zu tun haben. Jetzt geht es aber erst mal ganz ruhig los. Wer will zuerst?"

Sein Blick ging von einer zur anderen. „Nun mal nicht gleich alle auf einmal! Sie fangen an, junge Frau!" Er zeigte auf Franziska, die sich jetzt Hilfe suchend nach Susanne umsah. Doch die hatte sich in aller Ruhe umgedreht und überließ Franziska ihrem Schicksal.

Franzi kletterte in den Traktor, der ihr mindestens so hoch wie ein LKW vorkam.

„Oh, da müssen wir wohl noch ein bisschen schieben." Herr Riedel drückte einen Hebel am Fahrersitz und schob den Sitz samt Franzi nach vorne. „Geht es jetzt?" Franziska nickte. Dieser Sitz war doch komfortabler als die alte Sitzbank vom Lieferwagen.

„Dann wollen wir mal starten!" Der Fahrlehrer zeigte auf den Schalter. Der Motor sprang mit lautem Getöse an. „Und los geht's! Kupplung treten, Gang rein, Gas, Kupplung langsam loslassen, geht doch!" Der Traktor setzte sich in Bewegung. Franzi hatte diese Schritte schon so oft geübt, dass sie jetzt schon gut klar kam. Sie fuhren einmal um die große Lagerhalle und dann raus auf die Straße.

Der Fahrlehrer saß neben ihr und sah sie amüsiert von der Seite an. „Sie fahren jetzt aber nicht zum ersten Mal!" Das war keine Frage, sondern eine Feststellung. Franziska konzentrierte sich auf die Straße vor sich, um nicht antworten zu müssen. Sie wusste ja, dass es verboten war, was sie getan hatten.

Herr Riedel lachte jetzt. „Wissen Sie was, ich habe gehofft, dass sich hier schon einer gefunden hat, der Ihnen die Grundbegriffe erklärt. Sonst schafft man nämlich in der einen Stunde rein gar nichts." Und nach einer kleinen Pause hakte er nach: „Na, womit sind wir denn schon gefahren?"

Beruhigt durch Herrn Riedels Worte, wagte sich Franziska jetzt zu antworten. „Mit dem Lieferwagen."

„Aha, der Achim also!" Herr Riedel lachte wieder. „Und da die alte Kiste noch fährt, haben also alle überlebt!" Franziska wusste nicht, ob sie auch mit lachen sollte. Sie musste sich auf andere Dinge konzentrieren. Schließlich fuhr sie jetzt zum ersten mal im öffentlichen Straßenverkehr.

Nach einer Stunde waren sie wieder zurück auf dem Hof. „So, jetzt parken wir mal schön hier rückwärts ein. Und wenn danach die Tankstelle noch steht, haken wir die Traktorstunde als erledigt ab!" Erleichtert sah Franziska, dass die Lücke, in die sie fahren sollte, Platz für mindestens drei Traktoren hatte und rangierte die Zugmaschine etwas schief, aber immerhin fast an die gewünschte Stelle. Sie kletterte aus dem Traktor.

In dem Moment kam Joachim aus dem Lager über den Hof gelaufen. „Sei gegrüßt, Kollege!", begrüßte Herr Riedel ihn leicht ironisch. „Mach mir mal nicht zu viel Konkurrenz!" Joachim lachte und sah zu Franzi. Ihre Blicke begegneten sich und das Herz schlug ihr bis zum Hals.

Gedankenversunken hatte Franziska danach auf Susannes Rückkehr mit dem Traktor gewartet. Joachim war wieder hinüber zum Lager gegangen. Doch schon auf diese kurze Entfernung spürte Franziska etwas, was sie an Abschiedsschmerz erinnerte. Und ihr wurde bewusst, dass sie Susanne nicht die Wahrheit gesagt hatte. Ja, er fehlte ihr, wenn er nur um die Ecke ging. Ja, sie sehnte sich danach, dass er sie berührte, und sei es auch noch so flüchtig. Ja, es war ihr egal, wie alt er war. Alles in ihr schrie: Ja, ich habe mich verliebt!

„Du, Susanne, hast du nächsten Sonnabend schon was vor?" Franziska hatte diese Frage schon eine Weile vor sich her geschoben.

„Nein, was gibt es denn?" Susanne sah Franzi interessiert an.

„Kommst du mit in die Oper?"

Susannes Gesicht verzog sich. „Oper? Was soll ich denn da?"

Franziska stieß ihr leicht den Ellenbogen in die Seite. „Mensch, du alter Kulturbanause! Das schadet dir auch nicht!" Sie machte eine kleine Pause und setzte zur Erklärung an. „Das ist eigentlich Henrys Karte, die meine Eltern mit bestellt hatten. Aber nun kommt Henry eher nicht mehr mit uns mit. Du brauchst nichts zu bezahlen, einfach nur mitkommen! Bitte!"

Franziska setzte eine so bettelnde Mine auf, dass Susanne lachen musste. „Na gut, ich kann es mir ja überlegen."

„Nicht überlegen, nur mitkommen!" Franzi wusste, dass sie gewonnen hatte. Susanne würde sie nicht hängen lassen.

Die letzte Woche ihrer Ferienarbeit war gekommen. Am Montag war Frau Schuster aus dem Urlaub zurück gekehrt und nahm ihre Arbeit an der Tankstelle wieder auf. Susanne und Franziska beschäftigten sich im Lager mit den letzten Regalen, die noch geordnet und inventarisiert werden mussten.

„Ach weißt du, an der Tankstelle war es irgendwie lustiger." Susanne dachte an die munteren Sprüche der Fahrer und den Spaß, den die sich oft mit den Mädchen gemacht hatten.

„Hm!", ließ sich Franziska nur vernehmen. Es sollte wie eine Zustimmung klingen, aber in Wirklichkeit war es keine. Denn hier konnte sie Joachim viel öfter sehen als an der Tankstelle. Und wenn es nur irgendwie ging, beobachtete sie ihn und suchte seine Nähe.

Joachim hatte sich eben einen Besen vom Haken in der Ecke genommen, als Franzi neben ihm stand.

„Den Besen wollte ich auch gerade haben!" Sie griff nun ebenfalls zu dem Besenstiel, den Joachim schon in den Händen hielt.

„Aber ich hatte ihn zuerst!" Er machte den Spaß mit und begann um den Besen zu kämpfen. Mit einer geschickten Drehung drückte er Franzi an die Wand. „Na, wer ist nun stärker?"

Doch Franziska drückte dagegen. Sie spürte nicht mehr den Besenstiel zwischen sich, sondern nur noch seine Hände, die sie am Bauch und an der Brust berührten. Sie drückte nicht mehr, weil sie sich gegen ihn wehrte, sondern weil sie ihm noch näher sein wollte. Sie wusste, dass er es bemerkte und er wusste, dass sie es provoziert hatte.

Ein plötzliches Geräusch ließ den Zauber verfliegen, der sie eben gestreift hatte. Joachim machte einen kleinen Schritt zurück, der Besen landete scheppernd auf dem Betonboden. Sie gingen beide in die Knie, um ihn aufzuheben und sahen sich verlegen an. Keiner sagte ein Wort. Franziskas Herz schien ihr aus der Brust zu springen, so heftig schlug es und ein Lächeln lag auf ihrem Gesicht.

Wenn Franziska daran dachte, dass sie bald nicht mehr hier arbeiten würde, dann wurde ihr ganz traurig zumute. Es lagen noch drei Ferienwochen vor ihr, aber das konnte sie nicht trösten. Manchmal verkroch sie sich in einer der hintersten Ecken des großen Ersatzteillagers. Sie ordnete noch die kleinsten Schrauben und war dabei völlig in Gedanken versunken. Joachim war hinter sie getreten. Er legte ihr seine Arme um die Schultern und zog sie sanft an sich. Franziska bebte innerlich. Das war so anders als mit Henry oder vorher mit Heiner. Joachim war ein erwachsener Mann, kein Junge. Er war seit über 10 Jahren verheiratet, aber es schien ihm in diesem Moment egal zu sein.

„Kommst du am Montag mit mir nach Halle?" Joachim hatte Franzi die Frage leise ins Ohr geflüstert.

Sie drehte sich zu ihm um. Am Montag hatte sie Ferien, noch nichts war geplant. Sie hatte Zeit. Und sie wollte nichts lieber als mit Achim nach Halle fahren. Aber durfte sie das auch? Ihre Gefühle fuhren Achterbahn. Franziska sah ihm in die Augen. Da war etwas, dem sie nicht widerstehen konnte. Und dann sagte sie nur ganz leise: „Ja!"

Susanne war immer ein stiller Beobachter gewesen. Auch jetzt entging ihr nicht, was sich da zwischen Franziska und Joachim anbahnte. Ihr kühler, rationaler Verstand sagte ihr, dass es nicht gut gehen konnte, dass nach dem Himmel-hochjauchzend ein Zu-Tode-betrübt kommen würde. Doch sie wusste nicht, was sie hätte tun können, außer, für Franziska da zu sein.

Am Freitag Nachmittag gingen die Mädchen ins Lohnbüro um ihr Geld abzuholen. Die Hälfte ihres Verdienstes bekamen sie ausgezahlt, die andere Hälfte wurde für die Finanzierung der Fahrerlaubnisausbildung benötigt. Dieser erfreuliche Geldbetrag versüßte ihnen den Abschied doch ungemein. Das eine oder andere Extra war in den verbleibenden Ferientagen finanzierbar ohne den Eltern auf der Tasche zu liegen.

Aber erst einmal fuhren sie am nächsten Tag in die Oper. Franziska hatte nicht versäumt, Susanne nochmals daran zu erinnern, auch pünktlich am Bus zu sein. Franzi hatte für diesen besonderen Anlass ein hübsches Kleid ausgewählt. Voller Stolz blickte der Vater auf seine Tochter. Aber auch Susanne machte in ihrem dunklen Hosenanzug eine gute Figur. Der Reisebus fuhr an die Haltestelle und die beiden Mädchen sicherten sich die Plätze vorne rechts, schräg hinter dem Fahrer. So ein Bus war doch auch nicht viel anders als ein LKW, dachten sie sich und beobachteten den Busfahrer. Auf solche Art abgelenkt, kamen sie schneller in Leipzig an als sie glaubten. Die Reisegesellschaft stieg direkt vor der Oper aus, während der Fahrer mit dem Bus weiter zum Großparkplatz fuhr.

Im Foyer strahlten die Kronleuchter im Glanz von tausenden kleinen Kristallen und die vornehme Ausstattung verbreitete eine feierliche Stimmung, der sich auch Susanne nicht entziehen konnte.

Dann öffnete sich der Vorhang. Es war nicht schwer, dem Geschehen auf der Bühne zu folgen und die Handlung zu verstehen. War es nicht etwas zutiefst Menschliches, zu lieben, auch wenn diese Liebe keine Zukunft hatte? Franziska fühlte sich in ihre geheimsten Gefühlen versetzt und litt mit dem jungen Hoffmann förmlich mit. *„Man wird groß durch die Liebe, doch noch größer durch die Tränen…"* Das ging ihr durch Mark und Bein. Die Welt schien voll unglücklicher Lieben zu sein.

Fasziniert lauschten sie der berühmten Barkarole und applaudierten begeistert als der Vorhang fiel.

Noch auf der Rückfahrt war Franziska tief in ihren Gedanken versunken. Susanne drückte ihre Hand, wie um ihr Mut zu machen. „Ich weiß, du kannst jetzt nicht anders. Aber gib acht, dass du nicht mehr leidest, als du liebst!"

Auch den Eltern war Franziskas Verhalten aufgefallen, einerseits ihre Begeisterung, andererseits ihre Nachdenklichkeit. So wie schon nach den letzten Arbeitstagen hatte sie auch in der Oper gewirkt.

„Kann es sein, dass Franziska neu verliebt ist?" Die Mutter hatte ihrem Mann leise die Frage gestellt.

„Ich glaube auch. So, wie sie sich verhält, scheint es diesmal kein Mitschüler zu sein. Ich hoffe mal, dass es nicht der Achim vom Bauhof ist. Aber ich befürchte es. Jedes zweite Wort war doch gestern Achim! Allerdings können wir ihr nichts mehr verbieten, sie ist fast volljährig."

„Ich hoffe doch sehr, dass sie nicht auch was mit verheirateten Männern anfängt!" Gudrun hatte die Worte zwar leise, doch sehr heftig hervorgebracht.

Franz sah bedauernd zu seiner Frau. So hatte er sich den Ausklang des Theaterabends nicht vorgestellt. Liebevoll legte er den Arm um ihre Schulter. „Vertrau ihr bitte! Vertrau uns!"

14

„Na, hast du gut geschlafen?" Joachim hatte Franziska am Haltepunkt der Bahn mit dem Lieferwagen abgeholt. Ja, sie hatte gut geschlafen, obwohl sie erst nicht einschlafen konnte. Und heute früh war sie wach gewesen, ehe noch ihr Wecker geklingelt hatte.

Im Flur war sie dem Vater begegnet, der sich gerade zur Arbeit fertig machte. Franziska hatte am Tag zuvor den Eltern gesagt, dass sie mit einem Bekannten nach Halle fahren wollte. Jetzt hatte der Vater sie direkt gefragt: „Ist es der Achim?" Franzi hätte ihm gerne ehrlich geantwortet, aber der Vater wusste wohl auch so Bescheid. „Pass auf dich auf!", sagte er nur.

Nun saß Franziska neben Achim im Lieferwagen und fuhr der aufgehenden Sonne entgegen.

„Wir haben ein ganz schön umfangreiches Programm", eröffnete Joachim Franziska den Tagesplan. „Aber wenn alles gut läuft, sollte noch Zeit bleiben für einen Stadtbummel. Kennst du Halle?"

Jetzt wurde Franzi gesprächig. „Ja, ich kenne mich inzwischen gut in Halle aus. Meine Großeltern wohnen da und ich bin jedes Jahr ein oder zwei Wochen bei ihnen. Als ich klein war, bin ich meistens mit meinem Opa rum gefahren. Der hatte ein Auto, einen Kombi, der war bestimmt noch älter als der Lieferwagen. Aber in den letzten Jahren habe ich die Stadt schon auf eigene Faust erkundet. Oma kann nicht mehr so gut laufen und der Opa hat …", sie machte eine kurze Pause, „… hat keine Zeit."

„Dann können wir uns ja nicht verfahren!" Joachim lachte zu ihr rüber und legte ihr für einen Augenblick seine Hand auf den Arm.

Den ganzen Vormittag brauchten sie, um die verschiedenen Reifendienste und Ersatzteillager abzuklappern. Joachim war überall gut bekannt und bekam hier und da einen Karton unter dem Ladentisch hervor geholt, der gegen einen Sack Zement von der Ladefläche getauscht wurde. So wurde nach und nach die Liste der Dinge, die noch besorgt werden mussten, immer kürzer.

„Jetzt können wir beruhigt Mittagspause machen." Joachim stellte den Lieferwagen in einer Seitenstraße ab. „Komm, wir gehen zum Boulevard, dort können wir gleich was essen und trinken. In den Werkzeugladen müssen wir sowieso noch. Oder willst du lieber ein Eis?"

Franziska schüttelte den Kopf. Wie oft sagt man, dass man wunschlos glücklich sei, dachte sie. Aber jetzt und hier war sie es. Joachim nahm ihre Hand und so liefen sie die Einkaufsstraße entlang zum Markt. Sie setzten sich in ein Straßencafé und Joachim bestellte Franzi nun doch ein Eis. Sie strahlte ihn mit ihren himmelblauen Augen an. Alles, was sie insgeheim ersehnt hatte, war in diesem Moment Wirklichkeit geworden.

„Wir müssen dann noch zum Minol-Vertrieb", riss Joachim Franziska aus ihren Gedanken. „Nicht, dass ich noch das Öl vergesse! Stell dir vor, ich komme zurück und das Wichtigste fehlt! Das gäbe aber einen schönen Ärger!" Er grinste.

Bei der Vorstellung musste auch Franziska schmunzeln. „Ja, Achim, wo hattest du denn deine Gedanken?", ahmte Franzi die Stimme vom Meister nach, „würde Meister Götz fragen. Und du würdest zu Meister Götz sagen: Ach, ich glaube, bei Fräulein Franziska! - Das gäbe aber einen Klatsch!"

„Na besser nicht!" Joachim hielt Franzis Hand fest in seiner. „Es wäre nicht gut, wenn es der ganze Betrieb weiß. Lass es unser Geheimnis bleiben."

Franzi nickte. Sie wollte alles tun, damit er keine Probleme bekam.

Eine Stunde später waren die Ölfässer auf der Ladefläche verstaut. Sie ließen Halle wieder hinter sich und fuhren durch das Saaletal zurück.

„Ich weiß nicht, ob du von Luft und Liebe leben kannst, aber ich habe jetzt richtig Hunger!" Joachim hielt vor einer kleinen Ausflugsgaststätte. Sie bestellten Franzis Lieblingsessen, Leber mit Kartoffelbrei, und noch nie hatte es ihr so gut geschmeckt.

Joachim sah auf die Uhr. „Ein kleiner Verdauungsspaziergang ist noch drin." Hand in Hand liefen sie am Ufer entlang und setzten sich dann auf die Böschung. Er legte seinen Arm um Franzis Schultern. Sie blickten sich an.

„Das Erste, was mir an dir gefallen hat, waren deine Augen, damals an der Tankstelle", bekannte Franziska.

„Aber deine sind schöner!", gab Achim das Kompliment zurück.

„Blaue Augen, Himmelsstern, küssen alle Männer gern!" Der Vers war ihm gerade eingefallen und er hatte ihn leise vor sich hin gemurmelt. Franziska sah zu ihm. Sie sprach kein Wort, doch ihre Augen sagten: Tu es doch!

Vorsichtig zog Joachim Franziska näher zu sich heran. Er nahm ihr Gesicht in seine Hände und beugte sich über sie. Franzi schloss die Augen. Sie spürte seinen Kuss auf ihren Lippen und gab sich diesem wunderbaren Gefühl völlig hin. Er küsste sie sanft mit einer fast schon unschuldigen Zärtlichkeit. Dann streichelte er vorsichtig über ihren im Gras ausgestreckten Körper, so als hätte er Angst, etwas kaputt zu machen.

Aus Franziskas Augenwinkel rann eine Träne. „Franzi, was ist? Habe ich was falsch gemacht?" Joachim war erschrocken.

Franziska wischte die Träne weg und setzte sich auf. „Nein, nein", beeilte sie sich zu versichern. „Aber ich bin so glücklich und gleichzeitig so traurig. Sag mir, wann können wir uns wieder sehen? Wie können wir in Verbindung bleiben? Ich kann nicht mehr ohne dich sein!"

Joachim reichte ihr die Hand und half ihr beim Aufstehen. Langsam liefen sie zurück zum Auto. „Ich verspreche dir, wir werden uns sehen. Ich werde mir einfach angewöhnen, möglichst am Nachmittag um vier im Bahnhof einen Kaffee zu trinken." Er grinste sie spitzbübisch an. Und Franzi hoffte, ihn verstanden zu haben.

Während Franziska am Abend allein im Bett lag, fühlte sie sich noch immer hin und her gerissen. Einerseits war sie so glücklich wie noch nie in ihrem Leben. Aber andererseits wusste sie jetzt noch weniger als am Nachmittag, wie es weitergehen sollte. Selbst wenn sie und Achim sich ab und zu sehen konnten, was bedeutete das für sie beide, für ihre Familien?

Als Franzi vorhin noch einmal durch den Flur zum Bad gegangen war, hatte sie ihre Eltern im Wohnzimmer gehört. Sie hatte nicht lauschen wollen, aber als in dem lauten Gespräch ihr Name gefallen war, war sie doch einen Moment stehen geblieben.

„… treibt sich mit verheirateten Kerls rum!", hörte sie die Stimme der Mutter. „Das musste ja so kommen, liegt wahrscheinlich in der Familie!" Laut und schmerzhaft drang der Satz an ihr Ohr.

„Gudrun, du weißt doch gar nicht, was zwischen den beiden ist, wahrscheinlich sind sie nur befreundet", versuchte der Vater seine Tochter zu verteidigen.

„Ach ja, so nennt man das. Du musst es ja wissen!" Bitter lachte die Mutter auf.

Leise war Franziska wieder in ihr Zimmer zurück geschlichen. Sie hatte wahrscheinlich schon viel zu viel gehört. Das Glück des Tages verlor sich und dunkle Fragen schoben sich vor ihr inneres Auge. Die Mutter verglich sie wohl mit dem Opa? Aber sie hatte doch gar nichts Böses getan. Sie war verliebt. Ja! Das war sie. War das so schlimm?

Sie fühlte sich so allein in der Stille, dass sie beinahe wieder raus in den Flur gegangen wäre. Wenn wenigstens Alex jetzt da wäre, dachte sie. Aber der war noch zwei Tage bei den Großeltern.

Über der Grübelei schlief sie ein.

Am Morgen schien die Sonne in ihr Zimmer und vertrieb die düsteren Gedanken. Die Eltern waren längst bei der Arbeit. Verwundert sah sie zur Tür, als es klopfte. Die Oma steckte ihren rundlichen Kopf mit den weißen Dauerwelllöckchen zur Tür herein.

„Na, ausgeschlafen? Möchtest du mit frühstücken? Martha hat uns frische Brötchen mitgebracht."

Das ließ sich Franziska nicht zwei mal sagen. Wie gut, dass die Nachbarin schon früh zum Bäcker gegangen war! Und bei Oma gab es immer so herrlich viele Marmeladensorten zur Auswahl! Franzi sprang aus dem Bett und fand sich kurz darauf in Omas guter Stube ein.

„Wo warst du denn gestern, hast du noch mal gearbeitet?" Oma Klara war immer früh auf den Beinen und hatte Franzi morgens aus den Haus gehen sehen.

„Nein, ich war mit einem Kollegen auf Einkaufsfahrt in Halle." Franzis Augen leuchteten.

Aha, dachte sich die Oma. Sie hatte gesehen, was sie wissen wollte. „Ist es der, wegen dem sich deine Eltern neuerdings ständig streiten?"

Schuldbewusst sah Franziska ihre Großmutter an und nickte.

Oma Klara hatte längst Eins und Eins zusammen gezählt. „Hast dich verliebt, stimmt's? Und er ist älter und verheiratet?"

Franzi biss in ihr Brötchen, um nicht antworten zu müssen. Alles stimmte, aber es gab im Moment keine Antworten, nur Fragen.

„Sag mal Oma, ich muss dich mal was ganz anderes fragen." Franziska hatte nicht wissentlich vom Thema ablenken wollen, aber das Problem trug sie schon so lange mit sich herum und jetzt war die Gelegenheit günstig. „Kennst du eine Frau, die Helene heißt? Sie war etwas jünger als du, aber sie ist schon gestorben."

Auch das noch, dachte die Großmutter. Aber sie musste dem Mädchen ja antworten. „Ich denke, du meinst die Frau aus Halle." Franzi nickte. „Ich kenne sie nicht persönlich, sie war wohl eine Freundin von deinem Opa Paul. Sie ist ja nun schon ein paar Jahre tot, soweit ich weiß. Lassen wir ihre Seele in Frieden ruhen."

Franziska war irritiert. Dafür, dass sie die Frau nicht kannte, war die Oma aber sehr mitfühlend. Doch sie wusste, dieser Satz war jetzt wie das Amen in der Kirche, mehr war nicht zu erfahren.

Die Stunden vergingen quälend langsam. Franziska hatte ihre und Alexanders Schulbücher aus der Buchhandlung abgeholt. Die Kinder hätten sie genauso gut in der Schule ausleihen können, doch die Eltern legten großen Wert darauf, dass beide ihre eigenen Bücher bekamen.

Franziska hatte zu Hause aufgeräumt und das Essen vorbereitet. Die Eltern sollten sich nicht mehr nur über sie ärgern. Doch den ganzen Tag über hatte sie lediglich den einen Gedanken, um vier am Bahnhof! Schon kurz nach um drei war sie langsam in die Richtung gelaufen. Immer mal wieder war ihr ein LKW vom Bauhof begegnet. Wenn der Fahrer sie erkannte, drückte er auf die Hupe und Franzi winkte zurück. Es war ein angenehmes Gefühl der Zugehörigkeit. Nun war es fast um fünf und Franzis Hoffnung schwand immer mehr. Dennoch wollte sie sich nicht eingestehen, dass Achim nicht mehr kommen würde, und schon gar nicht, dass er absichtlich sein Versprechen nicht gehalten hatte.

Sie hatte nicht die Kraft, sich von der Stelle zu rühren.

Wieder hupte es neben ihr. Der LKW bremste. Es war Horst-Heinrich, mit dem sie schon so oft draußen auf den Feldern gewesen war. „Na Franziska, du stehst ja immer noch hier!" Er hatte sie schon vor fast zwei Stunden hier stehen sehen. „Wartest du auf jemanden? Oder willst du mitkommen?"

Franzi überlegte kurz. „Nein, mit zum Feld will ich nicht, aber nimmst du mich bis zur Ampel mit?" Der Weg nach Hause war dann nicht mehr weit. Und sie wollte jetzt nach Hause, sonst nichts. Zu tief saß die Enttäuschung.

Schnell hatten sie die kurze Wegstrecke zurückgelegt. „Tust du mir einen Gefallen?", fragte sie Horst-Heinrich kurz vor dem Aussteigen. „Bestell doch bitte dem Joachim einen schönen Gruß von mir!"

„Und was noch?", wollte er wissen.

„Nichts weiter, nur einen Gruß, bitte!" Sie durfte nicht mehr offenbaren, so gerne sie es auch in dem Moment getan hätte.

Einsilbig saß Franziska danach beim Abendessen. Was war das heute für ein blöder Tag, dachte sie.

Am nächsten Nachmittag brach Franziska zur selben Zeit in Richtung Bahnhof auf. Wieder wartete sie. Wieder sah sie einige LKW. Wieder kam kein Achim. Und wie am Tag zuvor hielt dann Horst-Heinrich neben ihr.

„Steig ein, Franziska", sagte er nur und Franzi folgte seiner Aufforderung ohne weitere Fragen. Sie wusste, dass es keinen Sinn hatte, noch länger zu warten. „Ich fahre nur bis zum Getreidelager, in einer reichlichen Stunde können wir zurück sein." Franziska nickte zustimmend. Immerhin hoffte sie wenigstens auf eine Nachricht von Achim.

Horst-Heinrich hatte ihm Franziskas Gruß ausgerichtet. „Kann es sein, dass die kleine Franziska auf dich gewartet hat?", hatte er Joachim gefragt. „Wieso?", hatte der stattdessen mit einer Gegenfrage reagiert.

„Na, weil sie wenigstens zwei Stunden vor dem Bahnhof gestanden hat und dann gesagt hat, ich soll dir einen schönen Gruß bestellen."

„Na, dann grüße sie mal wieder zurück!" Joachim war einsilbig geblieben.

„Ich soll dich von Joachim auch grüßen", richtete Horst-Heinrich die Grüße an Franziska aus.

Franzis Augen begannen zu leuchten. „Und, hat er noch was gesagt?"

Horst-Heinrich schüttelte bedauernd den Kopf und sah, wie in dem Augenblick das Leuchten in Franziskas Gesicht erlosch.

„Er konnte bestimmt nicht weg, aber vielleicht kommt er ja morgen", versuchte er das Mädchen zu trösten. Er hatte das jetzt einfach aus seinem Gefühl heraus gesagt, ohne zu wissen, ob es stimmte. Doch als er ihr Gesicht ansah, in dem sich ein zaghaftes Lächeln ausbreitete, ahnte er, dass er mit seiner Vermutung richtig lag. Und Horst-Heinrich nahm sich vor, ein Auge auf Franziska zu behalten. Wenn sie sich wirklich auf eine solche Beziehung einließ, würde es irgendwann gut sein, einen Freund zu haben. Seine Kinder waren zwar einige Jahre jünger als Franzi, doch von der Sache her, hätte sie durchaus seine Tochter sein können. Er wollte ihr ein väterlicher Freund sein.

Aller guten Dinge sind drei, sagte sich Franziska, als sie sich am nächsten Tag auf den Weg zum Bahnhof machte. Sie sah den Lieferwagen sofort, als sie um die Ecke bog und rannte die letzten Meter. Sie zog am Türgriff, doch das Auto war verschlossen. Joachim konnte nur in der Bahnhofsgaststätte sein. Etwas unsicher, ob es ihm recht war, öffnete sie die Tür und ging hinein. Franzis Herz schlug von Sekunde zu Sekunde schneller und raste förmlich, als sie Achim an einem der Tische vor einer Tasse Kaffee sitzen sah. Er war allein. Franziska ging direkt auf ihn zu und setzte sich.

„Endlich! Ich habe zwei Tage auf dich gewartet!" Leicht vorwurfsvoll sah sie Joachim an. Sie hatte gehofft, dass er ihr etwas Liebes sagen würde, sich entschuldigen wollte. Doch er ging überhaupt nicht auf Franzis Worte ein.

„Willst du was trinken? Viel Zeit habe ich nicht", bremste Joachim Franziskas Freude. Er bestellte ihr eine Cola. Franziska biss die Zähne aufeinander. Seine Einsilbigkeit tat ihr weh, doch das wollte sie ihm jetzt nicht zeigen.

„Ich habe eigentlich auch nicht viel Zeit", entgegnete Franziska. „Ich wollte mich aber wenigstens von dir verabschieden, ehe ich für die nächsten zwei Wochen im Urlaub bin."

„Dann wünsche ich dir gute Erholung", erwiderte Joachim. Sein vorsichtiges Aufatmen entging ihr.

„Und dann ist ja wieder Schule." Franziska war schon dabei, die Zeit nach dem Urlaub zu planen. „Aber ich komme trotzdem am Nachmittag her!" Sie schob ihre Hand hinüber zu Joachim. „Kommst du auch?"

Er hielt sie einen Augenblick fest. „Ich werde es versuchen. Aber du musst nicht jeden Nachmittag hier stehen.“

Joachim ging zum Tresen und bezahlte die beiden Getränke. Franziska folgte ihm nach draußen. Sie hatte ihm noch so viel sagen wollen, doch jetzt standen sie da wie zwei weitläufige Bekannte und gaben sich zum Abschied die Hände. Joachim schloss die Tür vom Lieferwagen und startete den Motor. Franzi hob die Hand und winkte ihm hinterher. Sie winkte noch, als das Auto schon längst nicht mehr zu sehen war.

Susanne! Der Gedanke schoss ihr wie ein Blitz durch den Kopf. Die Freundin wohnte nur ein paar Minuten vom Bahnhof entfernt. Und Franziska musste einfach mit jemandem reden. Zu widersprüchlich waren ihre Empfindungen im Moment.

Franziska klingelte. „Komm rein!“ Susanne stellte keine Fragen. Sie hatte Franzis Gemütszustand mit einem Blick erfasst.

Dann saßen sie in Susannes Zimmer auf dem Bett. Susanne hörte sich geduldig an, was die Freundin ihr bruchstückhaft erzählte, von ihrem Glück mit Joachim in Halle und von der Enttäuschung als er erst nicht kam und sie dann heute so kurz abgefertigt hatte. Susanne wusste, Franzi wollte keine guten Ratschläge, sie wollte sich nur von der Seele reden, was sie bedrückte, also hielt sie sich dann auch zurück.

„Jetzt fährst du erst mal mit deinen Leuten in den Urlaub! Und dann denkst du an was ganz anderes! Wie ich deinen Vati kenne, hat er schon so viele Ausflüge im Programm, dass du die blöden Gedanken glatt vergisst! Man sagt immer, abwarten und Tee trinken, aber es kann auch Kaffee sein!" Susanne sah mit ihrem optimistischen Lachen die Freundin an und Franziska lächelte dankbar zurück.

Als Franziska zu Hause ankam, war auch Alexander wieder eingetroffen. Franzi hatte nicht gedacht, dass ihr der kleine Bruder einmal fehlen würde. Aber schon seine Anwesenheit ließ ihr den Abend vor dem Einschlafen nicht so einsam erscheinen.

Mit Sachen packen war der letzte Tag vor der Abreise nach Thüringen sinnvoll ausgefüllt. Franzis Nachdenklichkeit wurde weniger und die Vorfreude auf den Urlaub wurde immer größer. Sie war froh, dass sie sich dazu entschlossen hatte, noch einmal mit der Familie zu verreisen, vielleicht zum letzten Mal.

Alexander und Franziska saßen auf der Rückbank des Autos. Franziska hatte sich in ein Buch vertieft, als Alexander sich ihr zuwendete.

„Du Franzi, ich glaube der Opa ist sehr krank." Alex hatte die letzten Tage in Halle bei den Großeltern verbracht und sich seine Gedanken gemacht. „Opa geht zwar noch ab und zu weg, aber er hat Probleme mit dem Magen. Er kann nicht mehr alles essen, weil er dann Krämpfe bekommt. Manchmal muss er sogar einen Tag lang liegen bleiben und dann kommt der Doktor."

Franziska sah ihren Bruder erschrocken an. Der Großvater war ihr immer als ein Mann wie ein Baum erschienen; groß und kräftig hatte er sie als Kind stundenlang auf seinen Schultern getragen. Er hatte ihr Radfahren beigebracht und ihr dann zur Belohnung das Fahrrad geschenkt. Zu ihm hatte Franzi immer eine engere Beziehung als zur Oma gehabt, wenn diese auch im Laufe der Zeit etwas loser geworden war. Sie konnte sich nicht vorstellen, dass der Opa ernsthaft krank sein sollte. Aber vielleicht war es ja auch gar nicht so schlimm und es wurde bald wieder besser. Die Mutti würde doch nicht in den Urlaub fahren, wenn der Opa sehr krank wäre. So tröstete sich Franziska über die heimlichen Befürchtungen hinweg.

Und so, wie es Susanne voraus gesagt hatte, war die Zeit des Urlaubs fast vom ersten bis zum letzten Tag verplant. Ab und zu gingen Franziskas Gedanken dann ein Jahr zurück, als sie gemeinsam mit Henry hier war. So wie im vorigen Jahr wanderten sie durch den Wald zur *Schmücke*, noch einmal stieg Franzi mit dem Vater hinauf zum Goethehäuschen am *Kickelhahn*. Der Spätsommer verwöhnte sie mit herrlichem Sonnenschein und der Wald mit einer Fülle an Pilzen und Massen von Heidelbeeren, die am Wegesrand mühelos zu pflücken waren. Und bei alledem ging es der Mutti wieder gut! Es machte Spaß, gemeinsam zu wandern, unterwegs einzukehren und die verschiedenen Museen zu besichtigen.

Doch auch wenn Franziska Erholung und Ruhe fand, so waren ihre Gedanken trotz allem immer wieder bei Joachim.

15

Ohne große Lust und inneren Antrieb hatte Franziska den ersten Schultag hinter sich gebracht. Sie hatte mehr mit Susanne geredet, als auf die Worte der Lehrer zu hören. Und sie stimmte Alexander zu, als der murrte: „Blöde Schule!"

Am Nachmittag hatte Franzi dem Drang widerstanden, sofort zum Bahnhof zu laufen. So bummelte sie eher ziellos durch die Straßen der Stadt. Doch dann hörte sie plötzlich ein so bekanntes Knattern. Achim! Schoß es ihr nur durch den Kopf, noch ehe sie sich umdrehen konnte. Er war es! Franziska wartete gar nicht bis das Auto zum Stehen gekommen war. Noch halb im Fahren riss sie die Beifahrertür auf und sprang ins Fahrerhaus. Am liebsten hätte sie sich Achim sofort in die Arme geworfen, doch sie zähmte ihr Verlangen und lehnte sich entspannt an die Rückenlehne. Die Zeit des Wartens war vorbei!

Joachim fuhr aus der Stadt heraus und bog auf einer Anhöhe ab. Dort oben stand ein Denkmal, zu dem ein Weg führte. Am Wegrand hielt er an. Das Wetter war noch fast sommerlich warm. Sie stiegen aus und ließen sich am Fuße des Denkmals nieder.

Jetzt lehnte sich Franzi an ihn und Joachim zog sie fest in seine Arme.

„Ich habe dich so vermisst!" Franziska legte den Kopf in den Nacken, um aus den Augenwinkeln Joachim ansehen zu können.

„Ich dich auch!" Er küsste sie auf die Stirn. Franzi schloss die Augen und ein seliges Lächeln lag auf ihrem Gesicht.

Immer, wenn es in den nächsten Tagen Probleme gab, sie mit den Eltern nicht einer Meinung war oder es in der Schule nicht so klappte, wie es sollte, dann rief sich Franziska diese Stunde in die Erinnerung, die sie dort am Denkmal mit Joachim verbracht hatte. Sie hätte ewig dort so sitzen können und still ihr kleines Glück genießen.

Für die nächste Woche hatten sie sich schon verabredet. Jetzt, in der 12. Klasse, hatten die Schüler nur noch in jeder zweiten Woche den praktischen Unterrichtstag. In der anderen Woche hatten sie frei, um in dieser Zeit eine Belegarbeit über die praktische Arbeit anzufertigen. Doch für Franziska stand fest, eine Belegarbeit ließ sich auch am Abend oder am Wochenende schreiben. Mit Joachim konnte sie nur während der Arbeitszeit etwas gemeinsam unternehmen. Und wohin ihn auch die Ersatzteilbeschaffung treiben würde, wann immer es möglich wäre, würde sie ihn an diesem Tag begleiten.

„Oma hat mich heute angerufen." Der eigenartige Klang in der Stimme der Mutter hatte Franziska und Alexander aufhorchen lassen. Es war schon ungewöhnlich, dass die Oma bei der Mutter im Büro anrief. „Opa Paul ist sehr krank", fuhr die Mutter mit der Erklärung fort. „Deshalb hat auch die Oma direkt vom Arzt aus angerufen. Der Doktor meinte, der Opa hat nicht mehr viel Zeit, es ist wohl Krebs im Endstadium." Franziska schossen die Tränen in die Augen. Das konnte doch nicht sein! So schlimm stand es um ihren geliebten Opa. Die Mutter schluckte nun auch, um nicht weinen zu müssen. Der Vater legte ihr den Arm um die Schulter und sprach an ihrer Stelle weiter.

„Wir sollten am Sonntag unbedingt noch einmal gemeinsam nach Halle fahren. Vielleicht ist es die letzte Gelegenheit, Opa Paul lebend zu sehen."

Es war ein trauriger Ausflug, zu dem die Familie am Sonntag nach dem Frühstück aufbrach. Franziska hing ihren Gedanken nach. Da war sie gerade so glücklich, weil sie einen Weg gefunden hatte, regelmäßig mit Joachim zusammen zu sein. In der Schule kam sie auch wieder ganz gut klar. Und nun das. Noch nie hatte sie einen ihr nahe stehenden Menschen verloren. Der Tod war so endgültig. Sie konnte sich gar nicht vorstellen, dass es den Opa einmal nicht mehr geben würde. Früher hatte er meistens am Gartentor gestanden, wenn sie kamen. Jetzt lag er in seinem Schlafzimmer im Bett. Die eingefallenen Wangen erinnerten Franziska an die Begegnung mit Helene, die nun wohl über fünf Jahre her war. Kurze Zeit später war sie tot.

„Ich mache euch erst mal einen Kaffee." Die Oma war ins Zimmer gekommen. Ihre praktische Art löste die Starre, in die sie alle gefallen waren. Die Familie ging ins Wohnzimmer. Nur Franziska blieb noch einen Augenblick am Bett des Opas sitzen.

Sie streichelte seine Hand und für einen Moment schlug der Großvater die Augen auf. Ein Lächeln huschte über die müden Züge.

„Lisa?" Ganz leise hatte er den Namen geflüstert.

Verwirrt sah ihn Franziska an. „Ich bin´s doch Opa, deine Franzi!"

Wieder lächelte der Opa. „Ach ja, Franzi, mein Goldlöckchen!"

Erschöpft schloss er die Augen.

„Opa, wer ist Lisa?" Franzi hätte es gerne gewusst, doch der Opa war fest eingeschlafen.

Franziska ging zu den anderen ins Wohnzimmer. Noch immer ließ sie der fremde Name nicht los. Wer war Lisa? Aber wen sollte sie fragen? Der Opa hatte eine Freundin gehabt, so viel wusste sie ja. Hieß die Lisa? Hatte er noch mehr Geheimnisse? Oma hätte es sicher weh getan, wenn sie ihr die Frage gestellt hätte. Und die Eltern hatten jetzt auch andere Sorgen.

Bei jedem Klingeln des Telefons in Gudruns Büro kam in ihr ein ungutes Gefühl auf. Und wenn wirklich ihre Mutter am anderen Ende war, rechnete sie seit Wochen mit dem Schlimmsten. Die Oma war zwei bis drei mal in der Woche zu den Nachbarn gegangen, die ein Telefon hatten, um ihre Tochter und die Familie auf dem Laufenden zu halten. Doch dann war es nicht das Telefon gewesen, was die traurige Nachricht überbrachte, sondern ein Telegramm am Sonnabend Vormittag.

„Paul letzte Nacht eingeschlafen. Bitte kommen." Nun war es also vorbei.

Franziska und Alexander erfuhren davon, als sie aus der Schule kamen. Sie hatten eine dunkle Vorahnung gehabt, als sie das Auto vor der Haustür stehen sahen. Jetzt machten sie sich auf den Weg nach Halle.

Franziska war in der Woche zuvor an ihrem freien Tag mit Joachim in Halle gewesen. Sie hatte ihn gebeten, doch bei den Großeltern vorbei zu fahren, damit sie noch einmal mit dem Opa sprechen konnte. Doch der hatte geschlafen, die starken Medikamente hielten ihn in einem Dämmerzustand, aus dem er nur noch selten erwachte. Nun war es zu spät.

Als der Vater mit dem Auto vor dem Gartentor stoppte, wuchtete die Großmutter gerade die Matratze aus dem Bett des Großvaters nach draußen. Franz und Gudrun liefen auf sie zu. Während Franz nach der Matratze griff, schloss Gudrun ihre Mutter in die Arme.

„Mutter, lass das doch!", versuchte sie, auf die Oma einzureden. „Du brauchst doch heute nichts umzuräumen! Warte wenigstens bis nach der Beerdigung. Mach die Tür so lange zu! Wenn wir wissen, wann die Beerdigung ist, nehme ich Urlaub und komme her. Dann können wir immer noch ausräumen. Danach wird Franz alles renovieren."

Später fuhren sie zum Bestattungsinstitut. Die Formalitäten waren rasch erledigt. Es sollte eine einfache Beisetzung im engsten Kreis stattfinden. Auf die Frage nach einer Todesanzeige in der Zeitung hatte die Oma nur den Kopf geschüttelt. Franziska ahnte, dass ihre Großmutter den Termin nicht öffentlich machen wollte, um auf keinen Fall mit einer anderen Frau konfrontiert zu werden. Wenigstens jetzt, im Tode, sollte ihr Paul noch einmal ganz allein gehören.

Franziska verstand die Großmutter, aber sie dachte auch an die andere Frau, die wahrscheinlich noch gar nicht wusste, dass Paul tot war. Vielleicht hatte sie die letzten Wochen vergeblich auf ihn gewartet. Was wäre, wenn Joachim sterben würde und sie würde es nicht wissen und nicht zur Beerdigung dürfen? Ihre Gefühle waren voller Zerrissenheit. Wie sagte der Vati immer? Es gibt so viel zwischen Himmel und Erde oder zwischen Mann und Frau, wie wir uns gar nicht vorstellen können.

Die Beisetzung des Großvaters fand in den Herbstferien in aller Stille statt. Außer der Familie waren nur noch zwei ehemalige Kollegen gekommen, welche die Großmutter informiert hatte und die ihrem einstigen Chef die letzte Ehre erweisen wollten.

In der Zeit zwischen Opas Tod und der Beerdigung hatte Franziska Joachim nur einmal gesehen.

Sie war so traurig, dass sie sich nicht einmal dazu in der Lage fühlte, mit Joachim glücklich zu sein.

Allerdings hatte sie ab und zu bei ihren allabendlichen Spaziergängen durch die Stadt Horst-Heinrich getroffen und war eines Tages mit ihm wieder ein Stück mitgefahren. Diesmal ging es zu einem großen Zuckerrübenfeld, wo ein Bagger die in den vorigen Tagen gerodeten Rüben auf die LKW verlud. Dann hatte sie zum ersten mal eine Zuckerfabrik von nahem gesehen. Zwar hatte sich Franziska bei der Ein- und Ausfahrt an der Waage im Fußraum des LKW verstecken müssen, weil betriebsfremde Personen nicht mit in die Fabrik durften, doch das nahm sie in Kauf. Mit Horst-Heinrich hatte sie reden können, ihm hatte sie nun endlich ihr Herz ausgeschüttet über ihre Liebe zu Joachim, aber auch über den Tod des Großvaters. Horst-Heinrich war ein guter Zuhörer. Und sie wusste ihre Geheimnisse bei ihm gut gehütet.

Jetzt waren Ferien und Franziska war zusammen mit ihrer Mutter nach der Beisetzung des Großvaters bei der Oma geblieben. Sie wollten die persönlichen Sachen des Opas sowie wichtige Papiere, die in seinen Schränken lagen, durchsehen und ordnen.

Franziska saß vor dem Bücherregal und strich liebevoll über die Märchenbücher, aus denen ihr der Opa zuerst vorgelesen hatte. Später hatte sie sich dann selbst in die Geschichten vertieft.

„Oma, darf ich mir die Bücher mitnehmen?", sah sie fragend die Großmutter an. Die Oma drehte sich nur kurz zu ihr und nickte. „Ja, nimm sie nur mit, bei dir sind sie gut aufgehoben."

Franziska legte die Bücher zu den anderen kleinen Erinnerungsstücken, die sie gerne behalten wollte oder die sie für Alexander mitnehmen wollte, als ihr zwischen den Büchern ein Umschlag entgegen fiel. Neugierig griff sie danach und entdeckte darin eine ganze Reihe Bilder. Sie sagte kein Wort, als sie den Inhalt musterte. Stumm vor Verwunderung sah sie die Fotos an. Sie hatte sie noch nie gesehen, soviel stand fest. Oft war der Opa drauf, mal allein, mal mit anderen Leuten, aber da war er auf jeden Fall noch jünger gewesen. Die Fotos waren auch schon etwas vergilbt. Sie betrachtete ein Bild nach dem anderen und gab beim letzten nun doch einen erstaunten Ton von sich. Da war ein kleines, blondes Kind auf dem Bild, das aussah wie sie.

„Franzi, was hast du denn gefunden?" Mutter und Oma wendeten sich ihr zu.

„Seht mal, bin ich das? Aber was habe ich denn da für Sachen an? Die sind ja altmodisch!" Sie hielt das Foto des kleinen Mädchens noch immer fest.

„Zeig mal!" Die Mutter nahm es ihr aus der Hand und gab es wortlos der Oma weiter.

„Oder bin ich das doch nicht? Aber wer ist es dann, du Mutti?" Sie sah ihre Mutter an, konnte aber so gar keine Ähnlichkeit erkennen.

„Ach, gib den ganzen Plunder her! Paul hat immer allen Kram aufgehoben. Vielleicht ist es die Tochter eines Kollegen. Ich weiß es nicht und will es auch gar nicht wissen!" Die Oma hatte den ganzen Stapel ergriffen und öffnete die Tür des gusseisernen Ofens. Sekundenschnell fraßen sich die Flammen durch das Papier.

Verwirrt starrte Franzi auf die Ofentür. Sie war verdutzt über die heftige Reaktion ihrer sonst so ruhigen, besonnenen Oma.

16

Überschattet vom Tod des Großvaters und fast unmerklich war Franziskas 18. Geburtstag heran gekommen. Sie hatte gemeinsam mit Alexander, Susanne und Verena gefeiert. Und damit der Mädchenüberschuss nicht zu groß war, hatte sie ihren ältesten Freund Ronny eingeladen. Es war trotz allem ein schöner Geburtstag geworden. Am Morgen in der Schule hatte ihr sogar Henry gratuliert und Heiner hatte ihr eine Karte geschrieben. Sie hatte sich sehr über die Glückwünsche der beiden gefreut. Nur Joachim hatte sich nicht gemeldet. Zutiefst enttäuscht war Franziska am Abend ins Bett gegangen. Was sie tröstete, war die Tatsache, dass sie am nächsten Tag mit der Schulklasse zur letzten Klassenfahrt ihrer Schulzeit aufbrechen würde. Sie wusste, dass es gut für sie war, 100 Kilometer weit weg zu sein, über die Straßen zu gehen ohne dieses nach rechts und links Blicken, um die Laster vom Bauhof zu suchen. Aber die Tage waren rasch vergangen und der Alltag holte sie ein.

Franziska war es nicht entgangen, dass die Eltern sich immer öfter wegen ihr stritten. Doch während der Vater ihre Schwärmerei für Joachim und die

LKW-Fahrer vom Bauhof noch tolerierte, war es für die Mutter immer mehr ein Stein des Anstoßes.

„Du hast es ihr erlaubt, diese Fahrerlaubnis zu machen!", fuhr Gudrun ihrem Mann ins Wort, als er versuchte, seine Tochter zu verteidigen. „Ohne diese dämliche Fahrerlaubnis wäre sie nie da hin gekommen und würde jetzt nicht wie eine läufige Hündin an den Straßenecken stehen! Denkst du, ich weiß nicht, wo sie sich immer herumtreibt!"

„Du hast ja recht", versuchte Franz seine Frau zu beruhigen, „ihre Angst vor großen Fahrzeugen hat sich völlig ins Gegenteil verkehrt. Aber was willst du tun? Sie ist erwachsen. Und sie wird sich bestimmt wieder fangen, es kann doch nur eine Phase sein, die vorüber geht."

Ihr wisst doch gar nichts! Hatte Franziska gedacht und dann ihren Lauschposten auf dem Flur verlassen. Die Hausaufgaben mussten noch erledigt werden. Denn wenn sie eins nicht wollte, dann, sich das Abitur vermasseln!

Es war noch lange schönes Wetter gewesen, doch nun kam der Herbst mit Macht. Regen, Nebel, Sturm, der erste Frost und Schnee verleideten Franziska zunehmend ihre Spaziergänge auf den Straßen. Trotzdem lief sie mehrmals in der Woche zum

Bahnhof, in der Hoffnung auf ein Treffen mit Joachim. Sie sehnte sich so nach ihm und konnte überhaupt nicht begreifen, dass es ihm nicht genau so ging. Wenn er dann wieder nicht erschienen war, trabte sie missmutig zurück nach Hause.

Franziska hörte das Motorengeräusch viel eher, als das Auto um die Ecke gebogen war. Ihr Herz schlug heftig. Ist er also doch noch gekommen!, jubelte sie innerlich. Doch dann glaubte sie ihren Augen nicht zu trauen. Im Auto neben ihrem Achim saß schon ein Mädchen. Franzi hatte ihm zuwinken wollen. Jetzt sank ihre Hand kraftlos herab. Die Hupe ertönte neben ihr, dann war er vorbei, und mit ihm ihre ganze Hoffnung. Franziska lehnte sich an eine Hauswand, um den Boden unter den Füßen nicht zu verlieren. Tränen liefen ihr über die Wangen, sie weinte haltlos.

Später wusste Franziska nicht mehr, wann und wie sie nach Hause gekommen war. Sie hatte sich auf ihr Bett geworfen und war bis zum nächsten Morgen nicht mehr aufgestanden. Am liebsten wäre sie gar nicht in die Schule gegangen, doch sie wollte der Mutter nicht noch mehr Grund geben, auf sie zu schimpfen. In der Pause heulte sich Franzi erst einmal bei Susanne aus.

„Ach Sanne, was soll ich denn nur machen? Ich möchte auf ihn wütend sein, aber das geht einfach nicht. Ich liebe ihn doch so!"

Susanne sah Franziska an. „Ich kann dir keine guten Ratschläge geben, mir fehlt die Erfahrung." Sie zuckte mit den Schultern und blickte spöttisch zu ihr. Franziska musste nun auch grinsen. Susanne hatte noch nie einen festen Freund gehabt. Und wenn sie schon mal verliebt war, dann hatte sie es keinen merken lassen.

Franziska bekam ein schlechtes Gewissen. Ständig missbrauchte sie die Freundin als ihren Kummerkasten, nie hatte sie darüber nachgedacht, ob es Susanne vielleicht belastete, immer mit Franzis Sorgen konfrontiert zu werden.

„Entschuldige, du hast recht und ich bin blöd." Franzi atmete tief durch. Mit einem Satz und einem Blick hatte die Freundin sie auf den Boden der Tatsachen zurück geholt.

Doch schon ein paar Stunden später schien für Franziska der Boden mit all seinen Tatsachen so weit weg zu sein, wie ihr riesiger Kummer. Sie hatte noch eine Kleinigkeit im Kaufhaus besorgen wollen und sah sich plötzlich einer Fatahmorgana gegenüber. Am Abzweig zu ihrer Wohnsiedlung stand der Lieferwagen! Einem Reflex folgend wollte sie auf das Auto losrennen, doch im letzten Moment bezähmte sie ihre Ungeduld. Langsam ging sie weiter, als direkt neben ihr die Beifahrertür geöffnet wurde.

„Franzi, komm, steig ein!" Franziska zögerte nur kurz, dann zog sie die Tür hinter sich zu und Joachim fuhr los.

Bis sie die Stadtmitte hinter sich gelassen hatten, sprach keiner ein Wort. Erst als Joachim in den Weg zum Denkmal abbog, sah er zu ihr rüber.

„Ich glaube, ich muss dir was erklären."

„Und was?" Franziska war schon wieder den Tränen nahe.

„Ich konnte gestern nicht anhalten, Christiane war doch mit."

„Das habe ich gesehen. Hast du noch mehr Freundinnen?" Mit leichtem Sarkasmus in der Stimme verbarg Franziska ihre Angst, dass es so sein könnte.

Joachim nahm ihre Hand. „Nein, natürlich nicht! Christiane ist meine Tochter."

Franziskas Augen wurden immer größer. Was hatte er? Eine Tochter, die vielleicht so alt war wie sie? Konnte das sein?

„So eine große Tochter hast du schon? Wie alt ist sie denn?" Jetzt kam die Neugier durch.

„Sie ist 15. Aber sie ist auch nicht meine richtige Tochter. Meine Frau hat sie mit in die Ehe gebracht."

„Dann bist du also ihr Stiefvater", konstatierte Franziska und sah Joachim prüfend an. Noch vor ein paar Jahren hatte sie gedacht, es wäre etwas Seltenes, einen Stiefvater zu haben oder einer zu sein. Inzwischen hatte sie gemerkt, wie viele solcher Familien ganz normal und glücklich und völlig unauffällig unter ihnen lebten. „Hast du Christiane lieb?", wollte sie wissen.

Mit allem hatte Joachim gerechnet, nur mit einer solchen Frage nicht. „Natürlich habe ich sie lieb, so, als wäre sie mein eigenes Kind. Ich kenne sie, seit sie ganz klein war, und es ist völlig egal, ob ich ihr richtiger Vater bin. Aber warum fragst du mich so was?"

„Ich kannte mal ein Mädchen, das hatte auch einen Stiefvater", begann Franziska ihm von Regina zu erzählen, die ihr Stiefvater verprügelt hatte. „Ich weiß nicht, wie es ihr jetzt geht, sie sind bald darauf weggezogen."

Joachim sah sie an. „Na sag mal, traust du mir etwa so was zu?" Franzi schüttelte den Kopf. Sie musste ihm ja jetzt nicht gerade beichten, dass ihr anfänglich immer etwas mulmig war, wenn er sie angesehen hatte.

Jetzt lehnte sie sich in seine Arme. Trotz der dicken Jacke spürte sie seine Wärme, seine zärtlichen Berührungen und alle Sorgen waren weit weg, als sie sich im Dämmerlicht der untergehenden Sonne, die eine Lücke in den Wolken gefunden hatte, küssten.

„Heute kommt der Fahrlehrer mit dem LKW! Ich habe es gerade von der Schulsekretärin erfahren, er hat bei ihr angerufen!" Susanne war ganz aufgeregt auf Franziska zugelaufen. Und wenn Susanne etwas aus der Ruhe brachte, dann war es schon was Besonderes. Wie unbedeutend war dagegen die Physikarbeit in der 4. Stunde.

Nach dem Unterrichtsschluss stand Herr Riedel pünktlich mit dem LKW vor der Schule.

„Na, dann wollen wir mal!" In bester Stimmung begrüßte er seine beiden Fahrschülerinnen.

Franziska schubste ihre Freundin von hinten an. „Aber heute bist du die Erste!" Franziska und Susanne stiegen in den leuchtend blauen und noch ganz neu aussehenden IFA-LKW. Der Laster hatte ein größeres Fahrerhaus und hinter den vorderen

Sitzen noch zwei Plätze. Franzi kletterte nach hinten durch.

„Heute wird es also ernst mit der ersten Fahrstunde auf dem LKW. Oder habt ihr schon fleißig weiter geübt?" Herr Riedel sah mit verschmitztem Augenzwinkern zu den beiden. Susanne drehte sich zu Franziska um und dachte nur: Ertappt! Während Franziska bei ihren abendlichen Ausflügen mit Horst-Heinrich ab und zu eine Runde auf dem Acker gedreht hatte, war auch Susanne mit dem einen oder anderen Fahrer unterwegs gewesen und hatte sich die Gelegenheit zu einer inoffiziellen Fahrstunde nicht entgehen lassen.

„Dann kann ich euch ja beruhigt ans Steuer lassen!" Herr Riedel sah ziemlich entspannt aus.

Susanne startete den Motor und fuhr langsam los. Die engen Straßen der Innenstadt waren nicht unbedingt der geeignete Parcours für Fahranfänger. Doch dann ließen sie die Stadt hinter sich und das Fahren wurde merklich gelöster.

Franziska beobachtete von hinten ihren Fahrlehrer. Er schien Susannes Fahrkünsten schon zu vertrauen, denn er kramte in sämtlichen Ablagen und Taschen herum, um dann zu dem Schluss zu kommen: „Mist, keine mehr da!"

„Was fehlt?" Es war weniger Neugier als der Versuch, Herrn Riedel helfen zu können, was Franziska die Frage stellen ließ.

„Bonbons, ich suche Bonbons. Aber ich habe wohl vergessen, welche einzupacken."

Susanne mischte sich in das Gespräch. „Ach Sie sind wohl ein Süßer?"

Herr Riedel lachte. „Das sieht man doch wohl!" Und zu Susanne gewand: „Aber es wäre besser, wir würden nach vorne gucken!"

Franziska öffnete derweil ihre Schultasche. Ja, da hatte sie noch welche! Sie reichte die angefangene Tüte mit Lakritzbonbons nach vorne. „Bitte, die können Sie behalten!"

Sofort wickelte der Fahrlehrer ein Bonbon aus und schob es sich in den Mund. „Danke, das war meine Rettung! Wisst ihr, ich habe mir erst das Rauchen abgewöhnt und seit dem esse ich haufenweise Süßes als Ersatz."

Im nächsten Dorf ließ Herr Riedel Susanne anhalten. „Das war doch schon ganz gut für den Anfang. So, bitte die nächste Dame!"

Franziska und Susanne tauschten die Plätze. „Und los!", ließ sich Herr Riedel vernehmen.

Franziska sah ihn an und schüttelte den Kopf. „Der Sitz muss erst nach vorne." Eine allgemeine

Heiterkeit setzte ein, als sie demonstrativ mit den Beinen baumelte, die noch ein großes Stück von den Pedalen entfernt waren.

Doch dann stimmte die Sitzeinstellung und Franziska fuhr los. Ihr Herz schlug zuerst heftig, doch nach ein paar Kilometern breitete sich in ihr ein Gefühl der Ruhe aus. Der große LKW war nicht mehr ihr Feind, der bedrohlich wirkte, sondern ihr Verbündeter, der sie größer werden ließ.

„Mit der ersten Stunde können wir zufrieden sein." Herr Riedel hatte Franziska am Busbahnhof anhalten lassen. „In den nächsten Tagen machen wir noch ein paar mal so eine kleine Runde am Nachmittag. Über Weihnachten habe ich sowieso Urlaub. Und dann werden wir in den Winterferien die Pflichtfahrten, wie Nacht- und Autobahnfahrt in Angriff nehmen. Da brauchen wir dann doch etwas mehr Zeit." Die beiden Mädchen nickten. Schon bis zur nächsten Autobahn waren es immerhin mehr als 50 Kilometer. „Wenn alles gut geht, soll noch in den Ferien die Prüfung sein. So wie ich das sehe, kriegen wir das hin."

Die Fahrstunden nahmen nun in Franziskas Leben die Zeit ein, die sie sonst mit den Spaziergängen auf der Suche nach Joachim oder Horst-Heinrich verbracht hatte. Aber es ging ihr erstaunlich gut dabei. Wenn sie nach dem Fahren nach Hause kam, setzte sie sich an ihre Hausaufgaben, schließlich ging es um nicht weniger als das Abitur, das sie am Ende des Schuljahres ablegen sollte. Zum Glück waren Franziska und auch Susanne mit einem wachen Verstand und einer guten Auffassungsgabe ausgestattet, so dass sie beides, Fahrschule und Abiturvorbereitungen unter einen Hut bekamen, vor allem, da in dieser Phase des Schuljahres viel wiederholt wurde.

Die größten Probleme beim Fahren gab es immer noch beim Runterschalten. Zwar musste bei dem neuen LKW nur noch in den oberen beiden Gängen Zwischengas gegeben werden, aber das lief noch längst nicht so flüssig, wie es sollte. So saßen sie dann in der Biologiestunde und beobachteten gegenseitig die Bewegungen ihrer Beine unter der Bank beim gespielten Schaltvorgang, als Doktor Fuchs plötzlich neben ihnen stand.

„Susanne und Franziska!", erhob er seine Stimme. „Sie leben wohl nach der Devise: Wir sind die letzte Reihe und schreiten kühn voran?" Die Mitschüler kicherten und Franziska wäre am liebsten im Erdboden versunken.

Susanne aber sah treuherzig den Lehrer an. „Ach Herr Doktor, Sie wissen doch, die Letzten werden die Ersten sein!"

Selbst mit einem lauten Ruf nach „Ruhe!" konnte er das schallende Gelächter nicht übertönen.

Und Franziska überlegte, dass dieser Satz ja wie ein Gleichnis war, das genau auf sie zutraf. Sie hatte als allerletztes daran gedacht, jemals was mit LKWs zu tun zu haben, und jetzt war sie mit Susanne die Erste in der Klasse, die Fahrschule machte, ausgerechnet mit einem LKW.

Die Weihnachtsferien unterbrachen die Fahrstunden. Doch obwohl sie nun genug Zeit gehabt hätte, lief Franziska nicht durch die Straßen der Stadt und ging auch nicht zum Bahnhof. Sie hatte sich wieder einmal mit Verena getroffen. Nie hatten sie die Verbindung ganz abreißen lassen, aber ihre Freundschaft war lockerer geworden. Jetzt tat es gut, mit ihr zu reden, ihr von Joachim zu berichten und von ihrer Liebe zu ihm. Franziska erzählte von ihren heimlichen Wünschen, Joachim für sich gewinnen zu können, doch tief im Innern wusste sie, dass er zu seiner Familie gehörte. Und Verena riet ihr, ihm nicht ständig hinterher zu rennen. „Wenn ihm wirklich etwas daran liegt, dann wird er Mittel und Wege finden, dich zu treffen."

Franziska war ruhiger geworden, doch an diese Worte hatte sie nicht mehr gedacht, als es Mitte Januar an der Haustür klingelte. Alexander öffnete und ein ihm fremder Mann stand davor. „Ist Franziska zu Hause?", fragte er nur.

„Franzi!" Der Ruf ihres Bruders riss Franziska aus ihren Gedanken. Und dann stand sie da, wie vom Donner gerührt.

„Achim!" Ihr Herz schien für einen Moment auszusetzen. „Komm rein." Sie zog ihn in ihr Zimmer. Alexander sah nur kopfschüttelnd hinterher.

Franziska schlang die Arme um Achims Hals. Sie sah ihn strahlend an. Seit Wochen hatten sie ihn nicht gesehen, jetzt schien die Zeit dahin zu schmelzen wie Schnee in der Sonne. Sie setzten sich auf Franziskas Bett und küssten sich.

„Lass uns gehen, mein kleiner Bruder steht bestimmt schon vor der Tür und lauscht und wird irgendwann reingeplatzt kommen. Er ist ein wirklich lieber Kerl, wir kommen auch gut miteinander klar. Aber im Moment ist er gerade ziemlich nervig. Pubertät eben."

An der Straßenecke hatte Joachim den Lieferwagen geparkt. Sie stiegen ein und fuhren bis ins

Nachbardorf. Dort bestellten sie im Dorfkrug Kaffee und Bockwürstchen.

„Du hast dich aber wirklich rar gemacht", fing Joachim das Gespräch an. „Ich dachte schon, du bist krank."

Krank vor Sehnsucht, dachte Franziska und hätte am liebsten die Gegenfrage gestellt, wer sich hier rar gemacht hatte.

„Nein, aber ich habe wenig Zeit. Wir haben jetzt Fahrschule. Wenn alles gut geht, bekomme ich Ende Februar die Fahrerlaubnis." Franziska berichtete von ihren Fortschritten.

Sie tranken ihren Kaffee aus und fuhren zurück in die Stadt.

„Machs gut!" Franziska sah dem Lieferwagen nach, bis er um die Ecke bog. Doch schon schob sich ein anderes Auto vor ihr inneres Auge, ein blauer IFA-LKW.

Franziska ging auf in der Fahrschulausbildung. Sobald sie im LKW saß, fühlte sie sich stark und frei. Und wenn sie jetzt Angst hatte, dann vielleicht um die neuen Fenster auf der Ladefläche, die sie für Herrn Riedels Häuschen aus einer Tischlerei im Harz abgeholt hatten. Fast an jedem Ferientag waren sie unterwegs. Susanne und Franziska fuhren abwechselnd, und manchmal hätte Franzi den Platz hinterm Lenkrad am liebsten gar nicht mehr hergegeben. Voller Stolz registrierte sie die ungläubigen Blicke von Bekannten, die sie mit dem LKW sahen. Und als sie Alexander begegneten, konnte sie es sich nicht verkneifen, direkt neben ihm zu hupen.

 So verging die Woche. Sie transportierten Sand und Steine, mal mit und mal ohne Hänger und fuhren dann auch einmal eine Stunde mit einem PKW. Immer sicherer saßen die Handgriffe. „Am Montag ist die Nachtfahrt dran", hatte Herr Riedel am Freitag verkündet.

 „Geben Sie Gas, mein Fräulein", forderte er am Abend Susanne auf, die eben losgefahren war. „Meine Frau kommt 20.00 Uhr mit dem Zug in Magdeburg an, sie war eine Woche bei ihren Eltern."

 Vor dem Bahnhof warteten die Mädchen im LKW, während Herr Riedel seine Frau vom Zug abholte. Franziska sollte die Rückfahrt übernehmen und hatte schon den Platz auf dem Fahrersitz eingenommen, während Susanne nach hinten rutschen wollte, als der Fahrlehrer kam. Doch der hatte andere Pläne. Er setzte sich mit seiner Frau nach hinten und überließ Susanne den Beifahrerplatz. Franziska wusste genau, dass er das nicht durfte, doch sie sagte kein Wort und fuhr los. Sie kämpfte ihre Unruhe nieder. Es war keine schwierige Fahrt auf den fast leeren Straßen am Abend, doch sie hätte sich viel sicherer gefühlt mit dem Fahrlehrer neben sich, der im Notfall eingreifen konnte. Jetzt war sie auf sich allein gestellt. Tief atmete sie durch, als sie den LKW vor dem Haus der Riedels abbremste.

„Gut gefahren", stellte Herr Riedel fest, nachdem er seine Frau ins Haus gebracht hatte. „Dann habe ich ja keinen Fehler gemacht."

Susanne und Franziska sahen ihn erwartungsvoll an, als er fortfuhr: „Morgen machen wir noch eine größere Runde bis zur Autobahn und am Donnerstag ist Prüfung! Macht mir keine Schande!"

Am Mittwoch Nachmittag kauften Franziska und Susanne den größten Pralinenkasten, den sie auftreiben konnten. Sie hatten immer darauf geachtet, dass für ihren süßen Fahrlehrer genug zum Naschen im Auto gewesen war. Jetzt wollten sie sich bei ihm auch auf süße Art bedanken.

„Na ja, es war nicht die Spitzenleistung schlechthin, aber bestanden, alle beide." Der Prüfer klappte seine Aktenmappe zu. „Am Dienstag können Sie ihre Fahrerlaubnis im Polizeikreisamt abholen."

Franziska und Susanne fielen sich in die Arme. Bestanden! Das Wort löste einen wahren Freudentaumel aus.

Während der Prüfer sich verabschiedete, drückte Herr Riedel beiden die Hände. „Ich wünsche euch immer unfallfreie Fahrt! Jetzt könnt ihr ja ganz legal weiter üben, damit das Ganze noch etwas flüssiger wird. Man sieht sich!"

Franziska holte den Pralinenkasten heraus. „Wir wollen uns ganz herzlich bedanken, weil Sie sich so viel Mühe mit uns gegeben haben…", „...und weil Sie doch ein süßer Junge sind!" vervollständigte Susanne ironisch die kurze Rede.

Herr Riedel lachte. „Und wenn ihr nun nicht bestanden hättet, hätte ich dann die Pralinen auch bekommen?"

„Nee!" Susanne schüttelte den Kopf. „Dann hätten wir die aus Frust selbst gegessen!"

17

Es war gut, dass die Fahrausbildung nun hinter den Mädchen lag. Mit dem Beginn des zweiten Halbjahres ging es in der Schule jetzt mit riesigen Schritten in Richtung Abitur. Die erste schriftliche Prüfung war Russisch. Etwas später würde es dann mit den übrigen Fächern Schlag auf Schlag gehen.

Nach und nach kamen auch die Antworten von den Hochschulen und Universitäten auf die Bewerbungsschreiben an. Franziska hatte schon bei einigen Mitschülern Tränen fließen sehen, weil sie einen ablehnenden Bescheid erhalten hatten. Mit einem flauen Gefühl im Magen nahm sie nun von Frau Schulz ihren Umschlag entgegen.

„Los, mach auf!" Susanne redete auf Franziska ein. Sie selbst hatte ihre Zulassung am Tag zuvor bekommen. Ihr Traum würde sich erfüllen, Architektur in Weimar zu studieren.

Franziska faltete das Blatt auseinander. „Angenommen!" Sie blickte die Freundin an. Jetzt lag ihr Weg klar vor ihr. Ob ihre Entscheidung richtig war oder nicht, die Frage stellte sich jetzt nicht mehr. Im September begann ihr Studium der Landwirtschaft in Halle.

Beim Abendessen teilte Franziska die Neuigkeit ihren Eltern mit.

„Franzi, meine Große! Das ist ja toll. Lass dich umarmen!" Der Vater sprang auf und drückte Franziska fest an sich, während die Mutter ihr nur zunickte. Eine ähnliche Situation hatte es bereits an dem Tag der bestandenen Fahrprüfung gegeben. Zum wiederholten Mal fragte sich Franziska, warum kann sich Mutter nicht einfach auch einmal richtig für mich freuen? Entweder es ist normal für sie, dass ich etwas erreiche oder es gefällt ihr nicht. Eine andere Alternative schien es nicht zu geben.

Wie gerne hätte sie sich jetzt zu Joachim geflüchtet, den sie so sehr liebte. Doch er hatte sie schon wieder versetzt. Enttäuscht blieb sie allein mit ihren Gefühlen voll Liebe und Sehnsucht.

„Ziehst du dann aus, wenn du in Halle studierst?", hatte Alexander seine Schwester später am Abend gefragt.

„Ja, ich werde wohl ins Internat der Uni ziehen." Franziska hatte sich auch schon darüber Gedanken gemacht. Sie hätte ja bei der Oma wohnen können, hatte sich aber dann für die gemeinsame Unterbringung mit den anderen Studenten im Internat entschieden.

„Aber sag jetzt nicht, dass du mich dann vermisst!" Sie grinste ihren Bruder an und dachte an die rein praktischen Seiten, die er wohl eher vermissen würden. Franziska hielt ihre Zimmer in Ordnung, machte die Betten, räumte auf, putzte und heizte im Winter den Ofen an. Und nicht zuletzt war sie immer gut als Hilfe bei den Hausaufgaben des Bruders. Alex kam selbst bei den Büchern, die Pflichtlesestoff waren, nur bis zur 2. Seite. Sie wusste gar nicht mehr, wie viele Hausaufsätze sie für ihn geschrieben hatte. Und ausgerechnet in der 10. Klasse ließ sie ihn nun allein.

„Ich bin doch nicht aus der Welt", tröstete sie Alexander. „Und meine Schularbeiten aus der 10. Klasse habe ich alle für dich aufgehoben."

Franziska sah ihren Bruder an. Wenn ich nur deine kleinen Probleme hätte, wäre mir wohler, dachte sie. Sie fühlte sich wie zwischen den Stühlen. Der Mutter konnte sie es gar nicht mehr recht machen, es schien gut zu sein, wenn sie im September nach Halle zog. Für Joachim war sie wohl nicht mehr als ein angenehmer Zeitvertreib, er würde sie garantiert nicht halb so viel vermissen wie sie ihn. Nur ihr Vati, das spürte sie, der liebte sie so wie sie war. Bei ihm hatte sie das Gefühl, was auch immer sie tat oder nicht tat, sie würde immer sein geliebtes Papakind bleiben.

Zu mindest machte die Schule keine Probleme. Wenn Joachim wieder nicht zum vereinbarten Treffpunkt erschienen war, ging Franziska meistens zu Susanne und dann lenkte sie sich beim gemeinsamen Lernen ab. Ihre Belegarbeit über die praktische Arbeit war trotz der geschwänzten Studientage mit „gut" bewertet worden und in der schriftlichen Russischprüfung war sogar ein „sehr gut" heraus gekommen.

„Morgen ist Deutschklausur, wenn ich daran schon denke!" Susanne stöhnte auf. Sie mochte viel mehr die Naturwissenschaften, da wo es etwas klar zu berechnen gab. Im Gegensatz zu ihr ging Franziska mit froher Erwartung in die Prüfung.

Klassiker waren in jedem Jahr beim Abitur ein Thema und sie hatte gehofft, dass Goethe dabei war. Seit sie zum ersten Mal im Goethemuseum gewesen war, hatte sie so viel neben der Pflichtlektüre gelesen, dass sie sich ihm innerlich verbunden und in ihrem Wissen sicher fühlte.

Nun schrieb sie Seite um Seite voll, von den zwei Seelen, die auch in ihrer Brust wohnten. Und so, wie sie die schöne und doch so tragische Geschichte von Faust und Gretchen ausarbeitete, projizierte sie das Geschehen auf ihr eigenes Erleben. Sie wollte nicht wie Gretchen enden! Auch wenn sie sich genauso fühlte, mit schwerem Herzen und ohne Ruhe. Wie gerne hätte sie gesagt „Verweile doch, du bist so schön!", doch wenn Zugrundegehen der Preis war, dann musste sie verzichten. Als Franziska Stunden später die Prüfungsarbeit abgab, wusste sie noch nicht, dass sie damit das Ende ihrer Beziehung zu Joachim eingeläutet hatte.

„Glaubst du, dass du ihn wirklich so einfach vergessen kannst?" Susanne sah ungläubig zu Franziska. Sie hatte die vielen Tränen gesehen, die Franzi wegen Joachim geweint hatte. Sie hatte sie getröstet, wenn er wieder nicht gekommen war. Susanne wusste, wie viel Herzblut ihre Freundin in diese Beziehung investiert hatte.

„Ich will ihn doch gar nicht vergessen!", widersprach Franziska. „Ich will mich gerne an ihn erinnern. Er hat mir so viel Schönes gezeigt, ich war so glücklich durch ihn", sie machte eine kleine Pause, „aber in letzter Zeit eben immer öfter traurig. Ich kann und will nicht mehr wochenlang auf ihn warten. Vielleicht ist er sogar froh, wieder mit einem ruhigen Gewissen heim kommen zu können zu seiner Frau und Christiane."

Susanne nickte Franziska aufmunternd zu. „Irgendwo da draußen gibt es doch bestimmt einen ganz netten Typen, der noch keine Frau hat und mit dem du glücklich werden kannst, vielleicht sogar ein LKW-Fahrer."

Franziska hatte vor der Schule auf Susanne gewartet. In den letzten Tagen fanden die mündlichen Prüfungen statt.

„Das glaubst du ja nicht!" Susanne kicherte, sobald sie das Schultor hinter sich gelassen hatte. Ausgerechnet in Musik war sie mündlich geprüft worden.

„Musstest du etwa auch singen?" Wenn jemand unmusikalisch war, dann Susanne.

„Ja, und rate mal was!" Susanne verzog das Gesicht.

„Na, was schon? Los, sag!" Franzi wollte es endlich wissen.

Susanne holte tief Luft. „Heut ist ein wunderschöner Tag…"

Sie prustete laut los. „Aber die haben es nicht geglaubt!"

„Hätte ich auch nicht bei deinem Gekrächze!" Jetzt stimmte auch Franziska in das Gelächter ein.

Wie viel besser war es ihr da in Englisch und Kunst gegangen. Doch nun hatten sie alles hinter sich gebracht und waren zufrieden mit sich, auch mit einer 3 in Musik.

Als Franziska am Nachmittag zu Hause ankam, stand das Auto vor der Tür. Das war immer das sicherste Zeichen, dass irgendetwas Besonderes zu erledigen war. Und so, wie es schien, hatte der Vater nur auf sie gewartet.

„Du kannst die Schuhe gleich anlassen, wir wollen noch mal weg."

Franzi sah ihren Vater an. „Wohin wollen wir denn?"

„Frag nicht so viel, setz dich ins Auto." Sie fuhren aus der Stadt hinaus auf die Fernstraße.

„Ist was mit Oma?" Franzi wurde unruhig, weil der Vater ihr nichts sagte.

„Nein, kein Grund zur Besorgnis, es sei denn über deine Garderobe." Verständnislos sah Franziska ihren Vater an.

Der lachte jetzt. „Na, was brauchst du noch zum bestandenen Abitur?" Die Antwort gab er gleich selbst: „Doch wohl ein Kleid für den Abi-Ball!"

Franziska war platt. Sie hatte schon überlegt, ob sie sich einen langen Rock nähen wollte. Das war jetzt hinfällig.

Der Vater hatte am Morgen auf dem Weg zu einer Baustelle angehalten und sich im besten Kaufhaus der Gegend umgesehen. Eine Verkäuferin brachte jetzt das Kleid, das er hatte zurück hängen lassen. Franziska war sprachlos. Weiß mit kleinen blauen Blümchen bedruckt, bodenlang, mit Volants am Abschluss war es einfach ein Traum. Und es passte wie angegossen!

Franziska fiel ihrem Vater um den Hals. Er hielt seine Tochter einen Moment im Arm und als sie sich wieder voneinander lösten, glitzerte eine Träne auf seiner Wange. Irritiert sah Franzi ihn an.

Franz strich sich über das Gesicht. „Du bist so schön wie…"

„Wie wer?" Franzi wurde sofort hellhörig. Geheimnisvolle Ähnlichkeiten erregten immer ihr Interesse.

„Ach", lachte der Vater jetzt schon wieder, „wie eine Prinzessin!"

Und wie eine Prinzessin fühlte sich Franziska dann auch. Die Oma hatte ihr noch ein Paar silberfarbene Pumps spendiert. Franziskas blonde Haare lagen in weichen Wellen um ihr schmales Gesicht. Die blauen Augen hatte sie mit einem dezenten

Make-up betont. Sie gab ein wirklich schönes Bild ab und sie wirkte glücklich, als Ronny sie abholte.

Franziska genoss den schönen Abend sehr. Sie tanzte mit Ronny, aber auch mit Henry. Er hatte es wirklich geschafft und die Zulassung zur Tanzausbildung bekommen. Sie wünschte ihm alles Gute für seinen Weg, möge er in seiner Fasson glücklich werden!

Franziska dachte an den Tanzstundenabend, an dem die ersten Krankheitszeichen bei der Mutter aufgetreten waren. Heute drehte sie mit dem Vater wieder Runde um Runde auf dem Parkett. Alles war wieder gut geworden.

Nichts erinnerte daran, dass Franzi seit Wochen Joachim nicht mehr gesehen hatte. Allerdings hatte sie sich gelegentlich mit Horst-Heinrich getroffen, der ihr dann wenigstens ein paar Neuigkeiten berichtet hatte. Mit ihm verband sie eine echte Freundschaft, fernab von jeglicher körperlicher Intimität. Inzwischen hatte sie bei einem Spaziergang sogar seine Kinder kennen gelernt. Wenn er sie tröstend in den Arm nahm, dann war es auf eine väterliche Art, die ihr nie zu nahe trat. Horst-Heinrich war froh, dass Franziska mit dem Ende der Beziehung zu Joachim so gut klar kam. Er hatte immer gewusst, dass es für die beiden keine gemeinsame Zukunft geben konnte. Aber er hatte Angst um das Mädchen gehabt, dass sie daran zerbrechen könnte. Doch jetzt wirkte sie stärker denn je.

Bald würden sie sich wieder öfter sehen können. Franziska hatte sich zu einem Kurs für Mähdrescherfahrer angemeldet und hoffte, dass Horst-Heinrich dort eingesetzt würde.

In diesem Sommer trennten sich die Wege von Franziska und Susanne. Mähdrescher fahren musste Susanne nun wirklich nicht lernen. Aber für Franziska bedeutete das Praktikum während der Getreideernte einen kleinen Vorsprung im Studium. Wie schon im vorigen Jahr war sie fasziniert von der modernen Landtechnik. Manchmal blieb sie nach Schichtende, wenn ihre Ablösung längst den Mähdrescher übernommen hatte, noch draußen am Feldrand sitzen und beobachtete den Erntekomplex, bis irgendwann Horst-Heinrich auftauchte und sie den Mähdrescher gegen den LKW tauschte. Mit der Fahrerlaubnis in der Tasche ließ Horst-Heinrich sie ab und zu ein Stück fahren.

„Nun ist es ja nicht mehr lange, dann bist du in Halle." Horst-Heinrich hatte das ausgesprochen, was Franziska seit einiger Zeit durch den Kopf ging. Sie hatte keine Angst, sie kam ja auch nicht in eine fremde Stadt, aber sie war dann von zu Hause weg und konnte nicht mal eben zum Bahnhof gehen, um ihre Bekannten zu treffen.

„Wie können wir nur in Verbindung bleiben?" Bekümmert sah Franziska Horst-Heinrich an.

„Wie wäre es mit Briefe schreiben?", schlug er vor.

Franziska stutzte. „Ja, geht denn das? Was sagt denn deine Frau dazu?"

„Die weiß schon lange von dir. Spätestens als wir mit meinen Kindern Eis essen waren, musste ich ihr was erzählen, Kinder behalten einfach nichts für sich!"

Franziska nickte lächelnd, sie dachte an Henrys kleine Schwester Lilly.

„Und wenn du mich nicht gerade täglich mit Post bombardierst, wird es gehen. Nur erwarte nicht allzu viele Antworten." Horst-Heinrich sah treuherzig zu ihr rüber. „Ich bin kein großer Briefeschreiber."

Er reichte ihr seine Hand über den Motortunnel hinweg und Franziska schlug zum Einverständnis ein.

18

Das ist doch nicht möglich, dachte Franziska. Sie stand mit ihrer Tasche und dem Zettel in der Hand, von dem sie die Adresse abgelesen hatte, vor einem Haus. In dieser Ecke von Halle war sie wohl noch nicht oft gewesen. Kann hier das Internat der Uni sein?, fragte sie sich. Doch das Schild neben dem Eingang belehrte sie eines Besseren: „Mädchenwohnheim der Martin-Luther-Universität, Sektion Pflanzenproduktion" Sie atmete tief durch. Der Vater hatte ihr am Morgen eine kleine Zuckertüte überreicht und ihr noch einmal angeboten, sie mit dem Auto nach Halle zu fahren. Doch Franziska hatte abgelehnt. Es wäre ihr albern vorgekommen, sich vom Vati begleiten zu lassen. Nun musste sie sich allein durchkämpfen. Sie musterte noch einmal das Haus. Es lag etwas abseits der Hauptstraße und war wohl vom Ursprung her älter. Im Krieg teilweise zerstört, schien es danach notdürftig wieder aufgebaut worden zu sein.

Vor einer Woche hatte Franziska Susanne zum Studienbeginn nach Weimar begleitet. Das Internat war ein schöner Neubau gewesen. Na ja, dachte sie, bei diesem hässlichen Kasten hätte sich der Magen jedes zukünftigen Architekten auf der Stelle umgedreht! Aber hier zogen wohl nur die Bauernkinder ein.

Nach der Anmeldung fand sich Franziska im ersten von drei hintereinander gelegenen Durchgangszimmern wieder. Sie ließ die Tasche auf den Boden fallen und sah sich in dem spartanisch möblierten Raum mit zwei Doppelstockbetten um. Wehmütig dachte sie an ihr schönes, gemütliches Zimmer daheim. Fast wären ihr die Tränen gekommen, als die Tür aufgestoßen wurde und schwungvoll jemand ins Zimmer trat. Zwei junge Mädchen, genau wie sie, sahen sich um.

„Hallo, ich bin Ina und das ist Andrea. Ich schätze, wir wohnen hier nebenan." Eins der Mädchen zeigte auf die Tür zum zweiten Zimmer.

Franziska lächelte. „Ich bin Franziska, ihr könnt aber Franzi sagen, das machen die meisten."

Nach und nach füllten sich die Zimmer. Auch in den Räumen nebenan hatte geschäftiges Treiben eingesetzt. Munter schwatzte jeder mit jedem und ein bisschen wurde auch Franzi von der frohen Erwartung der anderen Mädchen angesteckt.

Doch am Abend lag sie im Bett und zog sich die Decke über den Kopf, damit keiner merkte, dass sie weinte. Mit der Dunkelheit hatte sie die Sehnsucht übermannt. Nicht die Sehnsucht nach einer bestimmten Person, sondern nach ihrer Heimat, nach ihrer Familie, nach ihren Freunden. Sie fühlte sich so unendlich einsam.

Der nächste Tag war ausgefüllt mit den organisatorischen Fragen der Immatrikulation. Die Seminargruppen fanden sich das erste Mal zusammen und Franziska war froh, dass sie mit Ina und Andrea in der gleichen Gruppe aufgerufen wurde. Die jungen Männer, welche sich in den Seminargruppen zu den Mädchen gesellten, wohnten in einem Wohnheim etwas außerhalb. Sie waren fast durchweg älter, weil sie vor dem Studium erst ihren Dienst bei der Armee ableisten mussten.

Ina zog energisch einen der jungen Männer am Arm hinter sich her. „Darf ich vorstellen, das ist mein Bruder Ingolf." Sie lachte. „Bei der Immatrikulation hat man uns glatt für ein Ehepaar gehalten, weil wir den selben Nachnamen haben. Nicht schlecht, Herr und Frau Konrad, was?" Ina zwinkerte ihrem Bruder zu.

Die hat es gut, dachte Franziska. Was hätte sie jetzt gegeben, wenn wenigstens Alexander mit hier sein könnte.

Am Abend schrieb sie einen Brief an Horst-Heinrich und schüttete ihm ihr trauriges Herz aus. Doch als sie den Brief noch einmal gelesen hatte, knüllte sie ihn zusammen und warf ihn in den Papierkorb. Was sollte er von ihr denken? Sie hatte alles, was sie sich gewünscht hatte und heulte hier rum! Nur weil das Wohnheim kein Erste-Klasse-Hotel war? Weil man nur am Mittwoch duschen konnte? Na und! Am Wochenende konnte sie zu Hause in aller Ruhe baden. Und sie hatte ja noch die Oma. Eigentlich ging es ihr doch besser, als den meisten anderen. Und nette Kommilitonen hatte sie immerhin auch schon kennengelernt. Wenn sie an Ingolf dachte, wurde die Welt gleich heller. Sie wollte es sich und allen anderen beweisen, dass sie alleine klar kam.

Die ersten Vorlesungen in den nächsten Tagen vertrieben ihre trüben Gedanken. Der Hörsaal und die Seminarräume waren modern und hell. Hier würde es sich gut lernen lassen. Selbst das finstere Wohnheim verlor mehr und mehr seinen Schrecken.

Und doch atmete Franziska auf, als endlich Wochenende war. Mit jedem Kilometer, der sie ihrer Heimatstadt näher brachte, fühlte sie sich unbeschwerter. Und auch die Eltern freuten sich, ihre Tochter wieder zu sehen.

Franziska wollte unbedingt mit Susanne sprechen und hatte sich am Nachmittag auf den Weg gemacht. Susannes Mutter öffnete auf ihr Klingeln die Tür.

„Ach Franziska, das tut mir aber leid, Susanne ist nicht da. Sie kommt nicht mehr jedes Wochenende nach Hause. Ich glaube, sie fühlt sich dort sehr wohl. Möchtest du trotzdem auf einen Kaffee herein kommen?"

Susannes Mutter war eine herzliche, rundliche Frau und Franziska mochte sie gern. Doch sie lehnte dankend ab und lief zurück nach Hause. Dort schrieb sie an Susanne einen Brief und verabredete sich mit ihr für das nächste Wochenende.

„Da bist du ja, komm rein!" Die Freundinnen umarmten sich.

„Besonders glücklich scheinst du ja nicht zu sein." Susanne hatte Franziska sofort gemustert.

„Bin ich auch nicht", bestätigte Franzi. Nun konnte sie sich ihren Kummer von der Seele reden. Was sie in den Briefen nicht so deutlich sagen wollte, das machte sich jetzt Luft. Sie berichtete von dem Wohnheim, das ihr wohl nie ein wirkliches Heim werden würde.

„Aber die Mitstudenten sind echt alle total nett", kam sie nun auf die guten Seiten zu sprechen. „Ich war sogar schon mit zur Disco."

„Was, du und Disco?" Susanne war überrascht.

Obwohl Franziska sehr gut und auch gerne tanzte, war sie kein Discogänger. Das wilde Gezappel empfand sie nicht als wirkliches Tanzen. Und ihre Besuche im örtlichen Jugendclub erschöpften sich darin, dass Verena Franziska abgeholt hatte und sie bis zur Tür gegangen waren. Dann war Verena im Club verschwunden und Franzi war ein paar Ecken weiter zu Horst-Heinrich in den LKW gestiegen und hatte ihn bei der Nachtschicht auf dem Rübenacker begleitet.

Nun hatte sie es wenigstens versucht. Aber es ging ihr nicht gut in Halle und das machte sie traurig.

„Ich würde so gerne in Halle auch LKW-Fahrer kennen. Aber ich weiß einfach nicht, wie ich es anstellen soll."

Susanne überlegte. „Irgendwo müssen die sich doch auch treffen. Vielleicht sogar ebenfalls am Bahnhof. Man könnte auf jeden Fall da anfangen."

„Nun ja, einen Versuch ist es wert." Franziska hatte wenig Hoffnung, aber sie wollte es probieren.

Inzwischen war Franziska schon zum dritten Mal am Bahnhof entlang gegangen. Selbst am Busbahnhof war sie gewesen. Dort gab es einen Kiosk für die Busfahrer. Doch kein einziger LKW war hier zu sehen. Und auch das Bahnhofslokal schien nicht der bevorzugte Treffpunkt von LKW-Fahrern zu sein. Zumindest fiel Franzi zwischen den Reisenden nicht weiter auf, wie sie dort langsam herum irrte und immer wieder suchend stehen blieb.

Ihr Blick ging zur Hauptstraße, wo genau in diesen Moment drei Lastzüge mit gleichen Beschriftungen vorbei fuhren. Irgendwo da hinten müssen sie doch hin wollen, überlegte Franziska und machte sich auf den Weg in die Richtung. Sie ging langsam, in der Hoffnung, es könnte noch so ein LKW mit Plane und Anhänger vorbei kommen und ihr den Weg weisen. Hier gab es Abzweige zu Nebenstrecken und zum Güterbahnhof. Und sie erinnerte sich schwach daran, dass weiter hinten die Autobahn vorbei führte. Wahrscheinlich waren die Laster dort hin gefahren, dachte sie. Franziska lief noch ein Stück, doch als die Straße immer einsamer wurde und immer weniger Passanten vorüber kamen, kehrte sie um. An einer Litfasssäule studierte sie das Theaterprogramm und wollte gerade weiter gehen, als sie hinter sich eine Stimme hörte.

„Na du!" Franziska drehte sich erstaunt um. Fast hätte sie den Satz vollendet mit: Kennen wir uns?

„Hallo!" Sie blickte in das Gesicht eines jungen Mannes.

„Es sieht so aus, als würdest du auf was warten oder was suchen." Er sah sie fragend an. Schon vor einer halben Stunde hatte er das Mädchen hier entlang laufen sehen. Jetzt war sie immer noch da. Also, was suchte sie?

Tja, LKW-Fahrer, dachte Franziska.

Sie hatte später keine Ahnung, wie sie dazu gekommen war, diesen Gedanken auszusprechen: „LKW-Fahrer"

Der junge Mann reagierte auf eine fröhliche Art verwundert. „Gefunden!"

„Was? Wie?" Jetzt war es an Franziska, erstaunt zu sein.

„Ja, ich bin LKW-Fahrer. Und was soll ich jetzt machen? Willst du umziehen? Oder soll ich Baumaterial transportieren? Das kriegen wir schon hin!" Ein paar Mark Nebenverdienst waren vielleicht nicht zu verachten, dachte er bei sich. Und irgendwie gefiel ihm dieses Mädchen, auch wenn sie ein komischer Vogel war. Stand hier einfach an der Straße rum und suchte nach Fahrern!

„Nein, nein. Das ist es nicht", beeilte sich Franziska, seine falsche Vermutung richtig zu stellen.

„Aber warum suchst du dann einen LKW-Fahrer?" Dieses Mädchen war ihm ein Rätsel.

„Das ist eine längere Geschichte", versuchte Franziska den Anfang einer Erklärung.

„Gut, ich habe Zeit! Gehen wir da vorne einen Kaffee trinken und du erzählst mir die Geschichte. Nur wenn du willst natürlich. Und außerdem muss ich mich ja erst mal vorstellen, ich bin Michael."

„Gerne, ich bin Franziska." Sie gaben sich die Hand und gingen gemeinsam los.

Aus einer Tasse Kaffee wurden drei und nach einer Stunde waren sie mitten drin, sich gegenseitig ihr Leben zu offenbaren, in dem LKWs einen großen Platz einnahmen.

Michael erzählte ihr, dass er 22 Jahre alt war, in seiner Armeezeit als LKW-Fahrer ausgebildet wurde und jetzt bei der Handelsorganisation als Auslieferungsfahrer arbeitete. Das Großlager lag direkt um die Ecke von der Stelle, wo sie sich getroffen hatten. „Und da habe ich dich gesehen."

Franziska berichtete von der Fahrschule, von ihrer Arbeit im Bauhof, von den Fahrern dort und dass sie jetzt weit weg war von ihren Freunden und sie nach neuen Kumpels suchte. „Ich dachte einfach, mit Fahrern komme ich gut zurecht."

„So was wie dich habe ich noch nie getroffen", stellte Michael lächelnd fest. „Und ich würde dich gerne wieder sehen."

Franziska sah ihn an. „Ich möchte dich auch wiedersehen." Mit einem mal war da wieder Freude in ihr, als berührte ein Sonnenstrahl ihr Herz.

Aufgeregt fieberte Franziska dem Freitag entgegen. Diesmal wollte sie nicht sofort nach dem Ende der Vorlesung nach Hause fahren. Sie hatte sich mit Michael verabredet. Franziska stand vor ihrem Bett, auf dem sich der gesamte Inhalt ihres Schrankes türmte. Sie probierte ein Kleidungsstück nach dem anderen, nur um eine halbe Stunde später genau das an zu haben, was sie vorher getragen hatte. Gerade noch pünktlich kam sie aus der Tür des Wohnheims.

„Hallo! Schön, dass du da bist!" Michael lächelte. „Und, was machen wir jetzt?"

Franziska sah ihn bedauernd an. „Ich müsste noch ein paar Kleinigkeiten einkaufen, weil ich übers Wochenende hier bleibe." Das war ja nun nicht gerade das Passende für ein Stelldichein.

Doch Michael sah es gelassen. „In Ordnung, vorne an der Kreuzung ist eine ganz gute Kaufhalle, da müsstest du alles finden, was du suchst." Er nahm Franziskas Hand und zog sie sanft mit sich.

Eine warme Welle durchflutete sie. Es schien ihr, als würde sie Michael schon lange kennen. Sie waren so vertraut miteinander, wie sie es sich gar nicht erklären konnte.

Später saßen sie in einer kleinen Bar und setzten bei einem Glas Bier und einem Cocktail ihr Gespräch fort. Und wenn sich ihre Blicke trafen, dann schien der Boden unter Franziska zu schweben. Das war nicht Liebe auf den ersten Blick. Diese Liebe musste schon viel früher tief in ihr gewesen sein und kam nun an die Oberfläche.

Die kalkweißen Wände im Wohnheim nahmen in dieser Nacht für Franziska eine rosarote Farbe an. Sie war nicht mehr allein in dieser Stadt! Und sie fühlte es ganz deutlich, sie war verliebt.

Am nächsten Tag bummelten Michael und Franziska Hand in Hand durch die herbstlichen Straßen der Stadt. Sie fuhren mit der Straßenbahn und stiegen genau an der Ecke aus, wo Michaels Arbeitsstelle war.

„Guck, da steht er." Stolz zeigte Michael in die Richtung, wo ein neuer, lindgrüner IFA-LKW mit Anhänger parkte. „Und wenn ich Mittagschicht habe, kann ich dich bestimmt auch öfter mal nach deinen Vorlesungen mitnehmen."

Franziska strahlte über das ganze Gesicht.

„Soll ich dich nächste Woche abholen? Mittwoch würde gut in meinen Tourenplan passen."

Franziska druckste kurz herum. „Mittwoch wäre nicht so gut. Da, da habe ich nämlich Geburtstag."

„Na um so besser, dann komme ich erst recht!" Michael hatte Franziska den Arm um die Schulter gelegt. Fast unbemerkt waren sie um die Ecke gegangen und standen nun an der Litfasssäule, wo sie sich zum ersten Mal begegnet waren.

Er zog sie an sich. „Du bist ein ganz süßes, verrücktes Mädchen!" Und dann küssten sie sich, zärtlich und voller innerer Verbundenheit.

Am Sonntag besuchte Franziska ihre Oma. Es war ihr schwer gefallen, Michael nicht um ein weiteres Treffen am Sonntag zu bitten. Doch sie wollte ihn nicht gleich am Anfang der Beziehung zu sehr vereinnahmen. Schließlich hatte er ja auch seine Familie und seine Pläne gehabt, ehe ihm plötzlich Franziska über den Weg gelaufen war. Michael hatte ihr beim Abschied ein Bild geschenkt, dass ihn im vorigen Sommer mit dem LKW zeigte. Sie hatte es in der Nacht unter ihr Kopfkissen gelegt und dann ins Portemonnaie gesteckt, um ihn immer bei sich zu haben. Franzi hatte überlegt, ob sie der Oma von Michael erzählen sollte, es dann aber verworfen. Zu neu waren noch die Eindrücke.

Am Montag schrieb sie einen Brief an Horst-Heinrich. Ihm wollte sie von ihren Gefühlen für Michael berichten. Er sollte erfahren, dass es ihr gut ging.

Tuuut! Die Hupe des LKW dröhnte laut durch die ruhige Innenstadtstraße. Franziska rannte die Treppe runter, Michael entgegen. Nichts hielt sie jetzt mehr.

„Alles Gute zum 19. Geburtstag!" Michael lächelte ihr zu und holte den größten Rosenstrauß hinter seinem Rücken hervor, den Franziska je in natura gesehen hatte. 20 Rosen, 19 helle und eine dunkle, für jedes Lebensjahr eine! Für die abgeschlossenen und für das zukünftige.

„Himmel, du musst verrückt sein, wo hast du denn die Blumen her?" Franzi war völlig überwältigt. Rosen im November, das war ja wie Goldstaub in der Saale, eigentlich kaum zu finden.

„Verrückte Blumen für ein verrücktes Mädchen!" Michael küsste sie zärtlich.

Franziska fasste Michael an der Hand und zog ihn hinter sich her ins Haus, obwohl Herrenbesuche ohne Anmeldung nicht erlaubt waren. „Ist egal, heute habe ich Geburtstag!", rief sie übermütig dem Diensthabenden Mädchen an der Wache zu.

Nach einer halben Stunde musste sich Michael von der fröhlichen Mädchenrunde wieder verabschieden, schließlich warteten noch einige Kunden auf die Lieferung.

„Aber morgen, da hole ich dich ab und du kommst mit!"

Franziska winkte ihm nach, bis der LKW hinter der nächsten Ecke verschwand. Sie wischte sich über die Augen. War das wirklich alles wahr? Sie schwebte auf Wolke sieben!

„Du, der ist aber echt ein Schatz!" Ina hatte sich zu Franziska aufs Bett gesetzt. „Wie lange kennt ihr euch?"

„Zehn Tage." Franzi lächelte verlegen. „Aber es kommt mir viel länger vor."

Am nächsten Nachmittag stand Franziska schon vor der Tür, noch bevor der LKW in die Straße einbog. Sie kletterte auf den Beifahrersitz und strahlte Michael an. Dieses Glücksgefühl in ihr brachte ganze Schwärme von Schmetterlingen in ihrem Bauch in Wallung. Sie genoss die Fahrt, jede Minute, jeder Kilometer war für sie die totale Erfüllung. Franziska half Michael beim Abladen in den kleinen Läden im Umkreis von Halle. Sie arbeiteten zusammen, als hätten sie nie etwas anderes getan.

Es war schon längst dunkel, als sie die Stadt wieder erreichten. Die Straßen waren menschenleer.

„Na, was ist, willst du mal fahren?" Michael hatte angehalten. „Komm trau dich, es kann nichts passieren, ich bin ja dabei."

Franziska zögerte, doch dann überwand sie sich und rutschte auf den Fahrersitz, während Michael sich auf der Motorhaube setzte.

Franziska fuhr los. Michael lotste sie mal nach rechts, dann wieder nach links. Sie hatte keine Ahnung, wo sie überhaupt lang fuhren.

„Hier in dem Ort wohne ich." Sie hatten einen der Vororte erreicht. „Ich würde dich ja gerne meinen Eltern vorstellen, aber heute ist es zu spät. Und mein kleiner Bruder schläft garantiert auch schon. Nächste Woche, wenn ich Frühschicht habe, fahren wir mit dem Bus her."

Franzi hielt an. Für heute war sie genug gefahren. Und im Dunkeln musste es auch nicht unbedingt sein. Michael brachte den LKW zurück in seine Firma.

Jetzt fiel Franziska etwas ein. „Sag mal, kannst du am Sonnabend zu mir kommen, zur Geburtstagsfeier? Dann könnten dich meine Eltern schon mal kennen lernen, und mein Bruder auch."

Michael nickte. „Na klar, komme ich. Schreib mir die Adresse noch mal auf. Vielleicht kann ich es sogar mit einer Extratour mit dem LKW verbinden."

Als Franziska später im Bett lag und nachdachte, kamen ihr Bedenken. Was sollte sie nur ihren Eltern sagen? Sie wusste doch, was ihre Mutter von LKW-Fahrern hielt. Aber rückgängig konnte sie ihre Einladung auch nicht mehr machen.

19

Am nächsten Tag fuhr Franziska nach Hause. Den großen Rosenstrauß hatte sie gut verpackt mit in den Bus genommen. Er sollte ihr die Erklärung der Situation etwas erleichtern.

Sie wurde freudig in Empfang genommen und jeder wollte der Erste sein beim Gratulieren, als der Blick der Oma auf den großen Blumenstrauß fiel.

„Mädchen, zeig mal her, das sind ja tolle Blumen, wo hast du denn die her?" Jetzt musterte auch der Rest der Familie den Strauß.

„Die habe ich von Michael. Und morgen kommt er." Sie ließ die Neuigkeit erst einmal etwas sacken, die förmlich wie eine Bombe einschlug.

Nun stürmten Fragen über Fragen auf Franziska ein. „Wer ist Michael? Wo wohnt er? Wie alt ist er? Seit wann kennt ihr euch?" Und natürlich: „Was macht er denn beruflich?"

Der Vater ging rettend dazwischen. „Nun lasst sie doch erst mal richtig ankommen! Fehlt bloß noch, dass einer fragt, was seine Mutter für eine Geborene ist!" Sein mahnender Blick streifte die Oma. „Morgen ist auch noch ein Tag!"

Die Familie saß noch etwas zusammen und dann verzog sich jeder in Richtung Bett.

„Du, Alex, ich muss dir mal was sagen", fing Franzi ein Gespräch mit ihrem Bruder an. „Der Michael ist LKW-Fahrer, aber ich weiß nicht, ob ich das gleich sagen soll. Nachher mögen sie den deshalb nicht. Was würdest du machen?"

Selten hatte Franziska bisher ihren jüngeren Bruder um Rat gefragt, doch jetzt war er der Einzige, dem sie sich anvertrauen konnte.

„Wo fährt er denn?" fragte Alexander.

„Er ist Auslieferungsfahrer bei der Handelsorganisation."

„Hey, das passt!" Alexander hatte eine Idee. „Sag doch einfach, er ist beim Handel, und wenn die noch mehr wissen wollen, dann sag, im Außendienst. Das ist nicht mal gelogen."

Franziska umarmte ihren Bruder. „Du bist genial! So mache ich es!"

Wie erwartet ging die Fragerei am Morgen wieder los. Doch mit Alexanders erfundenen Antworten stellte Franziska die Neugierigen erst einmal zufrieden. Nur die Oma wollte schon zum wiederholten Mal wissen, wie denn der junge Mann hieß.

„Oma, er heißt Michael, Michael Gronnert." Franzi stöhnte und die Oma auch. „Hach, ich kann mir das nicht merken, schreib es mir doch auf!" Nun lief sie den ganzen Vormittag mit dem Zettel in der

Schürzentasche durchs Haus, um ihn ja richtig anreden zu können.

Am Nachmittag erklärte Alexander, er müsse noch mal kurz zu einem Freund. In Wirklichkeit aber wartete er am Abzweig zum Wohngebiet auf Michael mit dem LKW, um ihm von den kleinen Änderungen in seinem beruflichen Schaffen zu berichten.

Michael legte ihm die Hand auf die Schulter. „Danke dir, ich halte mich dran, so lange es sein muss. Bist ein guter Kumpel!"

Gemeinsam mit Alexander kam Michael bei Franziska zu Hause an. Franzi war aufgeregt wie selten in ihrem Leben. Verlegen nahm sie Michaels Hand und gab ihm einen Kuss auf die Wange. Sie tranken gemeinsam Kaffee, ließen sich die Geburtstagstorte schmecken und unterhielten sich angeregt. Franziska nahm erfreut wahr, wie gut Michael bei ihren Eltern und auch der Oma ankam, die ihren Zettel in der Tasche nicht gebraucht hatte, weil sich der Name Michael doch gut merken ließ und der Nachname überflüssig war. Immer lockerer wurde die Atmosphäre und plötzlich fiel das Wort LKW. Franzi erschrak. War das schöne, entspannte Kennenlernen nun etwa vorbei?

Die Oma sah verwundert zu Michael. „Ach nein, müssen die alle Berufe heutzutage umbenennen. Zu meiner Zeit war ein Maurer noch ein Maurer und nicht ein Baufacharbeiter." Sie buchstabierte den Begriff fast. „Und ein Fahrer war ein Fahrer und nicht ein Außendienstler."

Alexander lachte. „Ja Oma, da hast du recht. Aber wie es heißt, ist eigentlich egal, die Hauptsache ist doch, dass der Michael nett ist."

Plötzlich schmunzelten alle, die kleine Schummelei war durchschaut. Franziska blickte verlegen in die Runde, aber ihr fiel ein Stein vom Herzen.

Michael und Franziska trafen sich am Dienstag wieder. „So, jetzt wollen wir dein Geschenk besorgen", hatte Michael gesagt. Schon am Sonnabend hatte er versprochen, ihr neue Winterstiefeln zu kaufen. Lange würde es bis zum ersten Schnee wohl nicht mehr dauern. Als die Oma das gehört hatte, meldete sie Bedenken an.

„Mädchen, in der Brautzeit soll man sich doch keine Schuhe schenken, dann läuft man auseinander." Ihr Vorrat an mehr oder weniger klugen Sprüchen schien unerschöpflich. Aber Michael hatte nur gelacht. „Wir laufen höchstens zueinander!"

Doch Franziska hatte sich gefragt, ob die Großmutter mit dem einem wohl recht hatte. War sie in
der Brautzeit? War Michael der Mann, den sie heiraten würde? Wusste Oma mehr als sie selbst?

Nun kauften sie die Stiefel und Franziska wurde
fast schwindlig, als sie den Preis sah. Aber Michael
beruhigte sie. „Ich gehe arbeiten, ich verdiene nicht
schlecht und ich wohne noch zu Hause, da konnte
ich was sparen." Jetzt gab er es großzügig aus.

„So, und jetzt fahren wir zu mir." Michael zog
Franziska zum Taxistand und nannte dem Fahrer
die Adresse. In gut einer Viertelstunde hielt das
Taxi vor einem Haus in dem Vorort, wo sie in der
vorigen Woche mit dem LKW gewesen waren.

Hand in Hand betraten Michael und Franziska das
Haus und gingen die Treppe hinauf bis zum Dach-
geschoss.

„Komm, die sind garantiert alle in der Küche."
Michael öffnete eine Tür. Am Tisch saß ein kleiner
Junge über seinen Hausaufgaben. Seine Mutter saß
daneben und gab darauf Acht, während der Vater
am Herd stand und Kaffee aufbrühte.

„Das ist also der komische Vogel!" Ein ver-
schmitztes Grinsen überzog das Gesicht des Mannes. Michael musste seiner Familie von ihrer ersten
Begegnung ganz genau berichtet haben.

Franziska lächelte in die Runde. „Ja, wenn Sie es so sehen! Aber ansonsten bin ich Franziska!"

„Und das sind meine Eltern und mein Bruder Tobias. Ich habe noch einen großen Bruder. Aber Frank ist schon ausgezogen." Michael schob Franziska einen Stuhl zurecht.

Und bald saßen alle in trauter Runde, tranken Kaffee und führten lockere Gespräche. Erst nach dem Abendessen brachen sie wieder auf. Michael begleitete Franziska im Bus bis zum Bahnhof, so wusste sie gleich, welche Buslinie sie nehmen musste, falls sie einmal alleine zu Michael fahren wollte. Im Bus sprach Franziska Michael auf seinen kleinen Bruder an.

„Ist Tobias dein richtiger Bruder?" Michael sah verständnislos zu ihr.

„Na ja, weil er so viel jünger ist." Franzi erzählte von Henry und seinen kleinen Geschwistern, die nur seine Halbgeschwister waren.

„Nein, nein, das ist schon mein richtiger Bruder. Tobias ist ein Nachzügler, meine Mutti war schon 40, als sie ihn noch bekam. Aber lass dich von ihm nur nicht um den Finger wickeln! Der Kleine will ständig verwöhnt werden."

Franziska schwebte wahrhaftig wie auf Wolken. Jeden Tag traf sie sich mit Michael. Jede Stunde, die sie nicht zusammen sein konnten, kam ihr doppelt lang vor. Das Studium fiel ihr leicht. Im ersten Semester standen vor allem Grundlagenfächer auf dem Plan. Wenn Michael Schicht hatte, nutzte sie die Zeit für intensives Lernen, um dann Zeit zu haben, wenn er frei hatte. Immer öfter fuhr sie auch mit ihm ein Stück im LKW mit, wenn es sein Tourenplan ermöglichte. Jedes mal, wenn sie auseinander gingen, legten sie den Termin für das neue Treffen fest. Wenn sie sich aber ein oder zwei Tage mal nicht sehen konnten, schrieben sie Briefe. Wenn etwas gut funktionierte, dann war es die Post. Ein Brief, den Franzi am Abend noch in den Kasten warf, war am nächsten Tag schon bei Michael.

Ich bin um 5 Uhr am Kino, hatte Franziska geschrieben. Nun stand sie schon eine halbe Stunde in der Kälte und wartete. Hatte er den Brief nicht bekommen? Was war passiert? Sie machte sich Sorgen. Was sollte sie nur tun? Schlimme Vorstellungen schoben sich in ihre Fantasie. War ein Unfall passiert? Franzi hatte Angst. Tiefe Traurigkeit stieg in ihr hoch.

Langsam bewegte sie sich wie in Trance vom vereinbarten Treffpunkt weg. Und plötzlich wurde ihr bewusst, wohin sie die Stiefel an ihren Füßen trugen. Zur Bushaltestelle am Bahnhof!

Dann stand sie vor dem Wohnhaus von Michaels Eltern. Sie wischte sich die Tränen weg und putzte sich die Nase, ehe sie klingelte.

„Franziska, was ist denn los? Michael ist nicht da." Seine Mutter zog sie in die Küche. „Kommen Sie erst mal rein."

Franzi fing wieder an zu weinen. Hier war er also auch nicht. „Ich war mit Michael verabredet, aber er ist nicht gekommen."

Da fiel ihr Blick auf den Schrank, dort lag ihr Brief, ungeöffnet.

„War er heute noch gar nicht hier nach der Arbeit?" Seine Eltern schüttelten den Kopf. Dann konnte Michael also noch gar nichts von der Verabredung wissen. Aber warum war er nicht hier?

„Wenn ihm nun was passiert ist", schniefte Franziska.

Michaels Mutter legte tröstend den Arm um Franzis Schultern. „Nein, bestimmt nicht, das würde ich merken."

„Nun mach dir mal keinen Kopf, Mädchen! Der kommt schon wieder, der ist bis jetzt doch immer wieder gekommen!" Der Vater machte sich gerade seine Brote für die Nachtschicht fertig und schien die Ruhe selbst zu sein. „Und wenn er in einer Stunde nicht da ist, dann fährst du mit mir im Bus zurück. Wir schicken ihn dann morgen zu dir ins Wohnheim. Hier, trink erst mal einen schönen, heißen Kakao, der beruhigt!"

Franziska bedankte sich und schlürfte den Kakao, der wahrhaftig ganz herrlich schmeckte und ihr irgendwie die Lebensgeister zurück brachte, als die Tür geöffnet wurde.

„Franzi! Was machst du denn hier?" Die Tür stand noch offen und Michael sah völlig verdutzt seine Eltern und seine Freundin an.

„Ich hatte solche Angst! Wo warst du denn?" Franzi fiel Michael um den Hals und wollte ihn gar nicht wieder los lassen. „Aber jetzt ist alles gut!" Sie lachte unter Freudentränen. Mutter und Vater sahen sich nur schmunzelnd an.

Michael küsste ihr die Tränen von den Wangen. „Ich bin für einen Kollegen eingesprungen, der krank geworden ist. Ich hatte ja keine Ahnung, dass du hier auf mich wartest."

Franzi hielt ihm den Brief unter die Nase. Jetzt lachten sie beide.

„Wenn ich wieder mal außer der Reihe arbeite, rufe ich gegenüber in der Konservenfabrik an, die sagen dann hier Bescheid. Und wenn du dann her kommst, musst du dir wenigstens keine Sorgen machen."

Michael zog Franzi mit sich in das kleine Mansardenzimmer, das er bis vor kurzem noch mit seinem Bruder geteilt hatte. „Wenn du willst, kannst du hier bleiben. Allerdings muss ich morgen sehr früh raus. Aber du weißt ja, wie der Bus fährt." Michael zeigte auf ein Schlafsofa. „Da kannst du schlafen."

Franziska sah ihn voller liebevollem Verlangen an. „Ich bleibe gerne hier. Aber da schlafe ich nicht!" Sie wollte keinen Millimeter Abstand zwischen sich und Michael haben. Sie wollte bei ihm sein, Haut an Haut, ohne wenn und aber.

Nach dieser ersten Nacht blieb Franziskas Bett im Wohnheim immer öfter unberührt. Das verstieß zwar gegen die Vorschriften des Wohnheimes und Ina musste ab und zu Ausreden erfinden, um sie zu decken. Aber die Busverbindung war so gut, dass es kein Problem gab, trotzdem morgens pünktlich in der Uni zu sein.

„Kneif mich mal, damit ich weiß, dass ich nicht träume!", sagte Franzi zu Ina. „Fast hätte ich mich in deinen Bruder verliebt, jetzt ist mir die gesamte Männerwelt egal, wenn ich nur bei Michael sein kann!"

Ina sah Franziska an und lachte: „Na, das hätte was gegeben, du und Ingolf, so kurz vor seiner Hochzeit! Aber wenn ich jetzt sehe, wie glücklich du bist, dann freue ich mich sehr für dich. Du hast so traurig gewirkt, als wir uns kennen lernten. Heute strahlst du vor Lebenslust. Halte dein Glück nur ganz fest!"

Ina hatte in der letzten Zeit ein bisschen die Stelle von Susanne eingenommen. Während sie Susanne nur noch selten traf und Schreiben die einzige Verbindung zwischen den beiden war, wurde Ina für Franziska mehr und mehr zur Vertrauten und Freundin.

„Das werde ich!" Franziskas verklärter Blick sagte alles.

„Na dann, schöne Ferien, frohe Weihnachten und ein gesundes Wiedersehen im neuen Jahr!" Ina und Franzi umarmten sich. Während Ina nun nach Hause fuhr auf den heimischen Bauernhof, blieb Franziska noch bis Weihnachten bei Michael. Am Heiligen Abend wollte sie zu Hause bei ihrer Familie sein. Nach Weihnachten aber würde Michael dann zu ihr kommen und bis ins neue Jahr bleiben.

„Prosit Neujahr!" Die Sektgläser klangen und die Glocken der Kirche läuteten das neue Jahr ein. Während Alexander eine Rakete nach der anderen in den sternenklaren Nachthimmel schoss und die Eltern den Nachbarn ein frohes neues Jahr wünschten, küssten sich Franziska und Michael leidenschaftlich.

„Franzi, ich liebe dich!" Michael war plötzlich ernst geworden. „Ich will nicht mehr ohne dich sein!" Er holte ein kleines Päckchen aus seiner Tasche. „Und deshalb frage ich dich hier und jetzt: Franziska Zandler, willst du mich heiraten?"

Franzi fiel ihm um den Hals. „Ja, ja, ja! Ja, ich liebe dich auch! Und ja, ich will dich heiraten!"

Michael steckte ihr einen schmalen, goldenen Ring an den Finger. Gemeinsam gingen sie nach draußen, um den Eltern die Neuigkeit mitzuteilen. Die Großmutter hatte also doch recht behalten, sie waren in der Brautzeit! Aber den Aberglauben, den würden sie Lügen strafen.

In den Semesterferien verbrachten Franziska und Michael eine Woche gemeinsam bei Franzis Eltern.

Nach der Rückkehr an die Uni im neuen Jahr hatte Franzi nur so vor Glück gesprüht. Stolz hatte sie ihren Verlobungsring getragen. Und die ersten Semesterprüfungen schaffte sie in ihrer Euphorie durchweg mit gutem Erfolg. Sie hatte an Horst-Heinrich geschrieben und ihm die schönen Neuigkeiten mitgeteilt. Gleichzeitig hatte sie ihn um ein Treffen gebeten und einen Nachmittag vorgeschlagen. Auf Antwort hatte sie vergeblich gewartet. Und Michael hatte sie nichts davon erzählt. Wenn Horst-Heinrich sie versetzte, dann wollte Franziska die Enttäuschung mit sich selbst ausmachen.

So liefen Franziska und Michael dann am Nachmittag durch die Straßen der Kleinstadt. Franzi blieb viel öfter an Schaufenstern stehen, als es sonst ihre Art war, bis tatsächlich der blaugraue LKW um die Ecke bog und am Straßenrand hielt.

„Sieh nur Micha, da ist Horst-Heinrich, mein Kumpel, von dem ich dir schon erzählt habe!" Sie zog Michael am Arm hinter sich her. Horst-Heinrich war ausgestiegen und kam auf die beiden zu.

„Franzi!" Er freute sich ehrlich, das Mädchen so glücklich vor sich zu sehen.

„Und das ist Michael", stellte Franziska nun ihren Verlobten vor.

Horst-Heinrich reichte ihm die Hand. Der Junge passt zu ihr, dachte er bei sich. Er hatte sich nie an den Anblick von Franziska und Joachim als Paar gewöhnen können. Es war gut, dass das Mädel schadlos aus der Geschichte heraus gekommen war.

„Kommt, wir setzen uns ins Auto, ich habe gut geheizt. Ist doch ganz schön kalter Wind. Es riecht nach Schnee."

Die drei kletterten in den LKW und Franzi hockte auf der Motorhaube in der Mitte zwischen ihrem guten Freund und ihrem zukünftigen Mann. Sie sah mal nach rechts und mal nach links, während sich die beiden unterhielten.

Horst-Heinrich sah auf die Uhr. „Tut mir leid, aber ich muss los. Lasst es euch gut gehen!" Er umarmte Franziska und drückte Michael fest die Hand. „Mach sie glücklich, Junge, sie hat es verdient."

20

Es hätte der Aufforderung nicht bedurft, Michael tat alles, um seine Franziska glücklich zu machen. Was ihnen zum ganz großen Glück noch fehlte, war eine gemeinsame Bleibe.

Gelegentlich hatten sie in der letzten Zeit bei den verschiedenen Verwandten übernachtet. Michaels Onkel und Tanten freuten sich an dem Paar, das sich anscheinend gesucht und gefunden hatte. Auch Franzis Oma hatte ihren neuen Enkelsohn inzwischen kennen gelernt und schon sehr in ihr Herz geschlossen. Einen Teil des Hauses hatte sie nach dem Tod des Opas vermietet und war dadurch nicht ganz so einsam. Trotzdem machte sich Franziska Sorgen um die Großmutter. Seit sie Witwe war, schien sie in ein tiefes, seelisches Loch gefallen zu sein, obwohl sie eigentlich nicht die glücklichste Ehe geführt hatten. Doch ohne ihren Paul konnte sie sich nur schlecht zurecht finden. Da halfen auch die Nachbarn und die Besuche der Enkel nicht viel.

Michaels Eltern hatten Franziska mit großer Herzlichkeit aufgenommen. Sie verstanden, dass das Mädchen nicht in dem ungeliebten Wohnheim bleiben, sondern lieber mit Michael zusammen sein wollte. Doch Franziska bemerkte trotz ihrer großen Verliebtheit, wie beengt es in der kleinen Dachgeschosswohnung zuging. Vor allem Tobias tat ihr leid, wenn sie sah, dass das Bett des Achtjährigen noch im Schlafzimmer der Eltern stand. Wie schön wäre es für den Jungen, wenn er das Mansardenzimmer von Michael beziehen könnte. Doch dafür brauchte das junge Paar eine eigene kleine Wohnung, was leichter gesagt als getan war.

„Passt mal auf", begann Michaels Mutter an einem Abend zu erzählen. „Meine Kollegin Rita heiratet bald. Sie hat eine kleine Wohnung in der Innenstadt." Michael und Franziska horchten sofort auf. Ritas zukünftiger Mann bewohnte ein modernes Appartement in einem Hochhaus in der Neustadt. Dort würde Rita dann auch einziehen und ihre Wohnung aufgeben. Genau genommen wohnte sie schon gar nicht mehr da.

„Wenn ihr nun einfach da einzieht?" Michaels Mutter hatte sich das einfach mal so vorgestellt.

„Dann sitzen wir schneller auf der Straße, als wir denken können. Das müssen wir schon geschickter anstellen." Ohne amtliche Zuzugsgenehmigung ging gar nichts. Aber Michael hatte bereits einen Plan.

Am nächsten Nachmittag ging er gemeinsam mit Rita zum Einwohnermeldeamt und meldete sich bei seiner „Freundin" an. Nun hatte er es schon mal schwarz auf weiß, er wohnte da.

Franziska sah sich in dem Zimmer um, in dem nur ein Schrank und ein Schlafsofa standen, und viel mehr als dieses Zimmer besaß die Wohnung auch nicht. Ein Bad gab es nicht und die Toilette musste man sich mit der Nachbarin teilen, die ebenfalls ein Zimmer bewohnte. Na, wenigstens ist das Klo nicht noch eine halbe Treppe tiefer, dachte Franziska erleichtert. Eine winzige Küche vervollständigte ihr zukünftiges Domizil in einem alten Jugendstilhaus. Das hat aber auch schon bessere Zeiten erlebt, dachte Franziska mit Blick auf den verschnörkelten Stuck an der Decke.

In den nächsten Wochen brachten Franziska und Michael ihre Sachen in die Wohnung, immer darauf bedacht, es nicht wie einen Umzug aussehen zu lassen.

Rita und Bernhard hatten geheiratet. Und Michael erschien wieder beim Meldeamt und erzählte seine rührselige Geschichte von seiner Freundin, die ihn nun böswillig verlassen hatte. Er aber war ja in gutem Glauben zu Hause ausgezogen und konnte nun nicht wieder zurück. Ob die Frau im Amt ihm geglaubt hatte, wusste Michael später nicht zu sagen, doch sie gab ihm die Kontonummer, damit er von nun an die Miete überweisen konnte. Es war geschafft!

Franziska hatte ja immer noch ihre Nebenwohnung im Wohnheim gemeldet. Sie konnte sich Zeit lassen mit dem Ummelden. Vorerst war sie nun bei Michael zu Besuch.

Die nötigsten Einrichtungsgegenstände hatten ihren Platz in dem Zimmer gefunden und am Wochenende hatte Franziska auf Omas Nähmaschine die Gardinen und die Vorhänge genäht, die ihre Eltern dem jungen Paar spendiert hatten. Jetzt konnten sie einziehen!

„Auf unsere erste gemeinsame Wohnung!" Michael hatte eine Flasche Sekt geöffnet und stieß mit Franziska an. Es war kein Luxus, aber sie konnten endlich ihre Zweisamkeit genießen. Sie saßen auf der Doppelbettcouch, die sie in gut gebrauchtem Zustand von Rita abgekauft hatten, und ließen sich nach hinten in die Kissen fallen. Wieder fiel Franziskas Blick auf die schön verzierte Decke. Sie küssten sich leidenschaftlich und fanden sich wieder im zärtlichen Liebesspiel. Noch immer eng umschlungen, schliefen sie viel später gemeinsam ein.

„Franzi, was ist?" Michael war aus dem Schlaf hoch geschreckt und sah verstört zu seiner geliebten Franziska, die neben ihm lag und weinte wie ein Kind. Doch sie war nicht wach. Er rüttelte sie.

„Franzi, wach auf! Sieh doch, ich bin hier, alles ist gut!"

Franziska öffnete die Augen und blickte erschrocken ins Licht der Stehlampe.

„Michael!" Sie kuschelte sich in seine Arme. „Ich habe geträumt", überlegte sie nun. „Ich war ein kleines Kind und ich lag in einem Bett und konnte nicht weg. Und fremde Leute waren da. Und Stuck war an der Decke." Franziska setzte sich auf und sah Michael an. „Du, das war kein Traum von irgendwoher! Ich bin mir ganz sicher, ich habe das so erlebt. Ich habe schon mal in einem Zimmer gewohnt mit Stuck an der Decke." Sie sah nach oben.

„Aber Franzi, wo denn?" Michael überlegte. „Bei euch zu Hause, das ist ein uraltes Bergmannshaus, da gab es nie Stuck! Das Haus deiner Oma war ausgebombt, da ist auch kein Stuck." Franziskas Familie war überschaubar. „Aber wenn du dich ängstigst, dann können wir es wenigstens ganz weiß anstreichen, dann fällt es nicht mehr so auf."

„Nein, lass nur, das sieht in zartgrün doch sehr schön aus. Ich werde mich bestimmt daran gewöhnen." Franziska wollte jetzt nicht weiter grübeln und schlief bald danach in Michaels Armen wieder ein.

Es blieb der einzige böse Traum in ihrem neuen Zuhause. Michael und Franziska fühlten sich schon in kurzer Zeit sehr wohl. Irgendwie schienen sie in diesem Haus gerade noch gefehlt zu haben. Die Bewohner waren ein bunt zusammen gewürfelter Haufen. Da gab es neben ihrer alleinstehenden Nachbarin das ruhige Ehepaar mit Sohn im ersten Stock, die kinderreiche Familie, eine junge Ärztin und die Rentner, denen einmal der längst geschlossene Laden im Parterre gehört hatte, sowie eine Familie, die nie komplett war, weil immer einer im Gefängnis saß. Es schien wie das „ehrenwerte Haus" zu sein, das gerade in einem Schlager besungen wurde. Und nun wohnten sie hier, ohne Trauschein. Aber was das Schönste war, ihre Liebe hielt dem Alltag stand. Franziska entdeckte immer wieder aufs Neue die guten Seiten an Michael. Er war klug und witzig, fleißig, hilfsbereit und liebevoll. Sie war sich ganz sicher, mit ihm wollte sie Kinder haben. Mit ihm konnte sie sich vorstellen, gemeinsam alt zu werden.

Im Sommer meldete sich Franziska aus dem Internat ab. Sie hatte gründlich überlegt, ob es gut war, sich vollständig räumlich von den Kommilitonen zu trennen, gerade jetzt, wo sie die Zeit in dem alten Wohnheim hinter sich gebracht hatten. Doch Ina hatte sie in ihrem Entschluss bestärkt.

„Siehst du, wir ziehen jetzt ins Hochhaus nach Neustadt, das ist ganz schön weit weg. Aber du bleibst hier im Uni-Viertel. Was glaubst du, wie oft wir bei dir auf einen Kaffee vor der Tür stehen werden!"

Das Haus in der Innenstadt wurde damit für Franziska ganz offiziell ihre Zweitwohnung.

Wieder war es Herbst geworden. In den Semesterferien hatten die Studenten ein Praktikum absolviert. Franziska war froh gewesen, dass der Einsatz nahe bei der Stadt war. So konnte sie zwischendurch nach Hause fahren um bei Michael zu sein. Zu Hause, das war inzwischen in ihren Gefühlen und Gedanken nur noch eins: Halle! Denn Halle war Michael!

Vor kurzem hatte Michaels Bruder Frank geheiratet. Auf dieser Feier hatte Franzi den Brautstrauß gefangen. Nun stand für die beiden fest, wir heiraten auch, so bald wie möglich!

Am nächsten Wochenende planten sie einen Besuch bei Franzis Eltern ein, um denen die Neuigkeit mitzuteilen und um Franziskas Geburtsurkunde zu holen, die sie für die Anmeldung beim Standesamt benötigten. Sie wussten, die Wartelisten waren lang und sie wollten keine Zeit mehr verlieren.

Franziska war froh, über die angenehme Ablenkung. Das zweite Studienjahr forderte ihr einiges ab. Manchmal hatte sie das Gefühl, überhaupt nichts mehr zu begreifen. Im Fach Pflanzenernährung musste ein Laborpraktikum abgelegt werden, um zu den Prüfungen zugelassen zu werden. Chemie hatte Franziska noch nie gelegen. Jetzt schien ihr jeder Versuch fehlzuschlagen. Als die Laborwoche beendet war, hatte sie zwar die Zulassung zur Prüfung erreicht, aber sie wusste, dass es nur noch um die Frage ging: Bestehen oder nicht bestehen? Es war ein schwacher Trost, dass sie mit diesem Problem nicht allein da stand und die Durchfallquote des Professors die höchste der gesamten Sektion war.

Franziska hatte jetzt überhaupt viel öfter mit dem Lehrstoff zu kämpfen. Wie beneidete sie die Studenten, die aus Familien mit landwirtschaftlichem Bezug kamen. Begriffe, die Franzi erst im Lehrbuch nachschlagen musste, waren jungen Leuten wie Ina und Ingolf von Hause aus vertraut. Auch wenn deren Eltern längst Mitglieder der Genossenschaft waren, so bewirtschafteten sie doch in ihrer Freizeit weiterhin den Bauernhof, hielten Tiere und bauten Futter auf kleinen Splitterflächen an. Mädchen wie Franziska mussten viel mehr lernen und das kostete Kraft.

So tat es ihr gut, für ein paar Stunden noch einmal das Kind ihrer Eltern zu sein und sich verwöhnen zu lassen. Und auch die Eltern freuten sich, ihre Tochter wieder für zwei Tage bei sich zu haben. Fast schien es, als wollten sie Franzi bei aller Sympathie für Michael gar nicht hergeben. Denn obwohl die beiden gleich beim Eintreffen den wichtigsten Grund ihres Kommens klar ausgesprochen hatten, waren sie jetzt dabei, ihre Sachen zu packen und hatten noch immer nicht Franziskas Geburtsurkunde in der Hand.

„Vati, meine Geburtsurkunde!", mahnte Franzi ihren Vater noch einmal.

„Ja, ja, das hatte ich doch schon fast wieder vergessen." Franz ging zu seinem Schreibtisch und holte die Kassette mit den wichtigsten Familienunterlagen hervor. „Da ist sie."

Franziska stutzte. Zum ersten Mal hatte sie ihre Geburtsurkunde in der Hand. Als vor 6 Jahren ihr

Personalausweis ausgestellt wurde, hatte die Mutter alles Amtliche geregelt, schließlich waren die Mitarbeiter vom Meldeamt ja ihre Kollegen gewesen. Franziska hatte damals ihre Mutti von der Arbeit abgeholt und bei der Gelegenheit auf dem Formular unterschrieben. Jetzt sah sie verwundert auf das Stück Papier.

„Wieso ist denn meine Geburtsurkunde nicht zur Geburt ausgestellt sondern ein ganzes Jahr später? Ist das ein Schreibfehler?" Franziska befürchtete, dass es Schwierigkeiten beim Standesamt geben könnte.

Die Mutter war dazu gekommen. „Aber nein, das ist schon alles richtig!", beruhigte sie ihre Tochter. „Alle unsere Urkunden sind im Familienstammbuch eingetragen, das bekommt ihr dann auch bei der Hochzeit. Aber wir dachten uns später, dass es genau den Moment geben würde, wie er jetzt eingetreten ist. Du willst heiraten und brauchst deine Geburtsurkunde. Damit du nicht unser Stammbuch in Halle abgeben musst, haben wir diese Abschrift anfertigen lassen. Alexander hat auch so eine, die er bekommt, wenn er mal heiraten will."

Franziska atmete auf. „Na dann ist es ja gut, dann steht dem großen Fest nichts mehr im Wege!"

Auf der Heimfahrt stupste Franziska Michael an. „Du, mir war gar nicht bewusst, dass ich auch in Halle geboren bin."

„Aber das steht doch sogar im Ausweis." Michael verstand nicht, was daran so sonderbar sein sollte.

„Ja, das schon, aber ich habe mir bis jetzt keine Gedanken drüber gemacht." Noch so eine Frage, die sie einmal zur Sprache bringen musste, irgendwann.

Die Vorfreude auf die Hochzeit verlieh Franziska Kraft. Sie hatte sich mit einem Mädchen aus ihrer Seminargruppe angefreundet. Kerstin war auch direkt von der Oberschule zum Studium gegangen und hatte kaum Vorkenntnisse. Oft saßen die beiden zusammen in der Bibliothek und lernten. Kerstin war ungeheuer zielstrebig und fleißig. Doch Franziskas Defizite blieben.

Nun ging das Semester seinem Ende zu und die Prüfungen waren fast geschafft, bis auf eine. Die Aufregung im Vorraum des Lehrstuhls war fast mit Händen zu greifen. Jeder, der es endlich hinter sich und bestanden hatte, wurde mit Glückwünschen begrüßt. Denen, die durchgefallen waren, blieb nur die zweite Chance in der Wiederholungsprüfung.

Ina und Kerstin hatten vor der Tür auf Franziska gewartet.

„Ich habe es ja geahnt!" Franzi wischte sich eine Träne ab und putzte sich die Nase. „Verfluchter Mist!" Sie war wütend auf den Professor, der sie in die Enge getrieben hatte. Und sie war wütend auf sich selbst, dass sie in diese Falle gegangen war. Sie war sich sicher, in einer schriftlichen Prüfung hätte sie bestehen können. Das war ihre Stärke, in Ruhe überlegen und den richtigen Gedanken zu Papier bringen. Mündlich war sie nervös, ließ sich viel zu leicht unsicher machen und so was kam dabei raus.

„Dann sehen wir uns noch einmal wieder, Fräulein Zandler, hat der auch noch ganz scheißfreundlich gesagt!" Franziska schüttelte sich. „Nee, nicht mit mir!"

Ina sah die Freundin erschrocken an. Wollte Franzi etwa aufgeben?

„Das kannst du doch nicht machen!" Kerstin hatte den gleichen Gedanken. Es hatten schon einige Kommilitonen das Studium abgebrochen.

„Doch ich kann!" Und jetzt lachte Franziska den beiden jungen Mädchen zu, die sich fragend ansahen.

„Fräulein Zandler war heute zur letzten Prüfung. An der nächsten versucht sich Frau Gronnert! Leute, wir heiraten!"

Jetzt lachten auch Kerstin und Ina. Sie umarmten Franziska.

„Das ist ja großartig! Dann hast du ja noch ganz wichtige Dinge vor dir, ehe der Professor dich wieder zu sehen kriegt."

Es war ein milder, sonniger Frühlingstag, an dem sich Franziska und Michael das Jawort gaben. Aus dem historischen Stadthaus traten sie hinaus auf den Marktplatz von Halle. Lauter Jubel begrüßte das jungvermählte Paar.

„Sägen, sägen!", klang der Ruf aus den Kehlen von etwa zwei Dutzend Studenten.

„Ach du lieber Himmel, ich bin Kraftfahrer, nicht Tischler!" Michael sah auf den Baumstamm, den Franzis Freunde aufgebaut hatten und den sie jetzt zersägen mussten.

Unter den anfeuernden Rufen der Umstehenden fielen die beiden Ende zu Boden. Michael und Franziska jubelten. Was für ein Tag!

„Habt ihr extra eine Säge gekauft wegen unserer Hochzeit?" Eine glückstrahlende Franzi sah Ina fragend an.

„Nein, die haben wir im Werkzeugladen ausgeliehen. In einer halben Stunden müssen wir sie zurück bringen!"

„Ihr seid schon ein paar verrückte Hühner!" Alle lachten.

„Von Herzen alles Gute, mein Mädchen!" Der Vater zog Franziska in seine Arme. Tränen glitzerten in seinen Augen. Es fiel ihm sichtlich schwer, sein kleines Mädchen jetzt ganz offiziell in die Hände eines anderen Mannes zu geben. Seit sie nach Halle gegangen war, sah er sie viel zu selten.

„Danke, Vati!" Franzi drückte ihm einen Kuss auf die Wange. „Und danke noch mal für das tolle Geschenk!"

Franziska hatte nicht schlecht gestaunt, als der Vater und Michael vor ein paar Wochen die Treppe hoch geschnauft kamen. Was sie dann sah, dafür hatte Franzi im ersten Moment gar keine Worte gehabt, eine elektrische Nähmaschine mit 16 Programmen!

„Ich weiß, du kannst damit umgehen, du hast Talent", hatte der Vater gesagt. Und ihr war es, als hörte Franziska wieder die Worte: „Talent ist erblich."

In einem Landgasthof etwas außerhalb von Halle traf sich nach der Trauung die gesamte Familie.

Franziskas Eltern, ihr Bruder und die beiden Großmütter gesellten sich zu Michaels großer Familie. Seine Eltern, der kleine Tobias, Frank mit seiner Frau, aber auch jede Menge Onkel und Tanten, Cousins und Cousinen mit ihren Familien gaben eine muntere Gesellschaft ab, die eine lustige Stimmung verbreiteten.

Franziska sah hinreißend aus in ihrem weißen Spitzenkleid. Voller Stolz blickte Michael auf seine junge, hübsche Frau und hielt sie beim ersten Tanz in den Armen.

Nie wieder gebe ich dich her, schwor er sich und ihr ganz im Geheimen. Welche Geschichte sie auch immer zu ihm geführt hatte, jetzt wusste er es, sie waren füreinander bestimmt. Und welche Schwierigkeiten das Leben auch immer ihnen in den Weg legen würde, sie wollten es gemeinsam meistern.

21

„Bestanden! Michael, ich hab bestanden, Frau Gronnert hat bestanden!" Franziska hatte auf ihren Mann gewartet, der erst spät am Abend von der Mittagschicht kam. Jetzt hatte sie eine Flasche Sekt kalt gestellt, um mit Michael anzustoßen. Sie jubelte vor überschwänglicher Freude.

Es war für Franziska wirklich die alles entscheidende Prüfung gewesen. Beruhigt konnte sie das zweite Studienjahr abschließen. Franzi freute sich schon auf das diesjährige Praktikum. Während es im letzten Jahr darin bestanden hatte, Zwiebeln zu sortieren, wurden die Studenten in diesem Jahr bei der Getreideernte eingesetzt. Endlich hatte Franziska auch einmal eine praktische Erfahrung vorweisen können. Während einige der jungen Frauen erst bei der Ausbildung im Fach Landtechnik den Berechtigungsschein für Mähdrescher erworben hatten, konnte Franziska schon mit einem Ernteeinsatz vor dem Studium punkten.

Michael hatte sich als Urlaubsvertretung eintragen lassen, er fuhr jeden Tag eine verlängerte Schicht. Was hätte er auch allein zu Hause machen sollen? Franzi war weit weg, da konnte sie nicht mal kurz vorbei kommen.

Zwei Wochen waren die Studenten bereits im Einsatz, die Ernte kam zügig voran. Es war dieser überwältigende Anblick des Mähdrescherkomplexes, diese geballten Schlagkraft, die Franzi von Anfang an fasziniert hatte und von der sie nun ein Teil war. Ihre Brigade umfasste mehrere Seminargruppen, die im Schichtsystem den ganzen Tag über im Einsatz waren. Walter leitete die Brigade. Er war einer der Ältesten in ihrer Seminargruppe und hatte mit Abstand die meisten Kenntnisse. Wie oft hatte er sich schon in den Seminaren heiße Diskussionen mit den Professoren geliefert, weil er einfach viel mehr praktische Erfahrung hatte, als alle Lehrer zusammen. Nicht immer schlug sich das auch in den Prüfungsnoten wieder, doch hier draußen, da konnte ihm keiner was vormachen.

Am Tag zuvor hatte es geregnet. Nun waren die Ähren zwar wieder abgetrocknet und druschreif, doch weiter unten war der Bestand noch feucht. Franziska hatte sich schon am Nachmittag darüber geärgert, dass sich das Stroh so schlecht schneiden ließ. Die Messer waren erst gestern gewechselt worden, eigentlich müssten sie ja scharf sein, dachte Franzi, doch so richtig gut ging es nicht. Vor allem jetzt am Abend, als schon ein leichter Tau einsetzte, kamen sie nur langsam voran.

„Ihr drei schneidet das Gewende", hatte Walter angeordnet. Gewende schneiden war nicht beliebt. Die Ränder des Getreidefeldes waren selten gerade und oft wuchs dort auch noch mehr Unkraut. Aber es war eben jeder mal dran. Walter verteilte die Arbeiten immer gerecht. Die Mähdrescher setzten sich in Bewegung, doch schon an der nächsten Biegung des Feldrains kamen sie ins Stocken. Die Aufnahme bei Franziskas Drescher war fest verstopft. Während der Mähdrescher vor ihr noch weiter fahren konnte, musste zwangsläufig auch der Kollege hinter ihr anhalten. Franzi hatte den Motor abgestellt und besah sich die Misere.

„Mist, das sitzt fest, da müssen die Schlosser kommen", konstatierte Matthias, der hinter Franziska gefahren war und nun versuchte, das nasse Stroh heraus zu ziehen.

„Quatsch, erst probieren wir es selbst!" Franzi überlegte. Die alten Hasen in der Genossenschaft hatten ihr einige Tricks verraten, die ihr schon geholfen hatten.

„Du drehst hinten am Rad", forderte Franziska Matthias auf. „Und ich ziehe vorne den Mist wieder raus."

Franzi wusste genau, dass das verboten war. Schließlich bewegten sich damit auch die Messer.

Doch weil es eine effektive Art war, durch Rückwärtsdrehung des großen Antriebsrades die Aufnahmewalze am Schneidwerk, die sich dann auch rückwärts drehte, wieder frei zu bekommen, taten es die meisten.

Der Schrei übertönte die Motoren. Franziska hörte dieses durchdringende Geräusch und wusste im selben Moment, dass sie es war, die geschrieen hatte. Schon einmal hatte sie solch einen Schrei von sich gegeben, vor vielen Jahren, am Busbahnhof. Damals war sie bald danach besinnungslos geworden. Jetzt taten Körper und Geist ihr nicht diesen Gefallen, sie mit Ohnmacht zu umfangen. Sie lag auf Knien vor dem Schneidwerk des Mähdreschers, starrte auf die Messer und auf ihre Hände. Meine Finger, dachte sie nur, Scheiße, ich habe mir die Finger abgeschnitten. Fassungslos sah sie auf ihre blutüberströmte linke Hand.

Von allen Seiten kamen nun Leute auf Franziska zugelaufen. Ein Verbandkasten wurde aufgerissen. Einer der Schlosser hielt ihren Oberkörper fest, während ein anderer versuchte, die Blutung zu stoppen. Jetzt realisierte Franziska, dass es der Mittelfinger war, aus dem das Blut unvermindert weiter heraus schoss. Die Hälfte des Fingers fehlte.

„Das kann doch nicht wahr sein!" Walter stand nun auch neben Franziska. „Das ist ein Scheißtag heute!", tobte er. „Erst fährt Trixi gegen den Zaun und jetzt schneidest du dir auch noch den Finger ab!" Walter warf den Hut, der eigentlich sein Markenzeichen war, vom Kopf und stampfte darauf herum.

Franziska schien das alles wie im Film zu beobachten, so als wäre es gar nicht sie, die da am Feldrand lag. Sie blickte die beiden Schlosser mit einem gequälten Lächeln an. „Es sieht wohl so aus, als wären die Messer doch scharf gewesen."

„Wo ist eigentlich Matthias?" Franziska sah sich um. Sie wollte ihm sagen, dass er nicht schuldig war, dass es nur ihre Unvorsicht gewesen war. Doch Matthias wurde ebenfalls verarztet, er war ohnmächtig neben dem Mähdrescher zusammengebrochen.

Am nächsten Vormittag saß Franziska einsam in der Unterkunft und sah auf ihre verbundene linke Hand, in der jetzt ein pulsierender Schmerz wütete.

Die erste Hilfe hatte am Abend vorbildlich funktioniert. Über Funk war das Krankenhaus verständigt worden. Mit einem PKW der Genossenschaft hatten zwei Männer Franziska in die Klinik transportiert. Ich habe mich nicht mal entschuldigt, überlegte sie jetzt, das ganze Auto habe ich vollgetropft. Der Verband hatte das Blut nicht lange stoppen können.

Dann war sie in den Operationssaal gekommen. Der Arzt war nett gewesen und hatte ihr alles erklärt. Denn obwohl der abgeschnittene Finger gefunden wurde, konnte er nicht wieder funktionstüchtig angenäht werden. Durch die Wucht der Messer des Schneidwerkes war das Gelenk zerstört worden.

Die Nacht hatte Franziska im Krankenhaus verbracht, ehe sie am Morgen in die Unterkunft gefahren wurde. Nun saß sie hier und wartete darauf, zurück nach Halle gebracht zu werden. Tränen liefen ihr über die Wangen. Das Adrenalin, das gestern Abend in Massen durch ihren Körper geschossen war, war aufgebraucht. Die Hand tat furchtbar weh und eine große Traurigkeit umgab sie. Zum zweiten Mal durchkreuzte ein Unfall ihre Pläne. Damals hatte sie nicht mit zur Klassenreise fahren können. Und jetzt war es vorbei mit der Getreideernte.

Auch das Geld, was Franzi bei der Ernte verdient hätte, hatten Franziska und Michael schon fast verplant. Nach der Hochzeit hatten sie den staatlichen

Kredit für junge Eheleute bekommen und damit auch einiges gekauft. Doch wäre es schön gewesen, noch Geld für ein paar Extrawünsche zu haben. Dieser dumme Unfall machte auch durch diese Pläne einen dicken Strich.

Franziska hatte von der Poststelle des kleinen Dorfes aus bei Michael in der Firma angerufen und dort hinterlassen, dass sie am Abend wieder zu Hause sein würde, weil sie einen Unfall hatte. Als sie den LKW um die Ecke biegen sah, wurde ihr bang ums Herz. Wie sollte sie nur Michael beibringen, dass sie jetzt verstümmelt war? Sie trat in den Korridor. Zumindest sollte er sehen, dass es ihr dem Anschein nach gut ging. Die verbundene Hand hielt sie hinter dem Rücken. Doch Franziska hatte nicht mit dem Blick des Kraftfahrers gerechnet.

„Franzi! Was ist mit deiner Hand?" Michael ließ gar keine Zweifel aufkommen, dass er genau wusste, wo sie verletzt war.

Franzi nahm die Hand nach vorne und sah Michael traurig an. „Ich bin ins Schneidwerk gekommen." Mehr konnte sie in dem Moment nicht über die Lippen bringen. „Aber woher wusstest du…?"

Michael nahm Franzi bei der Schulter und drehte sie sanft um. „Ich wäre ein schlechter LKW-Fahrer, wenn ich nicht in den Spiegel sehen würde." Sie standen direkt vor dem großen Garderobenspiegel der Nachbarin. „Aber jetzt erzähle erst mal richtig, was ist denn passiert und was ist mit deiner Hand?" Unter dem Verband konnte sich alles verbergen, so groß wie er war.

Stockend berichtete Franziska nun, wie das Missgeschick geschehen war. „Er wächst nicht wieder." Mit einem Anflug von Galgenhumor stellte sie sich der Realität.

Michael ging in die Küche. Er brauchte ein Glas Wasser. Er war einerseits erleichtert gewesen, als Franzi leibhaftig vor ihm stand, aber dann traf ihn ihre Verletzung doch wie ein Schock.

„Komm, wir bringen den LKW in die Firma und danach können wir unterwegs gleich was zum Abend essen. Oder fühlst du dich nicht gut?" Michael wusste nicht recht, wie er mit seiner Frau umgehen sollte.

„Doch, es geht so, ich habe ein Schmerzmittel genommen. Und essen könnte ich wirklich was." Jetzt erst fiel ihr auf, dass sie gestern Mittag das Letzte gegessen hatte.

Später betraten sie eine kleine Kneipe, in der es auch den ganzen Tag eine gute Hausmannskost gab. Entsprechend voll war der Raum. Meistens bestellten sie sich etwas und blieben erst einmal noch an der Theke stehen, bis sich ein Platz an einem der Tische fand. Michael hatte gerade einen Schluck Bier getrunken, als er plötzlich zu schwanken begann und neben der Theke zusammen sackte.

„Micha!" Franziska beugte sich erschrocken über ihren geliebten Michael.

Ein paar Männer waren aufgesprungen und schoben ihm einen Stuhl zurecht. Irritiert blickte er um sich.

Franzi war den Tränen nahe. Was hatte sie nur angerichtet, dass sich alle so aufregten, dass jetzt die Männer gleich reihenweise umfielen! Und alles durch ihre Schuld.

Nach dem Essen ging es den beiden endlich besser. Auch Michael hatte wohl nichts mehr zu sich genommen, seit er von dem Anruf seiner Frau erfahren hatte. Gemeinsam liefen sie durch den milden Sommerabend nach Hause.

Michael streichelte sanft über den dicken Verband. „Franzi, ich liebe dich auch mit neuneinhalb Fingern!"

„Um Himmels Willen, Franziska! Was ist denn passiert?" Franzi hatte lange geschlafen, während Michael schon zur Arbeit musste, und dann gefrühstückt. Als sie das Geschirr in die Küche bringen wollte, war sie im Korridor der Nachbarin begegnet. Lotti, wie Franziska und Michael ihre Nachbarin inzwischen nannten, war dem jungen Paar längst eine mütterliche Freundin geworden. Die notgedrungene Wohngemeinschaft in einem Teil der Wohnung hatte sich zu einer echten Gemeinschaft gemausert. Lotti war sehr froh gewesen, dass nach dem Auszug von Rita, mit der sie sich ebenfalls gut verstanden hatte, nicht irgendein entlassener Strafgefangener in das Zimmer eingewiesen wurde. Es gab genug zwielichtige Gestalten in der Nachbarschaft, da war es gut, wenn wenigstens hinter der Wohnungstür Vertrauen herrschte.

Franziska berichtete von dem Geschehen, das vor zwei Tagen ihren Ernteeinsatz so plötzlich beendet hatte.

„Ich muss mich heute in einer chirurgischen Praxis melden." Franziska sah auf den Verband herunter. Eigentlich wollte sie gar nicht wissen, wie es darunter aussah.

„Am besten wird sein, du fährst in die Poliklinik am *Reileck*, die hat den besten Ruf", schlug ihr Lotti vor. „Und das Geschirr stellst du mir mit der Schüssel einfach in die Küche, ich kümmere mich drum, solange du derart behindert bist." Sie wusste, dass Michael von früh bis spät arbeitete und wollte vor allem ihn entlasten. Verlegen dankte Franziska ihrer Nachbarin.

Der Arztbesuch war schneller erledigt als Franziska dachte. Sie hatte einen neuen Verband bekommen und ein Rezept für starke Schmerztabletten. Die brauchte sie aber auch wirklich. Der pochende Schmerz in der Hand war ohne Medikamente nicht zu ertragen. Manchmal wurde sie nachts wach und konnte nicht wieder einschlafen, ehe sie nicht die nächste Tablette geschluckt hatte. Dann ging ihr Blick oftmals zur Decke mit den Stuckornamenten. Wenn ich nur wüsste, wo ich so was schon mal gesehen habe, grübelte sie immer wieder.

Nach und nach brachten Franzi und Michael der Familie bei, was passiert war. Zu Michaels Familie waren Franziska und Michael mit dem LKW gefahren. Michaels Tante war auch gerade dort gewesen und hatte den beiden angeboten, die Wäsche für sie zu übernehmen. Franzi war tief berührt von der großen Hilfsbereitschaft.

Nun fuhren sie mit dem Bus zu Franzis Eltern.

„Möglicherweise wissen sie es schon", mutmaßte Franzi. „Es kann ja sein, dass Alex bei Mutti oder Vati auf Arbeit angerufen hat."

Seit Alexander ganz in der Nähe eine Ausbildung begonnen hatte, kam er gerne auf einen kurzen Besuch bei seiner Schwester und dem Schwager vorbei.

„Das haste nun davon, du immer mit der modernen Technik. Siehste, ich kann mir höchstens einen Stein aufs Bein schmeißen", versuchte er die Schwester zu ärgern. Doch Franzi wusste, dass er es nicht so meinte. Alexander war zwar in Vaters Fußstapfen getreten und machte eine Lehre zum Baufacharbeiter. Aber viel lieber wäre er Automechaniker geworden, doch dafür reichte sein eher mäßiger Notendurchschnitt nicht aus. Sein technisches Talent hatte wohl leider keinen Menschen interessiert.

Alexander hatte dicht gehalten, die Eltern waren völlig ahnungslos, als Franziska und Michael ankamen.

Der Mutter traten die Tränen in die Augen. Ihre Tochter tat ihr so leid. Eine junge Frau und nun derart verstümmelt.

„Aber ich habe doch noch neun ganze Finger", versuchte Franzi, es weniger schlimm erscheinen zu lassen.

Der Vati fing sich zuerst wieder. „Ja, das sagte Benno auch, als er sich den ersten abgesägt hatte." Sein Schulkamerad war Tischler.

„Wie viele hat er denn noch?"

„So fünf oder sechs!"

„Das sind ja schöne Aussichten!" Franziska musste lachen und damit war der Bann gebrochen.

22

Der Finger verheilte, der Verband wurde kleiner. Franzi hatte damit abgeschlossen. Es war nichts an den Tatsachen zu ändern, also hieß es, damit zu leben. Wenn Franziska nicht in der chirurgischen Praxis saß, war sie bei Michael im LKW anzutreffen. Sie machten auf diese Weise das Beste aus der Situation und verbrachten die Stunden gemeinsam.

Als im September das Herbstsemester begann und sich Franziska und ihre Kommilitonen wieder trafen, gab es erst einmal jede Menge Redebedarf.

„Das glaube ich ja nicht! Kerstin hat sich echt verliebt?" Das musste ein großer Blitz gewesen sein, der die stille, schüchterne Kerstin getroffen hatte.

„Doch!" Ina wiederholte die Neuigkeit noch einmal. „Er war einer der Schlosser von unserem Komplex, ich glaube, er hat sogar deinen Unfall miterlebt. Irgendwann danach muss es zwischen den beiden gefunkt haben."

„Ach ja, ich wünsche Kerstin alles Glück der Welt!" Franziska freute sich ehrlich für die Freundin. „Es muss doch im Leben auch noch was anderes geben als lernen, und mehr schöne Erlebnisse als gute Prüfungen!"

„Aber die sind auch wichtig", gab Ina zu bedenken. Jede Menge wichtige Hauptprüfungen standen am Ende des 3. Studienjahres auf dem Plan. Es würde das prüfungsreichste der gesamten Studienzeit werden. Da tat man gut daran, nichts schleifen zu lassen.

Doch auch der Spaß kam nicht zu kurz. Mit Vorliebe kochten die Studenten zusammen, mal im Wohnheim der Mädchen, mal bei den jungen Männern. Die so genannten Fress-Feten waren beliebt. Und niemals vergaßen sie, Franziska und Michael ebenfalls einzuladen. Michael gehörte einfach dazu.

Im Gegenzug saß an manchem Abend die gesamte Seminargruppe bei Franzi und Michael in der Wohnung und sahen sich die „Otto-Show" im Fernsehen an. In den Wohnheimen war es streng verboten, westdeutsches Fernsehen zu empfangen. Erwischt zu werden, hätte schlimmstenfalls zur Exmatrikulation geführt und keiner wollte das riskieren. Wenn dann die ganze Truppe spät abends die Treppe runter rannte, fragte am nächsten Tag schon mal die Nachbarin, wo die vielen Leute denn wohl hergekommen seien. Franziska lachte dann nur und antwortete mit einem von Omas Sprichworten: „Raum ist in der kleinsten Hütte."

Es war eine glückliche, unbeschwerte Zeit. Michael übernahm gerne Wochenendfahrten mit dem LKW, weil Franziska dann mitfahren konnte. Und ihr großer Freundeskreis war immer einen Abstecher wert. Auf der Rückfahrt, nach getaner Arbeit fragte keiner danach, wann der LKW wieder in der Firma stand. Sie besuchten Ina und Ingolf auf dem Bauernhof ihrer Eltern und nahmen gleich mal für Karla, die nicht weit entfernt wohnte, eine Kiste voll Mist für den Garten mit, was am Montag zu der Frage im Auslieferungslager führte, ob Michael wohl am Wochenende Fisch transportiert hätte.

Franziskas 21. Geburtstag wurde mit einer schönen Feier in der nun fertig eingerichteten Wohnung gefeiert. Sie hatte sich mit der neuen Nähmaschine eine moderne, weite Hose genäht und sah darin sehr elegant aus. Der Vater drückte seine Tochter liebevoll an sich. Es brauchte keine Worte. Diesem besonderen Band zwischen ihnen konnte auch die räumliche Trennung nichts anhaben.

Nach ihrer Hochzeit im Frühjahr hatte es Michael und Franziska an Zeit, Geld und Gelegenheit zu einer Hochzeitsreise gefehlt. Jetzt nahmen sie sehr gerne Kerstins Einladung an, gemeinsam mit ihr und ihrem Freund die Weihnachtstage in den Thüringer Bergen zu verbringen. In dem kleinen Appartement im Haus von Kerstins Eltern logierten sonst Kurgäste des nahen Moorbades, das aber über die Feiertage keine Kuren durchführte. Für Franzi und Michael war es ein herrlicher Urlaub. Kerstins Familie nahm das junge Paar mit thüringischer Herzlichkeit auf und reihte sie einfach in ihre große Kinderschar ein.

Nach einem sehr strengen, schneereichen Winter war es endlich Frühling geworden. Eigentlich war es die Zeit, wo die Kräfte wieder kommen, wo Lebenslust einzieht, wenn die Sonne scheint und es überall grünt und blüht. Doch Franziska fühlte sich immer öfter matt und abgeschlagen. Zuerst hatte sie sich gar nichts dabei gedacht, es auf das Studium oder ihren niedrigen Blutdruck geschoben. Doch dann bekam sie Angst. Was, wenn sie nun doch die Krankheit der Mutter geerbt hatte? Fing es nicht bei Mutti auch so an? Sie wollte Michael nicht beunruhigen, er schien noch nichts bemerkt zu haben. So meldete sich Franziska in der Poliklinik zu einer Untersuchung an.

„Ah ja." Der Arzt blickte auf die Laborwerte und sah Franziska durchdringend an. „Ist Ihnen morgens manchmal übel?" Franzi nickte, das stimmte.

Er drückte ihr einen Zettel in die Hand. „Dann melden Sie sich mal in der 2. Etage bei meiner Kollegin."

Als Franziska eine Stunde später wieder vor der Tür stand, hätte sie in die Luft springen mögen vor Freude. Sie war nicht krank, ganz im Gegenteil! Was wohl Michael dazu sagen würde?

„Was glaubst du", begann Franzi am Abend zu fragen. „Sind abgeschnittene Finger erblich?"

„Wie meinst du das denn?" Michael sah seine Frau zuerst verständnislos an, bis er ihr schelmisches Lächeln bemerkte.

Jetzt begriff er. „Heißt das … ?"

„Ja, das heißt es!" Franzi sprang auf und fiel ihm um den Hals. „Ich bin schwanger, wir bekommen ein Kind!"

„Ich werde Vater!" Michael küsste seine Frau. Tränen der Freude traten ihm in die Augen.

Doch dann meldeten sich leichte Zweifel. „Sag mal, passt das denn, Studium und Kind?"

„Michael", Franziska sah ihn voller Optimismus an. „Und wie das passt! Im 4. Studienjahr ist Leitungspraktikum, das kann ich verkürzen. Und dann schreibe ich die Diplomarbeit, mit oder ohne Kind. Und außerdem, wenn alle immer fragen würden, ob es passt, das wäre wahrhaftig schlimm.

Kerstins Eltern zum Beispiel hätten dann vielleicht nicht alle ihre Kinder und wären bestimmt nicht so glücklich!"

Michael strich Franzi über den Bauch, so als wollte er sein Kind in der Welt begrüßen.

Das Studium nahm seinen planmäßigen Fortgang. Die Nachricht von Franziskas Schwangerschaft hatte für großes Hallo unter den Mädchen geführt, denn sie war bei Weitem nicht die erste, die ein Kind erwartete und befand sich in guter Gesellschaft mit Birgit, Andrea und Trixi. Nach der anfänglichen Übelkeit ging es Franziska nun allmählich wieder besser.

Immer dann, wenn Franzi wieder einmal Probleme mit wissenschaftlichen oder botanischen Begriffen lateinischen Ursprungs hatte, bereute sie ein wenig, in der Oberschule kein Latein gelernt zu haben. Doch sie hatte sich ja damals ganz bewusst für Französisch entschieden, um Briefe an Onkel Pierre schreiben zu können. Und das tat sie auch nach wie vor mit großer Begeisterung. Der Onkel hatte für Franziska und Michael Levi´s- Jeans geschickt, die ihr ganzer Stolz waren. Nur würde sie ihr bald nicht mehr passen, dachte Franzi.

„Michael, ich glaube, etwas stimmt nicht, ich habe solche Bauchschmerzen." Franziska hatte ihren Mann nicht wecken wollen, er hatte Mittagschicht und es war noch früh am Morgen. Doch die Angst ließ Franzi nun jede Rücksichtnahme vergessen.

„Ich gehe mal zur Toilette, vielleicht ist es doch nur der Magen", versuchte sie sich selbst zu beruhigen.

„Micha!" Als Michael den Schrei hörte, ahnte er Schlimmes. Das Toilettenbecken war voll Blut. Franzi hockte in der Ecke und zitterte. Michael hob sie vorsichtig hoch und brachte sie wieder zum Sofa.

„Du brauchst einen Arzt!" Er sagte das sehr bestimmt, aber Franziska hätte gar nicht widersprochen, sie wusste es selbst.

„Und wir steigen jetzt auch in keine Straßenbahn! Um die Ecke ist die Zentralpoliklinik, da bringe ich dich jetzt hin!"

Franziska war wie erstarrt vor Schreck, ihr war alles recht, wenn nur schnell jemand ihr und ihrem Kind helfen konnte.

Das mitleidige Gesicht des Arztes sprach Bände. „Ich weise Sie ins Krankenhaus ein. Dort wird man Sie noch einmal gründlich untersuchen. Aber machen Sie sich bitte keine zu großen Hoffnungen." Er hielt Franziskas Hand einen Moment fest. „Ich weiß, das ist jetzt sehr traurig für Sie. Doch falls es Sie tröstet, durchschnittlich jede fünfte Schwangerschaft geht als Fehlgeburt zu Ende."

Franziska lächelte gequält. Sie war dem Arzt dankbar, dass er sie jetzt nicht mit Floskeln überschüttet hatte, wie „Sie sind ja noch jung …". Zu dieser Einsicht musste sie selber kommen.

Die Klinik war ein Katholisches Krankenhaus und besaß ein Ultraschallgerät. Franziska hatte schon davon gehört, aber noch nie solch ein Bild gesehen. Wie schön wäre es jetzt gewesen, hätten sie auf dem Bildschirm das pochende Herz ihres Kindes erkennen können. So aber sahen sie nur mit eigenen Augen, was der Arzt erklärt hatte. Das Kind lebte nicht mehr.

„Verabschieden Sie sich bitte von Ihrer Frau." Eine Schwester in Ordenstracht brachte Franzi in den OP-Bereich. Franziska ließ die notwendigen Fragen über sich ergehen und war froh, als man ihr die Maske aufsetzte. Wenigstens musste sie nicht miterleben, wie ihr totes Kind zu Welt kam.

Seit ihrer Hochzeit hatte Franziska keine Angst mehr gehabt, verlassen zu werden. Mit Michael hatte sie diese Sicherheit bekommen, die ihr vorher nur der Vati geben konnte, bedingungslose Liebe.

Jetzt erwachte sie langsam aus der Narkose und fühlte sich so alleine und verlassen wie schon lange nicht mehr. Da war ein Mensch gewesen, dem sie diese bedingungslose Liebe gegeben hatte und nun traf sie die Einsamkeit wie ein Schlag. Franziska drehte sich auf die andere Seite. Sie hatte nur einen Wunsch, schlafen und an nichts denken.

Als Michael am nächsten Tag kam, lagen sie sich nur stumm in den Armen. Ihnen fehlten die Worte für den Schmerz, den sie empfanden.

„Ich war ja gestern noch einmal hier, aber die Nonnen haben mich nicht rein gelassen." Michael blickte griesgrämig zu dem Kreuz an der Wand.

„Die haben eben hier strenge Vorschriften", versuchte Franziska, die Schwestern in Schutz zu nehmen. „Ansonsten sind die nämlich total nett und der Pfarrer will sogar für mich beten." Ein bisschen hatte sie sich über die Worte des Geistlichen amüsiert, aber jetzt erschien ihr der Gedanke so tröstlich, dass sie sich daran mental festhielt.

Ein paar Tage später holte Michael Franziska aus der Klinik ab. „Wollen wir was essen gehen?" Franziska nickte zustimmend. Alles war besser als das Krankenhausessen.

Als sie sich dann am Tisch gegenüber saßen, sprach Michael aus, was der Arzt vermieden hatte.

„Wir sind doch noch jung. Es muss ja nicht unbedingt jetzt sein. Und …", er lächelte Franziska zärtlich zu, „… ich weiß, wie es geht, dass du wieder schwanger wirst!"

Viel Zeit zum Grübeln blieb Franziska sowieso nicht. Da war noch eine Belegarbeit fertig zu stellen und jede Menge Prüfungen standen schon im Kalender. Außer den engen Freunden und der Familie hatten nur wenige von ihrer Schwangerschaft gewusst. Nur mit der Assistentin ihres Professors im Lehrstuhl, wo sie ihre Diplomarbeit schreiben würde, hatte sie darüber gesprochen. Die Frau hatte selbst eine kleine Tochter und war mitfühlend genug, um Franziska zu trösten und realistisch genug, Franzi die nötige Portion Optimismus zu geben.

Obwohl die Vorbereitungen nicht optimal gelaufen waren, kam sie doch ganz gut durch alle Prüfungen. Und was Franziska bis dahin gar nicht bemerkt hatte, ihr Professor war ein einfühlsamer, liebevoller Familienmensch und vermittelte ihr eine Praktikumsstelle, die sie mit der Straßenbahn erreichen und so zu Hause wohnen konnte.

Manchmal dachte Franziska wehmütig daran, dass nun bald ihr Kind hätte geboren werden sollen. Doch die Arbeit lenkte sie von den trüben Gedanken ab. Schwer war es immer, wenn Nachrichten von denen kamen, die inzwischen ihr Kind zur Welt gebracht hatten. Sie mochte die stolzen Bilder nicht, obwohl sie ihre Freundinnen verstehen konnte, und sie sah nie in fremde Kinderwagen. Das hätte sie nicht ertragen.

Franziska gefiel ihre Arbeit und die Kollegen dort waren nett. Ihrem Chef imponierte ihre natürliche Neugier und er brachte ihr viel mehr bei, als sie an der Universität je hätte lernen können. Fast schien die Zeit zu schnell zu vergehen. Und als das halbe Jahr herum war, kam beim Abschied so etwas wie Wehmut auf.

Von jetzt an galt Franziskas Aufmerksamkeit ihrer Diplomarbeit. Mit oder ohne Kind, hatte sie damals zu Michael gesagt, allerdings hatte sie es ganz anders gemeint.

Das Schreiben war etwas, das ihr lag, sie arbeitete konzentriert und mit viel Eifer an ihrem Text. Und obwohl sie nun wieder Laborversuche durchführen musste, ging ihr alles leicht von der Hand. Die Bodenkunde machte es ihr nicht halb so schwer wie die Pflanzenernährung. So verging die Zeit.

„Kinder, was haltet ihr davon, mit uns gemeinsam in den Urlaub zu fahren?" Franziskas Eltern waren gerade bei der Oma gewesen und hatten einen Abstecher zu Franziska und Michael gemacht. „Erholung tut euch doch auch gut."

Franzi dachte kurz nach. Die Schulferien waren fast vorüber, Michael müsste also Urlaub bekommen. Und das letzte Semester begann erst Mitte September. Eine Woche war garantiert machbar. Michael schien das Gleiche gedacht zu haben. Jedenfalls nickten beide zustimmend.

Kaum zwei Wochen später stieg die Familie in Thüringen aus dem Auto. Tief atmete Franziska die frische Luft ein. Sie war so froh, wieder hier auf dem Campingplatz zu sein, inmitten von Tannen, das Plätschern des Bächleins im Hintergrund zu hören. Es war eine Vertrautheit in dieser Fremde, die sie ruhig und glücklich werden ließ.

„Du Michael", flüsterte sie am Abend ihrem Mann zu, als sie gemeinsam auf dem Schlafsofa lagen, „hier habe ich schon mal mit einem Jungen eine Nacht verbracht."

„Ach ja?" Michael hatte sich aufgesetzt. So, wie Franziska das gesagt hatte, kam jetzt noch was.

„Ja, und ich dachte damals, jetzt passiert es. Aber ich war am nächsten Tag noch Jungfrau." Sie machte eine Pause.

„Wieso? Hat er sich nicht getraut?"

„Das dachte ich auch. Aber dann habe ich erfahren, dass er schwul ist." Franziska kicherte über ihre damalige Naivität.

Michael schmunzelte vor sich hin. Er beugte sich über Franzi und küsste sie. „Aber ich bin garantiert nicht schwul", hauchte er ihr ins Ohr und ließ keinen Zweifel daran aufkommen, dass er es genau so meinte.

In den nächsten Tagen genossen sie den sonnigen Herbstanfang. Franziska zeigte Michael ihre Lieblingsplätze im Wald. Sie wanderten hinauf zum *Kickelhahn* und zum Goethehäuschen. Sie sammelten Pilze und Heidelbeeren und liebten sich jede Nacht aufs Neue.

23

„Ist hier noch ein Platz frei?" Franziska und Ina saßen gemeinsam in einem Café in der Innenstadt. Sie hatten zwischen ihren Konsultationen etwas Zeit gehabt und wollten einen Kaffee trinken. Der ältere Herr mit den weißen Haaren hatte in der vollbesetzten Gaststätte nach einem Platz gesucht und am Tisch der beiden Mädel noch einen entdeckt.

„Ja, bitte setzen Sie sich doch."

Der Mann nahm Platz und bestellte sich ebenfalls einen Kaffee. Er musterte die jungen Mädchen ganz zwanglos. Franziska fing einen Blick von ihm auf und dachte sofort an ihren Opa. Der war auch so gewesen, so elegant und so weißhaarig.

Die Serviererin brachte den bestellten Kaffee und stellte die Tassen auf dem Tisch ab. Das Gespräch der Mädchen war verstummt. Jede nippte nun an ihrer Kaffeetasse, als der Mann plötzlich Franziska ansprach.

„Hier, junge Frau." Er schob ihr das kleine Kännchen mit Kondensmilch über den Tisch. „Sie können die Milch gut brauchen. Und schöne Grüße an Ihr Kind."

Franziska riss die Augen auf. Was hatte der Mann da gesagt? Sie sah ihn fragend an. Er trank seinen Kaffee aus, erhob sich und ging zum Tresen, um zu bezahlen. Beim Hinausgehen nickte er ihr noch einmal kurz zu.

„Stimmt das?" Ina hatte zuerst die Sprache wieder gefunden.

Franziska saß noch immer da und war wie vom Donner gerührt. „Ich habe keine Ahnung. Bis jetzt habe ich noch nichts bemerkt. Aber es wäre ganz wunderbar!" Sie lächelte selig.

Gleichzeitig kam aber auch die Angst. „Hoffentlich geht diesmal alles gut. Sag bitte auf gar keinen Fall jemandem was davon, vor allem nicht Micha. Ich will erst ganz sicher sein."

Franzi und Ina liefen zurück zur Uni. Und Franzi wusste plötzlich, dass der Mann recht hatte. Sie spürte es einfach und eine Welle des Glücks breitete sich in ihr aus.

„Guten Abend, mein Schatz!" Michael sah zu Franziska, die an der Nähmaschine saß. „Was wird das denn Hübsches?"

„Oh!" Franzi war erstaunt. „Du bist ja heute zeitig da."

Michael war näher herangetreten. „Das ist ja eine tolle Begrüßung!" Er setzte eine betont grimmige

Miene auf. „Hast du etwa Geheimnisse? Sag schon, was wird es nun?"

„Tja, ich wollte es dir eigentlich erst sagen, wenn ich damit fertig bin. Ich hatte auch immer noch ein bisschen Angst." Franziska hielt sich das Vorderteil einer weiten, lose fallenden Bluse vor den noch nicht sichtbaren Babybauch. Strahlend sah sie Michael an.

„Du bist wieder schwanger?!" Halb fragend, halb jubelnd, weil er in Franzis Gesicht die Antwort schon lesen konnte, drückte Michael seine Frau an sich.

„Seit wann weißt du es?"

„Beim Arzt war ich Anfang der Woche. Aber ich habe es geahnt." Franziska dachte an den weißhaarigen Herrn im Café.

Sie nahm Michaels Hand. „Lass es bitte noch unser Geheimnis bleiben. Der Arzt sagt, die kritische Zeit ist noch nicht vorüber. Ich möchte nicht, dass sich die ganze Familie wieder umsonst freut."

Michael küsste Franzi. „Alles, was du willst, wenn es nur diesmal gut ausgeht!"

Es war Franziska selbst, die den Vorsatz brach. Kaum eine Woche später musste Oma Hilde ins Krankenhaus eingeliefert werden. Man konnte nicht sagen, dass ihr etwas Organisches fehlte, doch sie war völlig entkräftet und lag nur noch apathisch im Bett. Inzwischen musste sie künstlich ernährt werden, um dem Nährstoff- und Flüssigkeitsmangel entgegen zu wirken.

Franziska hatte sich vor der Klinik mit ihrer Mutter getroffen. Gemeinsam wollten sie die Oma besuchen.

„Du, Mutti, ich habe vielleicht etwas, was der Oma neuen Lebensmut geben kann." Franziska war einen Moment stehen geblieben. Es war bestimmt nicht der schönste Augenblick für diese Neuigkeit, doch die Mutti sollte es schon vorher wissen. „Ich bin wieder schwanger." Franzi sah ihre Mutter lächelnd an.

„Ist das schön! Ich drücke dir ganz fest die Daumen, meine Große! Diesmal geht es gut, ich weiß es." Mutter und Tochter umarmten sich.

„Wann wird es denn soweit sein?" Gudrun hatte Franziska gemustert und noch nichts gesehen.

„Ende Mai denke ich. Wer weiß, ob ich nach den Hauptprüfungen überhaupt anfangen kann zu arbeiten. Aber das hat ja noch Zeit." Franziska wollte gar nicht so weit voraus denken.

„Dann lass uns mal hoch gehen und es der werdenden Uroma mitteilen."

Klein und zerbrechlich wirkte die Oma, die Franziska immer als eine robuste, starke Frau in der Erinnerung hatte. Sie spürte, dass es nicht mehr lange dauern konnte, bis die Großmutter die Augen für immer schloss.

„Oma, Oma hörst du mich?" Franziska stand am Bett und sah, wie die Oma die Augen kurz öffnete. „Oma, ich muss dir was sagen, was ganz Tolles! Ich bekomme ein Baby! Und du musst jetzt ganz schnell gesund werden, du willst doch dein Urenkelchen noch sehen!" Franzi streichelte der Oma über das schlohweiße Haar, das doch einmal tiefbraun gewesen war.

„Franzi, das ist schön." Ganz leise drangen die Worte der Großmutter Franziska ans Ohr. Die Oma sah sie an und lächelte für einen Augenblick, ehe sie ermattet einschlief.

Gudrun zog die Hand ihrer Mutter an die Lippen. So saß sie minutenlang bewegungslos da, bis sie leise aufstand und zur Tür ging. „Machs gut, Mutti, wir kommen bald wieder."

Ein paar Tage später schlug die Oma die Augen nicht mehr auf, als Franziska und ihre Mutter sie besuchten. Nur ein leichter Händedruck verriet, dass die Oma noch ein schwaches Bewusstsein hatte. Sie wird es nicht schaffen, dachte Franziska bekümmert.

„Vati, Mutti, wir sind da!" Munter rief Franziska den Gruß in den Korridor, doch niemand antwortete. Was war denn hier los? Sie sah Michael fragend an, als der Vater aus dem Wohnzimmer kam. Es war unverkennbar, er hatte geweint.

Franziska holte tief Luft. Sie glaubte zu ahnen, was passiert war. „Ist die Oma eingeschlafen?"

Der Vater drückte Franzi an sich. „Ja, Oma lebt nicht mehr, aber frag jetzt nur nicht, welche!"

Nein, das konnte doch nicht sein! In Halle in der Klinik lag Oma Hilde, am Ende ihrer Kräfte, doch sie lebte noch. Und hier, wo die Oma Klara immer gesund und munter gewesen war, da sollte sie jetzt tot sein? Herzschlag. Franzis Augen füllten sich mit Tränen.

„Ich wollte ihr doch heute sagen, dass sie Uroma wird. Nun weiß sie es gar nicht." Franziska schluchzte auf.

„Doch, sie wusste es und sie hat sich sehr gefreut." Franzi sah den Vater ungläubig an.

„Entschuldige bitte, mein Liebling, aber ich konnte es einfach nicht für mich behalten, nachdem es mir Gudrun erzählt hatte."

Franziska musterte ihren Vater. War es die Wahrheit oder eine gnädige Notlüge? Auf jeden Fall war es ein sehr tröstlicher Gedanke.

Nur fünf Tage später hatte Franziska gar keine Großeltern mehr. Trauernd stand sie an den Gräbern ihrer beiden Omas, die sie beide so geliebt hatte. In ihr wuchs ein neuer Erdenbürger heran, ein neues Familienmitglied, doch von zwei anderen hieß es Abschied nehmen. Hatten sie etwa Platz gemacht für ihr Urenkelkind?

Die letzten Studienwochen bereiteten Franziska keine Schwierigkeiten und auch gesundheitlich ging es ihr gut. Durch die dicken Wintersachen sah man ihr die Schwangerschaft kaum an. So machte sie sehr selten von der Möglichkeit Gebrauch, sich bevorzugt beim Einkauf bedienen zu lassen. Sie war es ja gewöhnt, geduldig in einer Schlange zu warten, bis sie an der Reihe war. Franzi stand am Fleischerstand der Kaufhalle, als ihr plötzlich heiß wurde. Sie dachte noch, ich muss an die frische Luft, dann umfing sie Dunkelheit.

Als Franziska die Augen wieder aufschlug, sah sie sich irritiert um. Warum war es so hart, wo sie lag? Und was wollten die ganzen Menschen bei ihr? Sie hörte Stimmen um sich herum, die was vom Notarzt und Krankenhaus redeten. Nein, nur das nicht!, dachte sie panisch, als ein bekanntes Gesicht sich aus der Masse heraus löste. Frau Schuster, die nette Nachbarin aus dem ersten Stock, lächelte ihr zu und drehte sich dann zu den Leuten um.

„Nein, sie braucht keinen Notarzt, sie ist nur schwanger! Ich kümmere mich um sie."

„Kannst du aufstehen?", richtete sie nun ihre Frage an Franziska.

Franzi nickte dankbar. Sie fühlte sich wohl und hatte keine Ahnung, warum sie umgefallen war. Gemeinsam liefen sie zu ihrem Wohnhaus. „Mach dir nicht zu viele Gedanken, Mädchen. So was passiert schon mal, ich kenne das von meinen Schwangerschaften. Aber ich glaube, in dieser Kaufhalle musst du nicht wieder anstehen!", lachte die Nachbarin.

Die beiden Abschlussprüfungen waren keine Glanzleistungen geworden, aber sie hatte bestanden. Und ihre Diplomarbeit verteidigte sie sogar mit gutem Erfolg.

Stolz hatten die Absolventen ihr Diplom in Empfang genommen. Ina, Kerstin, Andrea, Birgit, Trixi, Karla, Ingolf, Walter und alle die anderen hatten viereinhalb Jahre lang gemeinsam gelernt und gearbeitet, aber auch viel Spaß miteinander gehabt. Nun trennten sich ihre Wege. Manche gingen in ihre Heimatorte zurück, andere fingen ganz neu irgendwo an.

Franziska hatte einen Arbeitsvertrag mit der Genossenschaft geschlossen, bei der sie vor dem Studium den Mähdrescherkurs absolviert hatte. Jetzt hatte sie nicht mehr mit dem Arbeiten begonnen, aber im Sommer würden sie eine schöne Neubauwohnung beziehen können und dann konnte auch Franzi ihre Arbeit antreten. Das Leben zeigte sich von der Sonnenseite.

Seit Franziska wieder schwanger war, wich Alexander kaum noch von ihrer Seite. Er war seit seiner Lehre gern bei seiner Schwester und dem Schwager zu Besuch gewesen. Jetzt schien er die Rolle des Aufpassers übernommen zu haben. Leicht amüsiert fragte sich Franzi manchmal, ob ihr Kind wohl zwei werdende Väter hätte.

„Ich besuche dich jeden Tag, wenn du im Krankenhaus bist, ich muss doch meinen Neffen angucken!", verkündete Alex mit dem Blick auf Franziskas gepackte Kliniktasche.

„Alex, das geht nicht." Franziska hielt ihrem Bruder das Merkblatt des Krankenhauses unter die Nase. „Lies doch, was da steht: Zur Papa-

Besuchszeit mit dem Baby im Zimmer darf ausschließlich der Ehemann oder der Kindesvater."

Alexander war enttäuscht. Doch dann hellte sich seine Miene auf. Er blickte zu Michael, der das Gespräch zwischen den Geschwistern belustigt verfolgt hatte.

„Jetzt weiß ich es, du bist der Ehemann - und ich bin dann der Kindesvater!"

Franziska konnte sich kaum halten vor Lachen. „Womit habe ich nur so einen verrückten Bruder verdient?"

Michael klopfte Alexander auf die Schulter. „Du siehst deinen Nichterich oder deine Neffin schon noch! Zur normalen Besuchszeit werden die Kleinen ja auch den Angehörigen gezeigt, aber eben nur durch die Scheibe."

Franziska fühlte die Bewegungen ihres Kindes. Vielleicht noch vier Wochen, dann war die Wartezeit endlich vorbei.

„Gratuliere, du bist Oma!" Michael hatte Gudrun im Büro der Stadtverwaltung angerufen, um ihr die freudige Mitteilung so schnell wie möglich zukommen zu lassen. „Es ist ein ganz süßes, kleines Mädchen!"

Sprachlos vor Glück und Erleichterung hielt Gudrun den Hörer in der Hand. „Wir kommen, wir kommen heute noch!"

Am Abend zuvor hatte Michael Franziska ins Krankenhaus gebracht. Da waren die Wehen regelmäßig gekommen. In der Nacht platzte die Fruchtblase und dann ging es zügig voran. Als Michael morgens von dem kleinen Laden in der Nachbarschaft aus im Krankenhaus angerufen hatte, da war er bereits Vater geworden. „Sie können Ihre Frau besuchen", hatte die Schwester gesagt, als er wissen wollte, ob es ein Junge oder ein Mädchen sei.

Dann hatte er sie gesehen, seine Tochter, seine kleine Anja. Wie gebannt hatte Michael durch die Scheibe gestarrt und sich nicht von der Stelle gerührt, bis die Säuglingsschwester ein Einsehen hatte und ihm das Baby kurz in den Arm legte.

„Sie ist wunderschön, genau wie ihre Mama!" Michael küsste seine Frau zärtlich. „Oh Franzi, ich liebe dich so!"

„Ich liebe dich auch!" Sie lächelte ihren Mann selig an.

„Ruhe dich erst einmal aus. Ich fahre jetzt zu meinen Eltern. Deine Mutti habe ich eben von der Telefonzelle aus angerufen. Deine Eltern kommen heute noch. Und der frisch gebackene Onkel wird auch nicht lange auf sich warten lassen." Michael lachte Franziska zu. Bei den Vorschriften auf der Entbindungsstation würden die Besucher wohl nur in Etappen rein können.

„Jetzt hast du eine Tochter." Mit Tränen in den Augen saß Gudrun bei Franziska auf der Bettkante. „Wie ich dich beneide", flüsterte sie leise, mehr zu sich selbst als zu ihrer Tochter.

„Aber Mutti, du hast doch mich!" Irritiert starrte Franziska ihre Mutter an.

„Ja, Franzi, natürlich, ich habe dich. Entschuldige, ich bin ganz durcheinander. Vielleicht ist das so, wenn man das erste mal Oma wird." Sie nahm Franziskas Hand und drückte sie fest.

Der Vater kam herein. „Verzeih mir, Töchterchen, ich musste erst mal eine rauchen."

„Was, du rauchst wieder?" Vor 15 Jahren hatte sich der Vater das Rauchen abgewöhnt.

„Nein, nicht richtig, es war nur eine zur Entspannung, bei der Aufregung!"

Franziska lächelte. Die Frauen hatten die Mühsal der Entbindung und die Männer standen unter Schock!

„Sie sieht aus wie du!" Der Vater sah mit verklärtem Blick zu seiner Tochter. Es war die Erinnerung, die ihn übermannte.

„Ich glaube, wir sollten mal nach unten gehen, damit die nächsten kommen können. Der Pförtner lässt keinen mehr zu dir durch. Ich schätze, dein Bruder lyncht mich gleich und meine Eltern möchten ihre Enkelin doch auch begrüßen." Michael hatte eine Entscheidung getroffen. „Ich komme dann zur Papa-Stunde wieder."

Franziska sank auf das Kissen. Sie war erschöpft, aber überglücklich.

24

Eine Woche später holte Michael seine beiden Mädels aus der Klinik ab. Alexander hatte ihm sein Auto geliehen. Er hatte inzwischen die Lehre beendet, verdiente auf dem Bau gutes Geld und hatte sich nach einem fahrbaren Untersatz umgesehen. Etwas anderes als ein älterer Gebrauchtwagen war nicht infrage gekommen. Abgesehen davon, dass er keine Anmeldung für einen Neuwagen hatte und auch das Geld noch nicht dafür gereicht hätte, schraubte er einfach viel zu gerne an Autos selbst herum, was bei alten Autos möglich und oft auch nötig war. Nun fuhr er den gleichen Typ, den auch die Eltern seit einiger Zeit hatten. Gebaut in den 50er Jahren, erfüllte er noch immer treu seinen Dienst.

Alex hatte es sich verkniffen, gemeinsam mit dem Schwager im Krankenhaus aufzutauchen. Er würde ja seine Schwester und seine Nichte sehen, wenn er den Wagen wieder abholte. Und dann hatte er auch noch seine Überraschung. Er freute sich schon auf die Gesichter von Micha und Franzi.

Nun saßen sie gemeinsam am Kaffeetisch. Anja schlief brav in ihrem Körbchen.

„Ich habe da noch was für euch, und die Kleine natürlich!" Franziska stellte die Kaffeetasse ab und sah ihren Bruder an. Ein Geschenk musste ja noch kommen. Was konnte es wohl sein, dass er es nicht einfach mitbrachte, sondern so spannend machte?

„Du hast wohl schon ein Dreirad gekauft, ehe Anja laufen kann?" So was traute sie ihm zu.

„Nein, drei Räder hat es nicht, eins mehr."

„Dann ist es ein Tretauto", vermutete Michael jetzt.

„Na, das hoffe ich doch nicht, dass ihr da treten müsst beim Fahren!" Alex grinste spitzbübisch.

Franzi und Michael sahen sich fragend an.

„Hört mal zu, ihr zwei. Ich hatte mir noch einen F9 gekauft, als Ersatzteilspender für meinen und den von den Eltern. Aber als ich ihn genau besehen habe, schien er mir dafür viel zu schade. Er hat ein paar Blechschäden. Aber er fährt, er ist zugelassen und hat gültige Papiere. Ich möchte euch das gute Stück schenken. Ich denke, ihr könnt ein Auto gut brauchen und Michael kann den kleinen Schaden wieder richten. Bei euch ist er in den besten Händen."

Franziska sah ihren Bruder mit großen Augen an. Nicht nur, dass das die längste Rede gewesen war, die er wohl je gehalten hatte, er verschenkte gerade ein ganzes Auto!

Michael fasste sich zuerst wieder. Er stand auf und ging um den Tisch auf Alexander zu. „Schwager, du bist genau so ein Glücksfall wie deine Schwester! Ich wusste es doch vom ersten Moment an, du bist ein echt guter Kumpel! Danke! Danke von ganzem Herzen!"

Nun fiel auch Franzi ihrem Bruder um den Hals. Wie verschieden sie auch immer waren, eins hielt sie zusammen, ihre innige, geschwisterliche Liebe zueinander.

Es war für Michael wirklich kein Problem gewesen, das Auto in einen ordentlichen Zustand zu versetzen. Erst jetzt merkten Franziska und Michael, wie viel einfacher das Leben dadurch wurde. Wie schnell konnten die Familien besucht werden, wie unabhängig waren sie von den überfüllten Bussen. Das war die beste Idee, die Alexander je gehabt hatte, dachte Franziska oft voller Dankbarkeit.

Eigentlich hatte sie gehofft, im Sommer umziehen zu können. Doch der Neubaublock, den die Genossenschaft für ihre Mitglieder errichtet hatte, war noch immer nicht bezugsfertig. Es war zu verstehen, dass während der Ernte alle verfügbaren Kräfte auf den Feldern eingesetzt wurden, aber Franziska sehnte das Ende der Provisorien in ihrem Zimmer in Halle langsam herbei.

„Michael, nächste Woche ist Wohnungsübergabe!" Franzi schwenkte den Brief, den sie gerade im Briefkasten gefunden hatte. „Dann muss ich bei der Gelegenheit gleich noch nachfragen, ob mit dem Krippenplatz alles klar geht."

„Ja, und ich muss dann Bescheid sagen, ab wann ich den Betriebsteil wechseln möchte." Michaels Tätigkeit bei der Handelsorganisation erlaubte es ihm, ohne die Firma zu verlassen, in der Niederlassung am Harzrand zu arbeiten.

Mit einem Mal war so viel zu erledigen. Wie gut, dass sie wenigstens kein Umzugsunternehmen suchen mussten. Ihre Möbel würden alle in Michaels LKW verstaut werden und fertig! Das neue Bett und die Schränke hingegen lagerten schon seit Wochen bei Franziskas Eltern auf dem Dachboden.

Der Anblick war ernüchternd. Franziska und Michael waren mit Anja aus dem Auto gestiegen und standen sofort in einer Pfütze. Eigentlich war hier alles eine große Pfütze. Der Regen vom Tag zuvor hatte das Gelände, das von den Bauarbeiten aufgewühlt war, in eine schlammige Seelandschaft verwandelt. Doch das Haus stand fertig vor ihnen und aus einem Schornstein stieg Rauch in den herbstlichen Himmel. Willkommen in der neuen Heimat, dachte Franziska.

„Kommt hoch, hier sind wir", schallte eine Stimme durch das Treppenhaus. Franzi und Michael fühlten sich zuerst gar nicht angesprochen, sie kannten hier ja keinen. Aber dann folgte sie doch dem Ruf, der aus einer Wohnung im 2. Stock kam.

„Immer rein mit euch!" Eine junge Frau mit einem Kind auf dem Arm hielt die Tür auf. „Erste Etage rechts?" Franzi nickte, das war ihre Wohnung. „Dann sind wir komplett, fehlt nur noch der Kaderleiter mit den Verträgen." Die Wohnung war voller Menschen.

Franziska sah sich um. Hier war es schon wohnlich. „Ja, wir haben schon langsam alles fertig gemacht und auch ein bisschen geheizt. Wir wohnen hier im Dorf ziemlich beengt und sind froh, endlich einziehen zu können." Die Frau schien sehr redselig zu sein. Sie sprach weiter. „Wir haben schon zwei Kinder, Isabel, die ist im Kindergarten, und Stefan." Sie zeigte auf den kleinen Jungen, den sie jetzt ihrem Mann in den Arm drückte. „Und das ist

Klaus, mein Mann, ich bin Inge. Auf gute Nachbarschaft!"

Michael sah Franziska an. Oh je, kann die reden, sagte sein Blick.

„Aber sie ist nett", flüsterte Franzi ihm zu.

Sie hatte es erlebt, wie viel eine gute Nachbarschaft wert war. Und die Kinder würden miteinander spielen können.

„Wir haben bis jetzt in Halle gewohnt", stellte Franzi sich und ihre Familie vor. „Mein Mann Michael, unsere kleine Anja und ich bin Franziska. Ich freue mich auch, dass wir bald einziehen können."

Rasch waren die Verträge unterschrieben, die Schlüssel an die künftigen Mieter ausgeteilt. Michael und Franziska hatten schon einen Kofferraum voll Malerzubehör mitgebracht und trugen es nun nach oben. Sie standen in der leeren Wohnung, mit Anja auf dem Arm und konnten ihr Glück kaum fassen. Jetzt hatte die Enge ein Ende. Endlich gab es ein Bad und für ihre Tochter ein eigenes Zimmer. Nur noch renovieren und dann stand dem Einzug nichts mehr im Wege.

Mit einem lachenden und einem weinenden Auge ließ Franziska Halle hinter sich. So viel verband sie mit dieser Stadt seit ihrer Kindheit. Sie hatte ihr Angst gemacht und ihr das große Glück geschenkt.

Die Großeltern waren dort gestorben und ihr Kind war dort geboren worden. Es war eine schöne und eine schwere Zeit gewesen, an die sich immer gern erinnern würde.

25

„Ach Micha, ich denke ständig, dass ich was vergessen habe." Franziska war nervös. Morgen sollte nun ihr erster richtiger Arbeitstag sein. Schon seit ein paar Tagen hatte sie Anja stundenweise in die Kinderkrippe gebracht. Die Kleine war jetzt ein dreiviertel Jahr und ein echter Sonnenschein. Franziska hätte schon eher anfangen können mit der Arbeit, sich dann aber dafür entschieden, noch den Winter über zu Hause zu bleiben. Doch jetzt nahte das Frühjahr, die Arbeiten in der Landwirtschaft begannen wieder, sie war seit einem Jahr mit dem Studium fertig. Langsam wurde sie ungeduldig. Es würde nicht schwer werden, Berufstätigkeit und Familie unter einen Hut zu bringen. Die Krippe war nur ein paar Minuten vom Haus entfernt. Zur Arbeit im Büro oder auf den Feldern fuhr sie der betriebseigene Personentransport. Der Ort war kein Dorf, wie Inge beim Einzug gemeint hatte, sondern ein fast 1000 Jahre altes kleines Städtchen. Hier gab es neben Schule, Kindergarten und Arztpraxis auch eine Post, Bäcker und Fleischer, Lebensmittelgeschäfte, einen Fisch- und einen Gemüseladen und sogar ein kleines Kaufhaus. Es war nicht das reichhaltige Angebot der Großstadt, aber es war für alles gesorgt.

„Du hast gar nichts vergessen, alles ist bestens", beruhigte Michael seine Frau. Er arbeitete im Großlager in einem der Nachbarorte wieder als Fahrer. „Ich bin in Gedanken bei dir an deinem ersten Arbeitstag. Aber ich weiß, du packst das!"

Michael hatte recht behalten. Franziska war mit offenen Armen an ihrem Arbeitsplatz in einem Stützpunkt der Genossenschaft im Nachbardorf empfangen worden. Die Arbeit machte ihr Spaß, mit den Kollegen verstand sie sich von Anfang an prächtig. Die kleine Brigade, die sie leitete, und die für Futtertransporte zuständig war, erfüllte die Norm, Franziska fühlte sich rundherum wohl.

Einmal war sie mit einem Kollegen raus auf die Felder gefahren. Und als sie den Feldweg entlang fuhren, kam ihr das plötzlich so bekannt vor. Sie erinnerte sich wieder an Joachim und ihre allererste Fahrt mit dem alten Lieferwagen. Wie lange war das her! Sie war noch ein halbes Kind gewesen damals. Jetzt hatte sie selbst ein Kind.

Im Frühjahr hatte sich das Umfeld des Neubaublocks endlich zum Guten gewandelt. Eine Straße und ein Fußweg wurde gebaut, Gras ausgesät,

Bäume gepflanzt und ein kleiner Spielplatz von den Vätern der zahlreich vorhandenen Kinder selbst angelegt. Vom Balkon aus blickten sie über Wiesen und ein kleines Wäldchen und wenn Anja in ihrem aufblasbaren Badebecken planschte, ging Franzi das Herz auf.

Ab und zu kamen ihre Eltern zu Besuch. Doch Franziska hatte seit Anjas Geburt immer wieder die Bemerkung ihrer Mutter im Ohr, die sie sich nicht erklären konnte. Allerdings schien ihr diese scheinbar unbewusst gemachte Aussage nur wie die Spitze eines Eisberges zu sein. Unterschwellig spürte sie seit Jahren, dass es etwas gab, was sie nicht wusste und anscheinend auch nicht wissen sollte.

Es war die Arbeit und die Familie, die Franziska von den Grübeleien wieder abbrachte. Im Sommer war sie die rechte Hand des Abteilungsleiters bei der Ernteerfassung geworden. Dann übernahm sie die Brigade der Bodenbearbeitung. Im Winter wurden im Büro Auswertungen und Statistiken angefertigt, während die Traktoristen ihre Maschinen und Geräte reparierten und für die neue Saison vorbereiteten. Nun schien es, als würde die Natur unter der weißen Schneedecke im tiefen Schlaf liegen.

Franziska und Michael genossen mit ihrer Tochter das erste Weihnachtsfest, das Anja bewusst erlebte. Die Augen des kleinen Mädchens strahlten mit den Lichtern am Tannenbaum um die Wette. Und bei ihrer ersten Schlittenfahrt im nahen Wäldchen juchzte sie vor lauter Freude.

„Weißt du, Franzi", sagte Michael eines Abends zu seiner Frau „ich war mir erst gar nicht sicher, ob es gut war, von Halle fort zu gehen. Aber wenn ich jetzt sehe, in welch gesunder Umgebung Anja aufwächst, wie gut es ihr geht, dann bereue ich es nicht. Im nächsten Sommer kann sie bestimmt schon mit den anderen Kindern draußen spielen. Die kleine Isabel von oben hat schon gefragt, ob sie mal auf Anja aufpassen darf."

Franziska lehnte sich an ihren Mann. Sie hatte gemerkt, wie schwer ihm der Abschied von Halle gefallen war und gehofft, dass es sich ändern würde und der Zeit vertraut. Heute wusste sie, dass sie recht behalten hatte. Alles war gut, genau so wie es war.

Es war eine sorglose, glückliche Zeit für die junge Familie. Im Laufe der Monate hatten sie die Wohnung schön eingerichtet, hatten sich ein Aquarium gekauft, in dem Anja mit Vorliebe die bunten Fische beobachtete. Und als ihnen im Frühjahr ein kleines Kätzchen zulief, da hatten sie es bei sich aufgenommen.

„Wie sieht es aus, wollen wir noch mal gemeinsam Urlaub machen?" Franziskas Vater hatte auf dem Rückweg von einer Baustelle einen Zwischenstopp bei den Kindern eingelegt. „Wir haben uns wieder für September angemeldet. Da ist doch die Getreideernte vorbei." Er blickte Franzi fragend an.

„Schon, aber mit der Kleinen auf dem Campingplatz?" Sie kannte die Gegebenheiten und wusste nicht, was richtig war.

„Ach, das haben wir ja noch gar nicht erzählt! Der Wagen ist komplett renoviert worden. Und die Wasserleitung wurde bis zu den neuen Bungalows verlängert. Da haben die Jungs vom Bauhof gleich angebaut. Jetzt gibt es eine Dusche und eine Toilette! Wir waren übers Wochenende unten in Thüringen und haben es uns angesehen. Ich sage euch, ganz toll!" Der Vater hatte sich in Begeisterung geredet.

„Das hört sich echt gut an! Wenn es bei uns mit dem Urlaub klappt, kommen wir bestimmt mit!" Franziska freute sich. Sie war so gerne in Thüringen, es hatte ihr immer gut getan. Nun sollte auch ihre kleine Anja dieses schöne Stückchen Heimat kennen lernen.

Im Sommer hatte Franziska zum ersten Mal einen Strohkomplex als Brigadier übernommen. Die Männer ihrer Futterbrigade häckselten nun statt frischem Roggen das Stroh, das in breiten Schwaden hinter den Mähdreschern abgelegt wurde und türmten es zu großen Haufen in der Nähe der Stallungen auf. Sie waren eine eingespielte Truppe, die ihre Arbeit selbständig erledigten und kaum noch Anleitung brauchten. Franzi dankte es ihnen, indem sie im Unterkunftswagen schon mal einen Kaffee kochte oder Würstchen heiß machte, wenn sie die Liefermengen abrechnete. Und über die erreichte Leistung freuten sich alle, gab es doch für gute Arbeit auch gutes Geld.

Nun war der Sommer vorüber, doch sie hofften, dass der Herbst ihnen noch ein paar schöne Tage schenken würde. Zum ersten mal fuhren Michael und Franziska im eigenen Auto nach Thüringen. Die kleine Katze schlief im Fußraum neben Franzis Beinen, während Anja auf der Rückbank im Kindersitz munter plapperte. Je näher sie dem Ziel kamen, desto entspannter fühlte sich Franziska. Diese Landschaft hatte etwas befreiendes und wenn sie zurück rechnete, war ihre Anja wahrscheinlich sogar hier gezeugt worden.

Als Michael mit dem Auto die leichte Anhöhe hinauf fuhr, winkten ihnen die Eltern schon entgegen. Franziska staunte, was aus dem alten Wohnwagen geworden war. Nur wer ihn von früher kannte, konnte nachvollziehen, was sich alles verändert hatte. Der Vater hatte recht gehabt, es war ganz toll!

So verbrachten sie einen herrlichen Urlaub. Mit Anja fuhren sie in die zoologischen Gärten nach Suhl und nach Erfurt und ließen sie auf dem Eselrücken die Wartburg erklimmen.

„I-a, i-a", machte die Kleine die Laute des Esels nach und quietschte vor Vergnügen. Wieder zurück auf dem Campingplatz begrüßte sie mit den neu gelernten Vokabeln die Katze und wunderte sich, dass Miezi so gar nichts damit anfangen konnte.

Wenn Anja am Abend schlief, saßen Franziska und Michael noch mit den Eltern bei einem Glas Wein oder Bier zusammen und genossen die herrliche Ruhe. Es gab Momente, wo Franziska das Gespräch in eine bestimmte Richtung lenken wollte, um ihre Fragen zu stellen, die sie mit sich herum trug, doch nie ergab sich eine unverfängliche Gelegenheit.

Wieder neigte sich ein Jahr dem Ende zu. Wie doch die Zeit vergeht, dachte Michael. Es schien ihm noch gar nicht lange her, da hatte er seine Tochter zum ersten Mal im Arm gehalten. Jetzt sang sie schon munter „Oh Tannebaum" und wunderte sich mit schief gelegtem Köpfchen, dass der Weihnachtsmann die Schuhe vom Opa anhatte.

In der Silvesternacht standen Michael und Franziska auf dem Balkon und prosteten sich zu.

„Ein schönes neues Jahr wünsche ich dir, mein Schatz!" Michael küsste seine Frau.

„Und ich wünsche uns noch ganz viele schöne Jahre!" Franzi sah den Raketen nach, die in den Nachthimmel stiegen. „Mögen unsere Träume in Erfüllung gehen!"

26

Franziska hatte unruhig darauf gewartet, herein gebeten zu werden. Gleich Anfang Januar war sie zum Vorsitzenden der Genossenschaft bestellt worden.

„Sie haben bisher eine gute Arbeit geleistet, Frau Gronnert", begann er das Gespräch. „Wir möchten Sie deshalb zu einem Lehrgang schicken."

Aha, daher weht der Wind, dachte Franziska. Irgendwann war jeder mal dran mit Lehrgängen, sie hatte nur nicht so rasch nach dem Studium damit gerechnet.

„Aber ich habe eine kleine Tochter", wagte sie einen Einwand. „Ich kann doch nicht zum Lehrgang fahren." Michael würde ihr bei seinen unregelmäßigen Arbeitszeiten kaum eine Hilfe sein können, sollte sie die Woche über weg müssen. Erst hier hatte sie den regelmäßigen Schichtdienst, den es in Halle gab, schätzen gelernt.

„Nein, nein, so schlimm wird es gar nicht", bemühte sich ihr Chef, sie zu beruhigen. „Es ist nur ein Tag in der Woche, das nächste halbe Jahr, und der Lehrgang ist in der Kreisstadt, in der Landwirtschaftsschule. Die kennen Sie doch?"

Franziska nickte. Ja, dort hatten damals die Kurse für die theoretische Fahrausbildung stattgefunden. Lange war es her.

„Gibt es sonst noch Probleme?"

Jetzt lächelte Franzi. „Nein, dann gibt es keine Probleme mehr."

„In Ordnung, ich melde Sie also an."

Und schon stand Franziska wieder vor der Tür. Sie würde demnächst einmal in der Woche morgens mit dem Bus in die Stadt fahren und am Nachmittag zurück. Anja würde gar nichts davon merken. Und sollte doch einmal etwas schief gehen, gab es ja noch Inge, die Anja im Notfall mit nach Hause nehmen konnte, wenn sie Torsten abholte. Isabel war sowieso ganz vernarrt in die Kleine und spielte gerne mit ihr.

Am nächsten Mittwoch saß Franziska gemeinsam mit etwa 20 Kollegen aus anderen Betrieben in der Landwirtschaftsschule. Sie kam sich hier etwas deplatziert vor. Denn egal ob es um fachliche Dinge oder politische Fragen ging, theoretische Ausbildung hatte sie in den letzten Jahren wahrhaftig genug bekommen. Was ihr fehlte, das war praktische Erfahrung, doch die gab es nicht an der Schule. Wahrscheinlich musste nur das Soll erfüllt werden, dachte sich Franzi. Sie hing ein bisschen ihren Gedanken nach und war froh, als es von der Kirchturmuhr 12 schlug. Mittagspause!

Alle strömten aus dem gut geheizten Raum nach draußen. Franzi hatte noch überlegt, ob sie lieber hier bleiben sollte, war dann aber doch vor die Tür getreten. Sie schüttelte sich. Ein nasskalter Wintertag war nicht gerade das, was sie am liebsten hatte. Aber die frische Luft würde ihr sicherlich auch gut tun. Sie lief hinter den anderen her in Richtung Marktplatz.

„Franziska!" Franzi drehte sich um, sie hatte die Stimme der Mutter sofort erkannt und freute sich, sie zu sehen. Franziska hatte immer gehofft, dass es nach Anjas Geburt und dem Umzug in den Nachbarort ein etwas engeres Verhältnis zwischen ihnen beiden geben würde, doch es war nicht so gekommen. Dieser Satz der Mutter, sie würde Franzi um ihre Tochter beneiden, stand wie eine Glaswand zwischen ihnen, die Franziska nicht einreißen konnte. Sie sahen sich, konnten sich aber nicht berühren. Sie besuchten sich zu Familienfeiern oder auch mal am Sonntag Nachmittag, doch es schien immer vom Vater auszugehen. Der kam oft ganz spontan auf einen Kaffee vorbei und Franzi war sich sicher, dass die Mutter davon nichts wusste.

Jetzt standen sich Mutter und Tochter vor dem Rathaus gegenüber. „Wollen wir zu uns nach Hause gehen oder in der Kantine etwas essen?" Gudrun wollte Franziska entscheiden lassen.

„Lass uns in die Kantine gehen. Hast du jetzt Feierabend?" Franzi war eingefallen, dass am Mittwoch in den Ämtern keine Sprechstunde war und die Mutter, die inzwischen wieder vollbeschäftigt war, deshalb nur bis Mittags arbeitete. Gudrun nickte.

Der Speisesaal war übervoll. Gudrun und Franziska waren froh, noch einen Platz zu finden. Sie bestellten sich das Tagesgericht und Kaffee und fingen wortlos an zu essen. Lange hatten sie nicht mehr so zusammen gesessen.

„Hast du frei oder bist du dienstlich hier?" Gudrun wunderte sich, Franziska so mitten in der Woche in der Stadt zu treffen.

„Ich bin zum Lehrgang, bis Juni jeden Mittwoch." Franziska rührte in ihrer Kaffeetasse.

Die Mutter sah sie an. „Wenn du immer um die Zeit Mittagspause hast, könnten wir uns doch ab und zu treffen. Du könntest auch nach Hause kommen und ich bereite uns was zum essen vor. Oder hast du etwas anderes geplant?" Gudrun war sich nicht sicher, ob ihr Vorschlag bei Franziska Zustimmung finden würde.

Doch die war sofort einverstanden. „Das ist eine gute Idee. Das eine oder andere mal werde ich auch die Zeit nutzen, um Einkäufe zu erledigen. Das große HO-Kaufhaus hat doch mittags offen, aber ich komme auch gerne mal bei dir vorbei. Wir können ja am Tag davor immer kurz aus dem Büro telefonieren."

„Na, dann sehen wir uns nächste Woche!" Gudrun nahm Franziskas Hand und drückte sie fest, ehe sie sich umdrehte und zur Tür ging. Franzi dachte einen Augenblick, die Mutter hätte ihr noch etwas sagen wollen. Doch dann verwarf sie den Gedanken, zog den Reißverschluss ihrer Jacke hoch und lief ebenfalls nach draußen.

Eine Woche später schloss Franziska die Haustür auf. „Ich bin da!", rief sie in Richtung der Küche. Sie besaß noch ihren Haustürschlüssel aus Jugendtagen. Und obwohl sie ihn kaum noch benutzte, hing er noch immer an ihrem Schlüsselbund. So musste die Mutter jetzt nicht zur Tür laufen und ihr öffnen. In der Küche stellte Gudrun gerade das Essen auf den Tisch.

„Hmm! Das riecht gut! Kartoffelbrei mit Leber und Zwiebeln!" Franziska lachte. Die Mutti hatte an ihr Lieblingsessen gedacht. Die Überraschung war ihr gelungen.

Nach dem Essen packte Franzi Bilder aus. „Hier, die Fotos habe ich gestern vom Fotografen abgeholt, die sind von Weihnachten. Ist die Kleine nicht allerliebst!" Sie reichte den Umschlag an die Mutter weiter. Auf fast allen Bildern war Anja zu sehen, vor dem Tannenbaum, mit dem Weihnachtsmann und mit ihrer neuen Puppe, ein süßes blond gelocktes kleines Mädchen im romantischen Rüschenkleidchen, das ihr Franzi genäht hatte.

„Ja, sie ist so niedlich. Und sie sieht dir total ähnlich. Ich suche mal in den nächsten Tagen Bilder von dir in dem Alter raus, da wirst du es sehen." Gudrun hielt eins der Fotos in der Hand.

„Oh ja, das wäre schön!" Franziska freute sich. „Und die Bilder kannst du behalten, Vati will sie doch auch noch ansehen, ich lasse Abzüge machen. So, jetzt muss ich wieder los, tschüss Mutti!"

„Tschüss Franzi! Und gib meiner Enkelin einen dicken Kuss von der Oma!"

Ein paar Wochen hatten sich Franziska und Gudrun am Mittwoch nicht getroffen, mal hatte Franzi abgesagt, mal Gudrun. Es war schon Frühling, als Franziska wieder zu Hause am Küchentisch saß.

„Heute nicht Leber, aber Frikassee mit Reis", hatte Franziska ihre Nase über den duftenden Topf gehalten, als sie herein kam. „Du weißt noch ganz genau, was mir schmeckt!"

„Natürlich weiß ich das, ich bin deine Mutter!" Gudrun lächelte ihr zu.

Ach ja, bist du das?, dachte Franziska bei sich, manchmal bin ich mir nicht so sicher! Doch im selben Moment schämte sie sich für den Gedanken.

„Hast du schon nach den Bildern gesucht?" Gleich nach dem Essen sprach Franziska ihre Mutter darauf an. Die Pause war nicht so lang, dass sie sich mit Nebensächlichkeiten aufhalten wollte.

„Ja, hier sind sie." Gudrun schob ihr einen Umschlag über den Tisch.

„Wirklich, wie Anja!" Franzi schmunzelte beim Anblick der Fotos.

„Gibt es weiter keine Babybilder?" Franzi hielt ein einzelnes Foto in der Hand, das sie als Säugling zeigte. Es hatte ein anderes Format und war auch nicht hier im Haus aufgenommen, soweit sie das erkennen konnte. Sie sah die Mutter fragend an.

Gudrun stand auf, um Kaffee nachzugießen. „Ich glaube, wir hatten da noch gar keinen Fotoapparat."

Franzi legte das Foto wieder zu den anderen Bildern und trank ihren Kaffee aus. Sie musste gehen, aber sie war nicht zufrieden mit der Antwort.

Gudrun begleitete ihre Tochter zur Tür und sah ihr hinterher. Sie wird nicht mehr locker lassen, dachte sie bei sich.

In den nächsten Wochen hatte Franziska die Mutter nicht weiter mit Fragen bedrängt. Sie hatte sich gefreut, endlich solch eine entspannte Mutter-Tochter-Beziehung zu haben, dass sie daran nichts durch unbedachte Fragen zerstören wollte.

Sie redeten bei ihren Treffen förmlich über Gott und die Welt, über Nachbarn oder alte Freunde. Susanne war nach dem Diplom noch an der Hochschule geblieben und stand kurz vor dem Abschluss ihrer Doktorarbeit. Franziska dachte an den Spruch von Doktor Fuchs, ja die letzte Reihe schritt wahrlich kühn voran! Verena hatte ihr zweites Kind bekommen und auch Franzi und Michael dachten über weiteren Nachwuchs nach.

Und so war es dann doch zu einer Frage gekommen, die Franziska beinahe schon bereute, als sie kaum ausgesprochen war. „Wieso bin ich eigentlich in Halle geboren?"

Gudrun sah Franzi fast schon erstaunt an und antwortete mit einer Gegenfrage. „Tja, wieso eigentlich?"

Franziska blickte verwundert zu ihrer Mutter. Was war an der Frage so schwer? Sie dachte an eine Kollegin, die schon seit Wochen in Halle in der Klinik lag, weil es dem ungeborenen Kind nicht gut ging.

„Gab es Komplikationen in der Schwangerschaft? Oder war ich krank? Musstest du deshalb nach Halle?" Alexander war ganz normal hier im städtischen Krankenhaus zur Welt gekommen.

„Nein, du warst nicht krank. Ich glaube, es war Zufall. Ich war wohl gerade bei meinen Eltern, als die ersten Wehen einsetzten." Gudrun sah Franziska nicht an.

„Ach so." Franzi gab sich vorerst zufrieden. Doch wenn es so einfach war, warum konnte sie dann nicht einfach darauf antworten? Wieder blieben Zweifel.

27

„Na, wer hat denn heute Geburtstag?" Franz und Gudrun beugten sich zu Anja herunter, die strahlend vor Freude in der Tür stand.

„Ich, ich! Anja wird heute drei Jahre!" Sie streckte den Großeltern ihre kleine Hand mit drei gespreizten Fingerchen entgegen.

Michaels Eltern hatten schon an der Kaffeetafel Platz genommen und begrüßten Franz und Gudrun herzlich. Seit ihre Kinder geheiratet hatten, fühlten sie sich freundschaftlich verbunden. Schon bald schwatzten alle lebhaft drauf los, das wichtigste Thema war natürlich das gemeinsame Enkelkind. Isabel hatte Anja samt ihrem neuen Puppenwagen mit nach unten zum Spielplatz genommen. Jeder, der sie vom Balkon aus sah, freute sich über das muntere Mädchen inmitten der Spielgefährten.

Franziska räumte das Geschirr in die Küche und Gudrun half ihr dabei, während Michaels Mutter schon mit dem Abwasch anfing.

„Ich komme jetzt nicht mehr am Mittwoch zu dir", begann Franzi ihrer Mutter zu erklären. „Nächste Woche schreiben wir ein Abschlusstestat und die andere Woche ist nur noch eine kurze Auswertung. Dann habe ich das hinter mir!"

„Eigentlich schade!" Die Mutter sah Franziska an. „War doch schön mit uns!"

„Wir können uns doch trotzdem ab und zu verabreden." Auch Franziska hatten die Treffen mit der Mutter gefallen. Und sie hatte immer noch Fragen.

„Von wegen verabreden …" Der Vater war dazu gekommen. „Fahrt ihr drei noch mal mit uns nach Thüringen? September passt doch wieder?"

„Gerne, und nach der Getreideernte kann ich die Erholung auch garantiert gut brauchen. In vier oder fünf Wochen geht es bestimmt los." Franziskas Blick ging nach draußen. Schon zeigten die Ähren eine leicht gelbe Färbung.

Wie erwartet, hatte die Ernte zeitig begonnen. Die Landwirte kamen gut voran. Doch dann hatte es heftige Gewitter gegeben. Auch in der Nacht hatte der Regen nicht aufgehört. Franziska war morgens zu ihren Kollegen vom Strohkomplex gefahren. Sie hatten gemeinsam Kaffee getrunken und besprochen, welche Reparaturen zu erledigen waren. Mit Erntewetter war heute nicht mehr zu rechnen.

„Wenn ihr damit fertig seid, könnt ihr Feierabend machen. Aber seht noch mal gründlich alles durch, nicht dass es morgen weiter gehen kann und die Technik streikt! Ich fahre ins Büro und erledige dort die Abrechnung." Franziska winkte den Männern zu und schwang sich auf ihr Moped.

Es dauerte nicht lange, da war auch die Büroarbeit erledigt. Dann mache ich jetzt ebenfalls Bauernsonntag, überlegte sie bei sich. Anja war noch im Kindergarten, da konnte sie ungestört ein gutes Stück Hausarbeit schaffen.

Zu Hause fiel ihr Blick auf das Aquarium, das hatte einen Wasserwechsel mal wieder nötig. Wann, wenn nicht jetzt, dachte Franzi und legte los. Sie fing die Fische und setzte sie in einen Eimer, während das verbrauchte Wasser abgepumpt wurde.

Gerade hatte Franziska angefangen, neues Wasser in das Becken zu gießen, da klingelte es an der Tür.

„Franziska? Sind Sie Franziska Zandler?" Zwei Männer waren die Treppe herauf gekommen.

Wieso reden die mich mit meinem Mädchennamen an?, fragte sie sich eben noch irritiert, nickte aber trotzdem.

„Franz, also Ihr Vater, schickt uns. Wir sind Kollegen und sollen Sie holen. Bei der LPG haben wir erfahren, dass Sie schon zu Hause sind. Bitte kommen Sie mit, ihre Mutter hatte einen Unfall." Mit ernstem Blick sahen die Männer Franziska an.

Ich hasse Unfälle, die bringen immer alles durcheinander!, war Franziskas erster Gedanke. Sie atmete tief durch.

„Was ist passiert? Wie geht es ihr?", wollte sie nun wissen. Wenn es ein schlimmer Unfall war, konnte die Mutti vielleicht gar nicht mit in den Urlaub fahren.

„Frau Gronnert", der zweite Mann hatte den Namen vom Türschild abgelesen, „es tut uns leid, aber…" Weiter konnte er nicht sprechen.

Mit verständnislosem Blick starte Franziska die Männer an. „Was tut Ihnen leid? Was ist denn nur los? Ist sie … tot?"

Es war eine entsetzliche Erkenntnis. Franziska ließ sich auf die oberste Treppenstufe sinken. Nein!, hämmerte es in ihr. Das kann nicht sein! Dann schrie sie es heraus. „Nein!!!"

Tränen schossen ihr in die Augen. Von oben kam Inge die Treppe herunter. Der Schrei war ihr durch Mark und Bein gegangen.

„Franziska, was ist passiert?" Sie drückte die weinende junge Frau an sich.

Franzi versuchte, sich soweit zu beruhigen, dass sie sprechen konnte. „Meine Mutter ist tot, ein Unfall." Mehr wusste sie ja selbst noch nicht. „Bringst du bitte nachher Anja mit? Sie kann doch bei euch oben bleiben?"

„Ja, sicher doch!" Inge hielt Franzi immer noch fest. Die beiden Männer standen wortlos daneben.

„Komm, du musst Schuhe anziehen." Erst jetzt merkte Franziska, dass sie in Strümpfen im Treppenhaus hockte. Inge half ihr auf.

Als Franziska mit den beiden Männern im Auto saß und diese ihr den wahrscheinlichen Unfallhergang erzählten, versiegten die Tränen. Sie fühlte sich innerlich so ausgebrannt, dass sie nicht einmal mehr weinen konnte.

Das war nicht fair, ihre Mutter, die immer so übervorsichtig gewesen war auf der Straße, die nie eine Fahrerlaubnis besessen hatte, fiel einem Verkehrsunfall zum Opfer. Die einzige große Kreuzung im ganzen Ort wurde ihr zum Verhängnis!, dachte Franziska, und, welche Ironie des Schicksals, ausgerechnet ein LKW hat sie überfahren.

Die Straße war abgesperrt, sie mussten anhalten. „Bitte, lassen Sie uns durch", sagte der Fahrer zu dem Polizisten. Und nach hinten blickend: „Es ist die Tochter." Franziska hörte, was gesprochen wurde und sah, wie das Absperrgitter zur Seite geschoben wurde, doch es erreichte ihr Gefühl nicht.

Sie wandte sich nach vorne. „Möchten Sie vielleicht Zierfische haben? Ich hätte welche zu verschenken." Nie wieder konnte sie sich an dem Aquarium freuen, das wusste sie genau.

Das Auto hielt erneut an. Einer der Männer öffnete ihre Tür. Ganz langsam stieg Franziska aus und hielt sich an der Autotür fest. Da stand noch der LKW mit dem Hänger. Auf dem Asphalt waren die Umrisse eines Menschen zu sehen. Kreide hatte die letzte Minute im Leben ihrer Mutter festgehalten. An der Seite lag das zerbeulte Fahrrad.

„… im toten Winkel … er konnte nicht …", hörte Franziska Wortfetzen aus den Diskussionen der Umstehenden.

Doch in ihr dröhnte nur ein Wort: „Tot, tot, tot …"

28

Sie saßen eng aneinander gelehnt auf dem Sofa. Vater und Tochter schienen sich gegenseitig Halt geben zu müssen. Tot. Dieses Wort war so grausam, dass es einfach nicht zu begreifen war. Nicht bei einer Frau, die noch so viel vorhatte, die Urlaub machen wollte und doch noch gar nicht ans Sterben dachte.

„Beantworte mir bitte eine Frage, Vati", drang Franziskas Stimme zu Franz vor. Es gab keinen Grund mehr, mit dieser Frage zu warten. „War sie meine Mutter? Oder nicht?"

Franz schien ins Leere zu starren. Dann drehte er sich zu seiner Tochter und begann leise zu erzählen:

„Glaub mir eins, Franzi, Gudrun war deine Mutter, mit jeder Faser ihres Herzens und ihrer Seele war sie deine Mutter! Sie hat dich geliebt wie man ein Kind nur lieben kann! Selbst wenn sie ab und zu Alexander bevorzugt hat, dann nur, weil sie Gerechtigkeit schaffen wollte, weil ich dich immer so verwöhnt habe. Du warst immer ihre Tochter. – Aber", er machte eine kleine Pause, „sie hat dich nicht geboren."

Franzi spürte einen dicken Kloß im Hals. Sie hatte es schon so lange geahnt, doch jetzt schwappte die Wahrheit wie eine Woge über ihr zusammen.

„Gudrun wollte es dir ganz bestimmt einmal sagen, aber wahrscheinlich war es doch nie der richtige Moment."

Als ob das jetzt der richtige Moment ist, dachte Franzi. Aber sie wollte endlich wissen, was los war, was in dieser Familie geschehen war, wollte endlich ihre Puzzleteile zusammenfügen. „Was ist passiert, wer bin ich?"

Franz holte tief Luft und begann: „Du bist Gudruns Nichte. Und du bist meine Tochter. Aber um dir alles zu erklären, muss ich sehr weit ausholen:

Es begann mit deiner Oma Hilde und deinem Opa Paul. Dein Opa war schon immer ein Frauentyp gewesen. Die Mädchen flogen nur so auf ihn. Als deine Oma ihn kennenlernte, verliebte sie sich sofort. Und ich denke, am Anfang war dein Opa auch verliebt. Jedenfalls gab es einige Zeit wirklich nur Hilde für ihn. Die beiden heirateten und bekamen ein Kind, Gudrun. Ich kenne es ja auch nur vom Erzählen her, aber lange muss es nicht gut gegangen sein. Du weißt das ja inzwischen selber, Paul hatte immer mal wieder eine Geliebte. Eine davon war Helene."

Franziska horchte auf. Das also war Helene gewesen, die Frau am Saaleufer, die nun schon so lange tot war. Sie sah ihren Vater an, der weiter sprach. „Sie arbeitete in einem großen Modehaus und hatte es schon zeitig als Direktrice bei den Näherinnen sehr weit gebracht. Sie war schön und erfolgreich, eine Mischung, die schon vor fast 50 Jahren sehr anziehend wirkte. Paul war ihr verfallen. Gudrun war damals etwa so alt, wie deine kleine Anja heute. Sie verstand überhaupt nicht, wieso ihr Papa plötzlich nicht mehr zu Hause war. Hilde wollte und konnte sich nicht scheiden lassen, wovon hätte sie mit dem Kind leben sollen? Aber Paul ließ sie meistens allein und war bei Helene. Deshalb hat sich in Gudrun ein tiefer Hass auf Helene entwickelt. Dann wurde Helene von Paul schwanger und brachte ein Mädchen zur Welt, Elisa. Lisa ist das Kind, das du auf dem Foto gesehen hast."

Franzi dachte an die Ähnlichkeit zwischen ihr und dieser Lisa und ihr schwante, dass die nicht zufällig war. „Lisa" hatte der Opa geflüstert, kurz bevor er gestorben war. Sie war also seine Tochter gewesen.

„Paul sorgte nun für zwei Familien. Ab und zu nahm er Gudrun mit zu Helene und Lisa, aber sie konnte einfach keine Zuneigung für ihre Halbschwester entwickeln. Und Helene hasste sie regelrecht. In ihren Augen hatte ihr Helene den Vater weggenommen. Sie verstand auch ihre Mutter nicht, dass die sich das gefallen ließ.

Mit 16 ging sie von zu Hause fort. Sie arbeitete in verschiedenen Kinderheimen und Waisenhäusern, die es nach dem Krieg vom Gebirge bis zur See massenhaft gab. Dann lernten wir uns kennen. Wobei das eigentlich das falsche Wort ist. Wir hatten überhaupt keine Zeit, uns wirklich kennen zu lernen. Schon ein paar Monate später waren wir verheiratet, sonst hätte Gudrun nicht bei uns einziehen können. Dabei waren wir noch nicht einmal 20. Es war eine komplizierte Zeit damals, mein Vater war gerade gestorben. Ich wollte Abitur machen und dann studieren. Gudrun verdiente das Geld."

Franz atmete tief durch, ehe er weiter sprach.

„Für das Studium brauchte ich in Halle eine Unterkunft. Es wäre das Beste gewesen, wenn ich bei Hilde und Paul hätte wohnen können. Doch das Haus war in den letzten Kriegstagen von Bomben getroffen worden, als die Amerikaner versuchten, die Bahnstrecke zu zerstören. Jetzt waren Paul und Hilde dabei, das Haus wieder bewohnbar zu machen, aber es gab erst ein einziges Zimmer, also konnte ich dort nicht unterkommen. Paul kam auf die Idee, dass ich doch bei Helene bleiben könne.

Sie wohnte mit Lisa in einem schönen Jugendstilhaus unten an der Saale. Es waren zwar auch nur zwei Zimmer, aber recht geräumig. Helene war so nett zu mir. Und Lisa war für mich so was wie eine kleine Schwester, obwohl sie doch eigentlich meine Schwägerin war. Wir bewohnten jedenfalls ein gemeinsames Zimmer und es kam, wie es kommen musste."

Franz sah seine Tochter an, in der eine Ahnung immer mehr Gestalt annahm.

„Glaub mir, Franzi, ich bin nicht stolz darauf! Aber es ist passiert, wir verliebten uns und Lisa wurde schwanger. Ich musste mich entscheiden und ging zurück zu Gudrun. Sie war schließlich meine Frau. Kurz vor der Entbindung sagte mir Lisa, wenn es ein Junge wäre, dann würde sie ihn nach mir benennen, Franz. Aber es wurde kein Junge, sondern ein süßes Mädchen, du, meine kleine Franziska!"

Franzi kämpfte mit den Tränen. „Dann hat Oma das Bild von meiner leiblichen Mutter verbrannt, und ich habe keins!"

„Nicht weinen, es gibt noch mehr Bilder. Ich habe sie für dich aufgehoben." Franz strich seiner Tochter über die Wangen.

„Wusste … wusste Mutti davon?" Franzi hatte erst nach dem passenden Wort gesucht. Das war alles so verwirrend.

„Nein, zu dem Zeitpunkt wusste Gudrun noch nichts. Sie wurde bald darauf auch schwanger."

Franzi stutzte. Wie passte das jetzt zusammen? Doch Franz sprach schon weiter.

„Aber dann erlitt sie eine Fehlgeburt. Du weißt ja selber, was das für eine Frau bedeutet. Ich konnte ihr doch da nicht ausgerechnet auch noch sagen, dass ich sie mit ihrer Halbschwester betrogen hatte und ich inzwischen Vater war. Nur deine Groß-eltern wussten davon und mit Pauls Hilfe konnte ich dich auch ab und zu besuchen. Den beiden bin ich sehr dankbar. Deine Oma Hilde hat dich nie merken lassen, dass du ja gar nicht ihr Enkelkind warst."

Franz stöhnte innerlich auf. Was jetzt kam, das verlangte auch ihm eine große Kraftanstrengung ab. Nein, das konnte er nicht erzählen. Er stand auf. „Warte mal kurz, ich bin gleich wieder da."

Franziska hörte, wie der Vater die Bodentreppe hinauf ging. Sie putzte sich die Nase. Nach ein paar Minuten kam Franz zurück, in der Hand eine schwere Kassette.

Wortlos schloss er sie auf und reichte Franziska eine Mappe. Sie schlug sie auf und fand als Oberstes einen vergilbten Zeitungsausschnitt. Schon die Überschrift ließ sie erstarren. *„Tragischer Unfall – Junge Mutter stirbt, Kleinkind überlebt"* Sie blickte zu Franz. Er nickte kaum merklich. Franzi las weiter.

„Halle. - Gestern am Nachmittag kam es in der Trothaer Straße zu einem tragischen Unfall, bei dem eine junge Frau starb. Aus bislang ungeklärter Ursache wurde eine 18-jährige von einer Straßenbahn erfaßt und unter dem Wagen eingeklemmt. Sie konnte nur noch tot geborgen werden. Der Kinderwagen, den sie bei sich führte, wurde durch die Wucht des Aufpralls aus dem Gleisbett geschleudert, kippte um und wurde von einem vorbeifahrende Lastwagen gestreift. Das neunmonatige Kind kam mit leichten Verletzungen in ein Krankenhaus."

Franziska starrte durch einen Nebel aus Tränen auf das Blatt. „War das Lisa? War ich das?" Dann hatte sie also doch schon mal einen tödlichen Unfall miterlebt, dann war ihre Angst vor Schienenfahrzeugen, vor dem Straßenverkehr, die sie jahrelang gequält hatte, doch nicht so abstrakt.

Franz nickte. Er nahm seine Tochter in den Arm. „Ich weiß, wir hätten es dir viel früher sagen müssen. Aber es war auch für uns so unsagbar schwer." Er konnte nur hoffen, dass Franzi ihn verstand.

„Wie ging es weiter?" Jetzt wollte Franziska endlich die ganze Wahrheit wissen.

„Am nächsten Tag stand die Polizei und eine Frau vom Jugendamt hier vor der Tür. Ich war ja dein Vater. Ich hätte gedacht, dass du nun bei Helene bleiben würdest. Aber sie wollte, dass das Kind von Lisa in einer richtigen Familie groß werden konnte und nicht bei der Oma. Und wie recht sie damals hatte, das weißt du ja. Du warst erst 12, da ist Helene gestorben.

Als ich es Gudrun dann beichten musste, dachte ich, sie bricht zusammen. Ihr Kind war tot und hier war ein für sie fremdes Kind ohne Mutter. Aber Gudrun war stark. Und du hast es ihr leicht gemacht, dich lieb zu haben. Kurze Zeit später hat sie dich offiziell adoptiert.

Na ja, und als dann Alex zur Welt kam, da war ihr und unser Glück komplett."

Franziska blätterte weiter in der Mappe. Da lag ihre Geburtsurkunde! Die Echte, einen Tag nach ihrer Geburt ausgestellt. Natürlich war sie in Halle zur Welt gekommen, jetzt wusste sie, wieso. Sie las ihren ersten Namen: Franziska Wolfert, Mutter: Elisa Wolfert

Und Fotos! Sie als Baby mit Elisa, mit Helene, aber auch mit ihrem Vati. Und Bilder von Lisa als Kind mit ihrer Mutter.

„Hat mich Helene …", Franzi überlegte kurz und korrigierte sich dann, „… meine Großmutter noch mal wieder gesehen?" An die letzte Begegnung erinnerte sie sich ja, aber gab es noch mehr?

„Ja, als du klein warst, bin ich ab und an mit dir zu ihr gefahren. Später wollten wir dich nicht in Konflikte bringen. Aber ich habe Helene noch Bilder geschickt. Dafür habe ich diese Fotos von ihr bekommen, für dich, solltest Du eines Tages nach deinen Wurzeln suchen."

„Vati, war dort Stuck an der Decke?" Franz wunderte sich über die Frage seiner Tochter.

„Ja, stimmt, das war doch ein Haus aus den 20er Jahren."

Jetzt endlich fügten sich ihre Bruchstücke an Erinnerungen zu einem Ganzen.

Ein Geräusch ließ Franziska aufsehen. Groß und breitschultrig stand Alexander in der Tür. Er ging auf seinen Vater und seine Schwester zu und nahm sie in die Arme. Tränen liefen ihm über die Wangen. Und ein einziger stummer Schrei sprach aus seinen Augen: Warum?

Franzi sah ihren Bruder an. Er hatte gerade seine Mutter verloren. Nein! Sie beide hatten gerade ihre Mutter verloren! Gudrun war ihr die beste Mutter gewesen, die man haben konnte. Sie hätte es ihr so gerne noch gesagt. Nun blieb nicht mehr als stille Dankbarkeit.

Epilog

Es waren die letzten warmen Tage des Sommers. Anja sprang in ihrem Kleidchen munter neben ihrer Mami her.

„Oh, schöne Blümchen!", rief das kleine Mädchen vergnügt.

„Wollen wir welche aussuchen?" Franziska beugte sich zu ihrer Tochter runter.

Geduldig wartete die Verkäuferin im Blumenladen, dass die beiden ihre Auswahl trafen. Es wurde ein üppiger, bunter Sommerstrauß.

„Binden Sie die doch bitte noch mit rein." Franziska deutete auf eine große, schwarze, mit goldenen Fäden durchwirkte Schleife. Sie schloss für einen Moment die Augen, ehe sie den Strauß bezahlte und auf die Straße trat.

Anja war neugierig. „Mami, wer bekommt die schönen Blumen?"

Franziska nahm das Kind bei der Hand und ging mit ihr durch das große, schmiedeeiserne Tor des Friedhofs.

„Komm, wir besuchen deine Omi."

Ich danke Nadine für Ihre Offenheit und ihre wertvollen Tipps und Gitta für Ihre Hilfe beim Korrektorat und bei der Gestaltung des Covers.

ISKA, laut Ausweis Isolde Kakoschky, geboren 1957, entdeckte ihr Interesse am Schreiben schon während der Schulzeit, doch erst im Jahr 2000 begann sie ernsthaft, Gedichte und Kurzgeschichten zu verfassen, um damit ihre emotionale Jugend in Worten auszudrücken, und in den folgenden Jahren auch zu veröffentlichen.

Erschienen sind bisher Gedichte in verschiedenen Zeitschriften wie „Orkus" und „Gothic", dem Lyrikmagazin „Sensual", sowie Gedichte und Kurzgeschichten in einigen Anthologien im Verlag Edition Wendepunkt Weiden, im Ubooks-Verlag Augsburg, im Verlag Edition PaperONE Leipzig und in „Meine kleine Lyrikreihe" der Gesellschaft der Lyrikfreunde Innsbruck.

„Wenn die Zeit Flügel hat" – eine Gedichtsammlung gemeinsam mit Michael Sonntag und Diamond of Tears (alias ELLA) erschien 2004 im Mischwesen Autorenverlag München & Neubiberg.

„Novemberseele" – ein Leseheft mit Gedichten und Kurzgeschichten war ihre erste komplett eigene Publikation und erschien 2007 bei Edition PaperONE Leipzig.

„Herbstblatt" – ihr erstes Prosawerk, erschien 2010 in der freien Edition im AAVAA Verlag.

„Papakind" – ihr zweiter Roman, ist weniger autobiographisch als ihre vorherigen Publikationen, enthält aber einige authentische Episoden ihrer Kindheit und Jugend.

Alle im AAVAA Verlag erschienenen Bücher sind
in den Formaten Taschenbuch und
Taschenbuch mit extra großer Schrift
sowie als eBook erhältlich.

Bestellen Sie bequem und deutschlandweit
versandkostenfrei über unsere Website:

www.aavaa-verlag.com

Wir freuen uns auf Ihren Besuch und informieren Sie gern
über unser ständig wachsendes Sortiment.

Herbstblatt

ISKA

free
edition

Roman

Sophie C. Angerer

Aus der Sicht einer Verbliebenen

Roman

free edition

Nicole Döhling

GÖTTERDÄMMERUNG

Vampirroman

Michael Kusserow

Das goldene Mädchen
Ein surrealistisches Großstadtmärchen

www.aavaa-verlag.com